НАЛОГ

Путеводитель для работающих по найму

Verlag: Kern Verlag, Postfach 60 04 08, 81204 München
Autor: Claudia Wirt
Mitarbeit: Dr. A. Fleischer
                 Elsholz und Partner, München
                 Rechtsanwälte, Wirtschaftsprüfer, Steuerberater
Satz: Oliver Ullmann
Druck: Offprint, München

ISBN 3-932402-14-6

СЛОВО К ЧИТАТЕЛЮ

Дорогой читатель!

Мы не будем повторять всем известные истины и убеждать вас, что налоговая система Германии является одной из самых сложных. Нам пришлось приложить немало усилий, чтобы популярно и доходчиво донести до читателя смысл и содержание некоторых положений. Это оказалось далеко не простым делом, хотя, вполне возможно, что при чтении книги у вас создастся прямо противоположное впечатление („...что здесь сложного, все и так ясно..."). Если вы действительно пришли к такому выводу, то, значит, мы добились желаемого, и налоговая наука перестала быть для вас тайной за семью печатями.

Книга предназначена для читателей, желающих в самых общих чертах ознакомиться с налогообложением работающих по найму. Мы должны предупредить наиболее нетерпеливых: книга не является „построчным руководством" по заполнению декларации, вошедшим в моду в последние годы. Ведь что даст самый подробный „подстрочник", если вам неизвестна элементарная азбука налогообложения? Если вы знаете, куда вписать „особые расходы", но не разобрались в том, что именно входит в эти расходы. Если вы назубок выучили все графы декларации, но понятия не имеете, чем отличается **Rente** от **Pension**...

Итак, „подстрочника" вы у нас не найдете. Что тогда мы можем предложить? Многое! В том числе, например, сведения о налоговой карте и классах налогообложения, о формулярах и тарифах, о налоговых льготах и, конечно, о самих налогах. Книга построена таким образом, что каждый читатель сможет найти интересующую его тему. Пенсионеры, дети, супруги, безработные, учащиеся, вкладчики, работающие по совместительству - для всех них и многих других предусмотрены отдельные главы и разделы. Никому не придется блуждать по страницам в поисках информации. Найдя в оглавлении нужный раздел, вы прямиком попадете на „свою" страницу и „свой" налог.

Мы подумали и о тех, кто интересуется декларацией. Вы найдете во всех разделах отдельные абзацы на сером фоне, содержащие указания по заполнению формуляров, выделенные **жирным шрифтом** или *курсивом*. Так как номера строк в формулярах обычно смещаются почти каждый год - с каждой новой декларацией - мы решили их не указывать. Однако этот „пробел" нисколько не помешает вам найти необходимую строку, в чем вы убедитесь при чтении.

В принципе, работа над сборником была завершена еще осенью 1998 года, и мы уже собирались сдать его в печать, как вдруг в прессе начали появляться сообщения о предстоящем „налоговом перевороте". И пришлось нам, в ожидании больших перемен, на некоторое время приостановить выпуск книги.

Осторожность оказалась не напрасной. Еще не просох клей на выборных плакатах, как новое правительство уже прошлось красным карандашом (не только!) по налоговым параграфам, ввергая в панику издательства, преждевременно выпустивших большие тиражи безнадежно устаревшей литературы. К сожалению, налоговый хаос не завершился по сей день. Поэтому мы можем предложить читателю только результаты, известные по состоянию на апрель 1999 года.

Несмотря на всю тщательность проделанной работы, автор и издательство не могут гарантировать полное отсутствие ошибок. Книга служит только источником информации и не может заменить юридического, налогового и других консультантов. Автор и издательство не несут юридической и другой ответственности за содержание и за последствия.

KERN VERLAG

НАЛОГИ, КОТОРЫЕ МЫ ПЛАТИМ

Куда уходят налоги...

Задумывались ли вы над тем, куда и на что уходят налоги, взысканные принудительным порядком по месту работы? Или - налоги, уплаченные при покупке участка или дома. Или же - налоги, скрытые в бензине, сигаретах, продуктах, одежде, словом, во всех товарах повседневнего потребления. Например, „бензиновый" налог составляет, ни много, ни мало - 75%! Да-да, вы не ослышались! Немецкий бензин мог бы быть одним из самых дешевых в мире, если бы он не облагался высочайшим налогом.

Так куда же все-таки уходят налоги? Задав этот вопрос коммунальному политику или служащему госучреждения, вы услышите в ответ: „Как это - куда? Конечно же, на полезные для широкой общественности меры и мероприятия, на благоустройство городов и улиц, на содержание школ и детских садов, на выплату пособий неимущим и убогим. Словом, на все необходимое!". Вот такой ответ вы услышите. И будете довольны результатом. Значит, ваши налоги не пропадают впустую и служат полезному и благородному делу, так как распоряжаются ими умные и знающие люди - отцы вашего города, села, поселка, деревни...

Теперь пришла очередь спросить вас о чем-то совершенно ином. Известен ли вам семинар „Чем отличается левша от правши?" Нет? Странно! А может, вам известен другой семинар под названием „Практический курс по освоению флирта застенчивыми лицами"? Тоже нет? Тоже странно! Ну тогда вы, наверняка, слыхали о возможности записаться в один из многочисленных кружков и принимать участие в дискуссиях на такие волнующие темы как „Дискриминация пар одинакового пола, желающих сочетаться законным браком" или „Что делать, если шеф пристает с сексуальными домоганиями", или, еще лучше, - „Что вы скажете после того, как вы сказали „здравствуйте“?“... Вам и об этом ничего не известно? Ну, это уже совсем непонятно! Ведь такие курсы и им подобные предлагаются в каждом мало-мальски уважающем себя „народном университете“, финансирование которого осуществляется большей частью (а иногда и исключительно) за счет налогов...

Если у вас есть дети, то, возможно, вы слыхали о „Мерах по возвращению к нормальной жизни подростков с избыточной криминальной энергией“. Тем, кому и это невдомек, сообщаем: в Германии существует странный метод перевоспитания детей, практикующийся по сей день. Заключается он в том, что малолетние и абсолютно не поддающиеся воспитанию и интеграции в общество хулиганы отправляются на целый месяц, скажем, в Южную Америку. Цель поездки - проведение приключенческого отпуска стоимостью, эдак, в 40 000 ДМ. Естественно, едут подростки не одни, а в сопровождении сотрудников государственного учреждения, например, ведомства по делам несовершеннолетних, что позволяет сопровождающим основательно ознакомиться с экзотикой той или иной страны...

По возвращению в Германию малолетки с новой энергией и свежими силами приступают к своим привычным занятиям: вымоганию карманных денег у еще более малолетних детишек, нападениям на одиноких старушек, „конфискации“ фирменных курток и свитеров у одноклассников и прочим некрасивым поступкам, за которые раньше пороли широким ремнем. Но сейчас пороть не принято...

Если вы и об этом ничего не слышали, то тогда делать нечего. Значит, вы не интересуетесь тем, куда идут ваши налоги, считаете, что это вас не касается, и не желаете засорять голову лишними деталями. А между тем, упомянутые случаи (и сотни им подобным!) имеют к вам самое непосредственное отношение. Потому как финансируются эти „мероприятия“ из средств налогоплательщиков, то есть - ваших.

Куда еще уходят налоги

Перечисленные выше „поощрения" - это только крошечная капля в огромном море потраченных, растраченных и выброшенных на ветер казенных средств. Мы не будем расстраивать вас еще больше, рассказав о многочисленных государственных субсидиях крупнейшим автомобильным и прочим концернам, которые и так не знают, куда им девать свои доходы. О дотациях на строительство огромнейших развлекательно-плавательных комплексов, возведенных в глубокой провинции и размещенных на расстоянии нескольких десятков километров друг от друга. Чтобы такие комплексы начали приносить прибыль, каждый сельский житель, включая младенцев, инвалидов и пенсионеров должен три раза в день посещать каждый бассейн...

Не говоря уже о таких „проектах", как мост, ведущий в никуда (оказалось, что он никому не нужен, и строительство свернули, оставив висеть в воздухе три четверти моста...). Или суфлерская будка, строительство которой обошлось отцам одного баварского города в семизначную сумму (одна фирма обанкротилась, другая сбежала с деньгами, третья построила будку размером в полсцены, и ее пришлось сносить...). Или печально известное правительственное здание, спланированное и построенное таким образом, что по окончанию работ оно тут же оказалось под водой, и его пришлось списать в графу убытков.

Впрочем, нельзя забывать и о том, что огромные суммы уходили и уходят по сей день на поддержку многочисленных новых жителей Германии. Ведь и социальная помощь финансируется за счет налогов...

Для чего мы все это рассказываем? Для разминки! И, конечно же, для того, чтобы пробудить у вас интерес к налоговой теме, одной из самых скучных и в то же время - самых увлекательных тем.

Итак, приступаем...

„Самостоятельные" и „несамостоятельные"

Каждому из вас знакома формулировка, которая встречается в налоговой декларации - *"Einkünfte aus nichtselbständiger Arbeit"*. То есть - „доходы от несамостоятельного труда". В данном случае речь идет о самой обычной зарплате *(Lohn)* или ставке *(Gehalt)*, которую вы получаете как работающий по найму *(Arbeitnehmer)*. В том числе, и в тех случаях, если вы работаете на полставки *(halbtags)*, на почасовой работе *(stundenweise)*, временно *(befristet)* и т.д.

Служащие *(Angestellte)* также являются работающими по найму. Например, служащие банков, страховых компаний и прочих частных фирм, сидящие, в отличие от рабочих *(Arbeiter)*, в теплых и удобных конторах.

Налогообложение работающих по найму происходит совершенно иначе, чем налогообложение „самостоятельных" *(Selbständige)*, под которыми подразумеваются все **не занятые наемным трудом** лица. В том числе, „занимающиеся промыслом" *(Gewerbetreibende)*, а также - лица „свободных профессий" *(freiberuflich Tätige)*. Например, врачи, художники, артисты, журналисты, адвокаты и т.д.

В чем заключается разница в налогообложении? В последующих разделах дается упрощенная характеристика. Просим учесть, что речь пойдет о мелких самостоятельных, которых среди русскоязычного населения Германии можно встретить гораздо чаще, чем владельцев крупных концернов.

Налогообложение „самостоятельных" - в двух словах

Основное отличие: „самостоятельным" не нужна налоговая карта, им не присваивается класс налогообложения, и даже страховаться они могут как угодно и где угодно. Ведь **обязательного** социального страхования „по месту работы" здесь **не существует**. Ни медицинского, ни пенсионного, ни на случай безработицы. (Если вы решили проникнуться завистью по поводу свободы действий, приводим известную расшифровку слова **Selbständig**: er macht alles **selbst** und arbeitet **ständig**...). Тем не менее, им также приходится страховать, причем, не только себя самих, но и семью, а также - фирму и (если имеются) сотрудников. Для чего „самостоятельные" должны в самостоятельном же порядке подыскать подходящие страховки. Нередко - очень дорогие.

Далее: с „самостоятельных" лиц налог не удерживается принудительным порядком каждый месяц, как с работающих по найму. Для того, чтобы рассчитаться с налоговым ведомством, „самостоятельные" должны в обязательном порядке сдать налоговую декларацию до 31 мая следующего за отчетным года. Некоторые мелкие самостоятельные справляются с декларацией сами, применяя обычную компьютерную программу по расчету налогов *(Steuerprogramm)*. Наиболее консервативные из них обходятся калькулятором, просиживая над декларацией бессонные ночи. Большинство самостоятельных обращается за помощью к налоговому консультанту *(Steuerberater)*. Затем заполненная декларация сдается в налогово-финансовое ведомство *(Finanzamt)*. Через некоторое время оттуда приходит „решение о налогообложении" *(Steuerbescheid)* с указанием „перевести такую-то сумму налога на расчетный счет финведомства".

Такой способ расчета означает, что „самостоятельный" может повлиять на размер налога. В тех случаях, когда становится ясно, что крупных вычетов не избежать, „самостоятельный" может принять экстренные меры по сокращению налога. Например, инвестировать „лишние" средства в свою же фирму. Или вложить деньги в недвижимость. Или просто взять крупный кредит. Зачем? А затем, что по истечении календарного года все расходы (проценты за кредит, расходы по содержанию бюро или другого помещения и т.д.) указываются в налоговой декларации.

Крупные издержки помогают значительно сократить налог, а в некоторых случаях даже избежать его полностью! Вот почему многие самостоятельные из коренных жителей покупают роскошные лимузины, современную аппаратуру и обставляют бюро дорогой мебелью. Или же вкладывают деньги в недвижимость, например, в землях бывшей ГДР. Логика здесь такая: лучше купить вещи подороже или инвестировать деньги в сомнительные акции и недвижимость, а затем списать издержки с дохода, чем уплатить налог. Впрочем, во многих случаях такая неосторожная тактика уже привела к банкротству фирм...

Некоторые несознательные граждане пользуются иным вариантом „сокращения налогов", просто-напросто утаивая часть дохода и подавая в финведомство липовую декларацию. Чего мы никак не можем рекомендовать! Ведь в случае ревизии *(Steuerprüfung)* налоговому грешнику грозят весьма крупные неприятности, которых он сможет избежать только тем, что вовремя подаст в финведомство рапорт о себе самом *(Selbstanzeige)*. Где и укажет подробнейшим образом как, сколько и когда было утаено от государственной казны. Конечно, весь утаенный налог придется доплатить (с процентами, пеней и штрафом). И все же это лучше, чем уплата еще более крупного штрафа или даже тюремное заключение.

Так как в настоящее время число налоговых зайцев значительно возросло, в Германии уже начали подумывать о том, не ввести ли премию добровольным „сыщикам" за каждого пойманного с поличным утаивателя налогов. Между прочим, эта операция уже давным-давно (и с большим успехом) проводится в Соединенных Штатах и в некоторых странах Западной Европы.

Налогообложение работающих по найму

Теперь - о „несамостоятельных" *(Nichtselbständige)*, они же - работающие по найму *(Arbeitnehmer)*. Кстати, не приходилось ли вам задумываться над этими несколько неудачными, на наш взгляд, определениями: *Arbeitgeber* (дающий работу) и *Arbeitnehmer* (берущий работу)? Почему, собственно, так, а не совсем иначе? Ведь „дающим работу" является именно рабочий, который действительно сначала выполняет, а затем и предоставляет в распоряжение хозяина выполненную работу.

Тем самым, „берущим работу" должен называться как раз последний...

Но вернемся к теме. Как уже было упомянуто, налогообложение работающих по найму происходит по другой системе. Подоходный налог *(Lohnsteuer)* ежемесячно взыскивается по месту работы в принудительном порядке и переводится на расчетный счет финведомства. Этот процесс называется „вычет налога из заработной платы" *(Lohnsteuerabzug)*. Всеми расчетами, а также взысканием налога и последующим переводом занимается работодатель *(Arbeitgeber)*. Мелкие фирмы нередко поручают эту операцию сотрудничающему с ними налоговому консультанту. Более крупные - содержат свой собственный расчетный отдел *(Lohnbuchhaltung)*.

Подоходный налог исчисляется по налоговым таблицам *(Steuertabelle/Lohnsteuertabelle)*. При этом может оказаться, что рабочие с идентичной зарплатой-брутто облагаются налогом различных размеров. Это связано с тем, что в налоговой системе существуют различные классы налогообложения *(Steuerklasse)*. Каждый класс оснащен своей собственной налоговой таблицей. Какой именно класс налогообложения будет присвоен вам, зависит, в свою очередь, от семейного положения и наличия детей.

К концу месяца каждый рабочий и служащий получает расчетный лист *(Gehaltsabrechnung)*, содержащий указания о том, что и сколько было начислено, например, зарплата *(Arbeitslohn)*, ставка *(Gehalt)*, отпускные *(Urlaubsgeld)*, рождественские *(Weihnachtsgeld)*, внеурочные *(Überstunden)* и т.д., и сколько, наоборот, отчислено, например, подоходный налог *(Lohnsteuer)*, взносы в социальные страховые фонды *(Sozialversicherungsbeiträge)*, церковный налог *(Kirchensteuer)*, отчисление „на солидарность" *(Solidaritätszuschlag)* и прочее.

Так как и взимание налогов, и расчетные листы (или ленточки зарплаты) существовали еще в прежней жизни, то ничего нового мы здесь не сообщаем.

Налоговые таблицы

Теперь - о налоговых таблицах, материи довольно скучной и все же необходимой.

Итак, что представляют собой налоговые таблицы? В двух словах: для одиноких существует основная „холостяцкая" таблица *(Grundtabelle)*, для женатых - „супружеская" таблица, носящая наименование *Splittingtabelle*. Эти две таблицы, в свою очередь, служат базисом для налоговых таблиц *(Lohnsteuertabellen)*, по которым и начисляется подоходный налог работающих по найму.

Налоговые таблицы **автоматически** содержат некоторые льготы. Речь идет о, так называемых, „свободных от налогообложения суммах", то есть - о „налоговых льготах" *(Freibetrag* он же - *Steuerfreibetrag)* и „паушальных льготах" *(Pauschbetrag)*. Каждая „налоговая" или „паушальная" льгота автоматически снижает доход налогоплательщика (естественно, только на бумаге!). Чем больше паушальных и прочих льгот, тем ниже доход, на который будет начислен налог. А это, в свою очередь, означает, что значительно снизится и сам налог.

Какие именно „паушальные" и „свободные" льготные суммы входят в налоговые таблицы и автоматически снижают налог - перечисляется ниже:

- Основная необлагаемая налогом сумма дохода *(Grundfreibetrag)*. В 1999 году она составляет 13 067 ДМ (одинокие) и 26 134 ДМ (супруги).

- Паушальная льгота на „расходы, связанные с работой по найму" *(Arbeitnehmer-Pauschbetrag für Werbungskosten)*. Размер льготы - 2 000 ДМ.

- Паушальная льгота на „особые расходы" *(Pauschbetrag für Sonderausgaben)*. Размер льготы - 108 ДМ (холостые) или - 216 ДМ (супруги).

- Паушальная льгота на „расходы по обеспечению здоровья и старости" *(Vorsorgepauschale)*. Под этим понимаются расходы по оплате социальных страховых взносов по месту работы *(Sozialversicherungsbeiträge)*, а также - взносов на некоторые виды частного страхования с той же целью *(Beiträge für private Versicherungen)*. Размер льготы зависит от дохода. Но: независимо от суммы всех уплаченных взносов, **максимально** можно списать только 3 915 ДМ (холостые) или 7 830 ДМ (супруги). Почему это так - вы узнаете в разделе о страховых взносах.

- Налоговая льгота для родителей-одиночек - у налогоплательщиков со II-ым классом налогообложения *(Haushaltsfreibetrag)*. Размер льготы - 5 616 ДМ.

- Налоговая льгота по содержанию детей *(Kinderfreibetrag)*. Овеянная мифами и легендами льгота, якобы позволяющая снизить налог. Размер льготы - 6 912 ДМ на каждого ребенка. В прошлом эта льгота действительно снижала налогооблагаемый доход. С 1996 года она применяется только при расчете церковного налога *(Kirchensteuer)*, а также доплаты на солидарность *(Solidaritätszuschlag)*. Подробности - в соответствующем разделе.

Кроме упомянутых выше льгот, налоговые таблицы могут (при наличии условий) автоматически учесть еще две налоговые льготы:

- Налоговая льгота для лиц, получающих выплаты по обеспечению *(Freibetrag bei Versorgungsbezügen)*. То есть - для пенсионеров, получающих, так называемую, производственную пенсию, которую просим не путать с обычной пенсией (см. раздел „Пенсия и налог").

- Налоговая льгота для пенсионеров, продолжающих работать *(Altersentlastungsbetrag bei Rentnern und Pensionären, die weiter arbeiten)*.

Как уже было сказано, вам не придется заботиться о том, чтобы перечисленные льготы были учтены. Это произойдет автоматически при начислении налога.

Азбука налогоплательщика

Прежде чем приступать к дальнейшему чтению, читателю будет полезно ознакомиться с некоторыми азами. Тогда нам не придется повторяться из главы в главу. А вы сразу и навсегда усвоите разницу, скажем, между *zu versteuerndes Einkommen* и просто *Einkommen*.

Следует оговорить, что приведен будет только десяток основных понятий, на перевод и разъяснение которых понадобилось бы несколько строк или даже полстраницы. Со всеми остальными терминами читатель ознакомится в процессе дальнейшего чтения книги.

Absetzung

Списывание различных издержек и расходов с налогооблагаемого дохода. Применяемое в Германии выражение „**vom Steuer absetzen**", то есть „списать с налога" является не совсем точным. Ведь списать расходы можно действительно только с дохода. А это, в свою очередь, приводит к снижению налога.

Arbeitgeberzuschuß

Доплата работодателя, вернее, участие работодателя в ваших расходах. Речь идет в данном случае о компенсации или возмещении расходов, которые возникли у вас в связи с работой. Например, расходы на проезд к месту работы. Или дополнительные расходы, связанные с тем, что вы вынуждены работать вдали от дома. Иногда работодатель возмещает расходы, не имеющие прямого отношения к работе. Например, по оплате детского сада.

Возмещение расходов может быть частичным или полным. Помимо того, оно может быть либо свободным от налогообложения *(steuerfrei)*, либо облагаться налогом *(steuerpflichtig)*.

Einkünfte, Bezüge, Einnahmen

Все три термина означают доход. Основным термином можно считать **Einkünfte**. В формулярах налоговой декларации вы найдете стандартизированные строки: **Einkünfte aus Gewerbebetrieb, Einkünfte aus nichtselbständiger Arbeit, Einkünfte aus Kapitalvermögen** и т.д. В более узком смысле термин **Einkünfte** применяется при перечислении дохода, связанного с налогообложением. Например, такого как зарплата *(Arbeitslohn)*, ставка *(Gehalt)*, доход от побочной деятельности *(Nebentätigkeit)* и прочее.

Термин **Bezüge** используется в тех случаях, если речь идет о выплатах, не имеющих прямого отношения к работе или не облагаемых налогом. Например, поощрение на учебу *(Bafög)*, пособие по безработице *(Arbeitslosengeld)*, содержание *(Unterhalt)* и другие выплаты. Если вы получаете социальную помощь или пенсию, то о вас так и будут говорить: **er bezieht Sozialhilfe/Rente**. Перечисление остальных выплат вы также найдете в одном из последующих разделов.

Термин **Einnahmen** означает, строго говоря, „выручка“. Например, о выручке самостоятельных принято говорить: **Einnahmen aus Gewerbebetrieb**.

Einkommen

Доход в самом широком смысле слова. Наиболее часто применяемый и употребляемый термин, когда речь заходит о доходе как таковом. Если вас спросят: **haben Sie Einkommen?** - то этот вопрос относится ко всем видам дохода, независимо от источника.

Freibetrag

Часть дохода, не подлежащая налогообложению. В дальнейшем тексте этот термин будет заменен термином „налоговая льгота“. Налоговая льгота может быть предоставлена в связи с самыми различными обстоятельствами: наличие детей, инвалидность, воспитание ребенка матерью-одиночкой и т.д. При этом налоговое ведомство вычтет сумму налоговой льготы из общего дохода. Тем самым снизится и налог. Например, работающим матерям-одиночкам (или отцам-одиночкам), воспитывающим детей, полагается отдельная налоговая льгота под наименованием **Haushaltsfreibetrag**. Ее размер составляет 5 616 ДМ в год.

Grundfreibetrag

Базисная (основная) сумма дохода, не подлежащая налогообложению. Размер этого дохода ориентируется на, так называемый, „прожиточный минимум" *(Existenzminimum)*, установленный в соответствии с Законом о социальной помощи. Как правило, размер „минимума" повышается из года в год, приспосабливаясь к всеобщему подорожанию жизни.

В 1999 году свободный от налогообложения доход холостяка составляет 13 067 ДМ. Необлагаемый доход супругов составляет 26 135 ДМ. В 2 000 и 2 002 г.г. предстоят очередные повышения границ дохода.

Grundfreibetrag не следует путать с **Freibetrag**, то есть - с налоговой льготой.

Höchstbetrag

Максимально возможная (предельная) сумма расходов, которую финведомство готово признать. Говоря иначе - это лимит. Если ваши расходы были ниже лимита, то признана будет только их фактическая сумма. В том же случае, если расходы превысят лимит, то „перевес" вообще не будет признан. Например, максимально признаваемая сумма алиментов составляет 27 000 в год. Это значит, что если вы уплатили, например, 30 000 ДМ, то финведомство учтет только максимально возможную сумму *(Höchstbetrag)* - 27 000 ДМ. Впрочем, этот пример не очень типичен, так как такие крупные алименты приходится платить не каждому. Другое дело - страховые взносы. Какую бы сумму вы не внесли за социальные и частные страховки, признан будет только максимальный лимит (3 915 ДМ/7830 ДМ).

Размер той или иной максимальной суммы, признаваемой финведомством, зависит от вида расходов (расходы на алименты, расходы на оплату пребывания в доме инвалидов, расходы на оплату прислуги и т.д.).

Lohnsteuerermäßigung

Предварительное снижение налогов. В этом случае вы должны к началу года подать в финведомство заявление на внесение в налоговую карту налоговых льгот и паушальных сумм. После чего карта сдается работодателю, который теперь будет взимать с вас более низкий налог в течение всего года. Если заявление было подано в середине отчетного года, то снижение налога произойдет в оставшиеся месяцы.

Pauschale, Pauschbetrag, Pauschalbetrag

Паушальная сумма. В данном случае речь идет о стандартной сумме, которая отводится на списывание расходов. Паушальная сумма считается минимумом. Налогоплательщик имеет право списать ее с дохода даже в тех случаях, если его расходы были намного ниже. Если же расходы были выше паушальной суммы, налогоплательщик может указать их в налоговой декларации, приложив квитанции и счета. Тогда финансовое ведомство примет в расчет не только паушальную сумму, но и „перевес".

Как выглядит та или иная паушальная сумма, зависит от того, к каким расходам она относится. Например, на расходы, связанные с инвалидностью, отведены паушальные суммы *(Behindertenpauschale)* в размере от 600 ДМ до 7 200 ДМ (в зависимости от степени инвалидности). На расходы по уходу за инвалидами отведена стандартная паушальная сумма *(Pflegepauschale)* в размере 1 800 ДМ в год.

Паушальные суммы также списываются с дохода, что существенно снижает налог. Другими словами, паушальная сумма играет ту же роль, что и налоговая льгота *(Freibetrag)*. Поэтому в дальнейшем тексте мы будем применять термин „паушальная льгота".

Steuersatz

Налоговая ставка (в процентах). В налоговой терминологии существует несколько разновидностей налоговой ставки: **Eingangssteuersatz** (начальная ставка) **Mindeststeuersatz** (минимальная ставка), **Durchschnittsteuersatz** (средняя ставка), **Grenzsteuersatz** (максимальная ставка) и **Spitzensteuersatz** (максимально возможная ставка).

В 1999 году начальная налоговая ставка составляет 23,9%. Максимально возможная - 53%! В последнем случае налогоплательщику приходится половину налогооблагаемого дохода отдавать в государственную казну!

Zumutbare Belastung

Посильные расходы. Под этим понимаются расходы, которые вы должны нести сами.

Термин „посильные расходы" часто применяется в тех случаях, если вы собираетесь списать расходы, связанные со „чрезвычайными обстоятельствами", например, со смертью, болезнью, разводом и т.д. *(aussergewöhnliche Belastungen)*. Сколько именно вы должны уплатить из своего кармана, зависит от вашего дохода, а также от семейного положения и количества детей. Чем крупнее доход и меньше членов в семье, тем выше будет ваше посильное участие.

Zu versteuerndes Einkommen

Доход, подлежащий налогообложению (не следует путать с доходом-брутто или доходом-нетто). Здесь имеется в виду окончательный результат расчета дохода - после вычета всех паушальных сумм и налоговых льгот. Оставшаяся сумма дохода и будет являться итоговой, то есть - налогооблагаемым доходом. Чем больше налоговых льгот и паушальных сумм вы можете вычесть из дохода, тем ниже будет налогооблагаемый доход, а вместе с тем и налог. Размер налогооблагаемого дохода всегда указывается в „решении" финведомства *(Steuerbescheid)*.

РЕФОРМЫ 1999-2002

Смена власти и новые министры

В октябре 1998 года в Германии произошло знаменательное событие: в результате очередных выборов страна приобрела целиком новое правительство. Новым канцлером стал фотогеничный Герхард Шрёдер, а финансовым министром - бывший глава земли Саарланд, Оскар Лафонтен, сменивший коренного баварца, Тео Вайгеля. Как многие читатели несомненно успели заметить, новый шеф над финансами вплотную отличался от прежнего, и если для воплощения Вайгеля карикатуристам было достаточно изобразить пару кустистых бровей, то Лафонтена можно было встретить, чаще всего, в качестве „немецкого Наполеона“. Тонкий намек не только на рост, но и на некоторые другие качества, например, на непримиримость по отношению к инакомыслящим.

Возможно именно эта самобытная черта характера и помешала Лафонтену удержаться на своем кресле: не отслужив и полгода, Оскар внезапно „уволился“ со всех постов, даже не попрощавшись с коллегами. Тем самым политическая сцена Германии потеряла одного из самых интересных актеров - гурмана, танцора, острослова, поклонника всего прекрасного и, ко всему прочему, мужественного человека. У многих еще свежа в памяти картина покушения на Лафонтена, едва не стоившего ему жизни. Вернувшись с того света, Оскар тут же вышел на работу, вызвав уважение не только своих коллег и поклонников, но и политических противников. Казалось бы, что может свалить такого бойца. И тем не менее...

Но свято место пусто не бывает. 16 марта 1999 года вакантную должность министра финансов занял Ганс Айхель, известный тем, что о нем ничего не известно. В смысле ничего сенсационного...

Бедные богатые налогоплательщики...

Итак, выборы состоялись, министры заняли свои посты, и новое правительство тут же объявило о чистке некоторых устаревших параграфов. Самое пристальное внимание было уделено налоговой реформе, целью которой являлось снижение налоговой ставки, повышение лимита дохода, не облагаемого налогом, отмена „базиса", повышение пособия на детей и прочие не менее важные изменения.

Помимо этого, было запланировано упразднение некоторых налоговых льгот для лиц с крупным и выше крупного доходом. Ведь многие состоятельные граждане Германии по сей день совершенно легальным путем сводят свои налоги до нуля. То есть - не платят их вообще! Такие фокусы возможны только потому, что имущие и владеющие могут использовать многочисленные налоговые лазейки, вкладывая деньги в финансовые проекты, поощряемые государством. Например, в акции, пароходы, недвижимость и т.д., и т.п.... Что обычным трудящимся со средним доходом, естественно, не по карману.

Вот почему многие миллионеры теоретически считаются как бы нуждающимися. И даже могут получать жилищное пособие *(Wohngeld)*, если бы им пришло в голову подать заявление и приложить к нему налоговое решение *(Steuerbescheid)*, в котором, вместо суммы налогов, стоит скромный ноль. Тогда бедный богатый „налогоплательщик" имеет полное право на субсидию жилья. Как нуждающееся лицо...

Ввиду этого явно ненормального положения, новое правительство решило произвести коренной переворот и в ближайшем будущем ввести обязательную (принудительную!) налоговую ставку для лиц с крупным доходом. По всей вероятности ставка будет составлять около 35%. Это означает, что состоятельным придется теперь поломать голову над сложным вопросом: то ли приобрести вместо тысячи акций только пятьсот, то ли купить только десять квартир вместо двадцати. Но это их проблемы...

Вернемся к работающим по найму. Хотя реформа и принесла им некоторые облегчения, конечный результат оказался довольно скромным. Ведь любая реформа является палкой о двух концах. Не является исключением и налоговая реформа, в которой многие плюсы тут же были скомпенсированы минусами. Например, повышение суммы дохода, не облагаемого налогом, сводится почти на нет одновременным повышением налога на энергию.

В последующих разделах вкратце перечисляется, что именно изменится в годы 1999-2002. Так как книга предназначена только для работающих по найму с самым обычным доходом, то мы привели только основные пункты реформы, касающихся подоходного налога. Изменения, затрагивающие интересы „владельцев заводов, газет, пароходов", а также акций, ценных бумаг и крупной недвижимости, мы опускаем. Точно так же, как опущены и реформы, касающиеся налогоплательщиков со своим собственным делом.

ПОЛОЖИТЕЛЬНЫЕ ИЗМЕНЕНИЯ

Свободная от налогообложения сумма дохода
(Grundfreibetrag)

В первую очередь следует упомянуть повышение суммы дохода, не облагаемого налогом *(Erhöhung des Grundfreibetrags)*. В 1998 году холостые лица могли зарабатывать до 12 365 ДМ в год, а женатые - до 24 730 ДМ в год, на которые **не начислялся** налог. Как выглядит свободная от налогообложения сумма в последующие годы, приведено в таблице ниже:

	в 1999 г.	в 2000 г.	в 2001 г.	в 2002 г.
Ledige Холостые	13 067	13 499	-	14 093
Verheiratete Женатые	26 135	26 999	-	28 187

Начальная налоговая ставка *(Eingangssteuersatz)*

Изменился также размер налоговой ставки. В 1998 году минимальная налоговая ставка, или, говоря иначе, начальная налоговая ставка *(Eingangssteuersatz)*, составляла 25,9%. В последующие годы начальная ставка снизится и будет выглядеть следующим образом:

	в 1999 г.	в 2000 г.	в 2001 г.	в 2002 г.
Размер ставки в %	23,9%	22.9%	-	19,9%

Максимально возможная налоговая ставка *(Spitzensteuersatz)*

Налоговая ставка повышается с доходом: чем выше доход, тем выше и ставка. Максимально возможная налоговая ставка *(Spitzensteuersatz)* составляет 53%! И облагаются этим налогом холостые лица с доходом более 120 000 ДМ или - женатые лица с доходом более 240 000 ДМ.

Размер максимально возможной ставки также снизится в последующие годы:

	в 1999 г.	в 2000 г.	в 2001 г.	в 2002 г.
Размер ставки в %	53%	51%	-	48,5%

Экономия налогов в годы 1999-2000

Во всех приведенных выше случаях имеется в виду только доход, подлежащий налогообложению *(zu versteuerndes Einkommen)*. То есть - чистый доход, оставшийся после учета всех налоговых льгот. На практике это означает, что если ваш брутто-доход составляет 60 000 ДМ в год, то налогом будут облагаться, скажем, только 40 000 ДМ или даже меньше. Все зависит от вашего семейного положения, состава семьи, а также от того, сколько налоговых льгот будет учтено в вашем случае.

Ниже приводится еще одна таблица, где вы найдете три примера, демонстрирующих изменение нетто-дохода в результате повышения лимита *(Grundfreibetrag)*, а также снижения налоговой ставки *(Steuersatz)*.

На сколько повысится нетто-доход налогоплательщиков по сравнению с 1998 годом							
Одинокие				Супруги			
Налого-облагае-мый доход	в 1999	в 2000	в 2002	Налого-облагае-мый доход	в 1999	в 2000	в 2002
30 000	228	590	1 111	30 000	452	715	1 068
40 000	195	626	1 343	40 000	479	926	1 540
50 000	142	573	1 469	50 000	473	1 076	1 907

Пособие на детей *(Kindergeld)*

С первого января 1999 года пособие на первого и второго ребенка повысилось на 30 ДМ (250 ДМ), на всех дальнейших детей - осталось без изменений.

В 2002 году запланировано повысить пособие на первого и второго ребенка на 10 ДМ (260 ДМ).

Размер „детской" налоговой льготы *(Kinderfreibetrag)*, пока останется без изменений (6 912 ДМ в год). Запланированное повышение в 2000 году принесет пользу только тем, кто может воспользоваться этой льготой (см. главу „Дети").

В последнюю минуту. Как стало известно из печати, новый министр финансов намерен повысить пособие на первого ребенка уже в 2000 году. Согласно планам, размер пособия должен тогда составлять 270 ДМ, в 2002 году - 330 ДМ. Окончательное решение будет принято летом 1999 г. Следите за дальнейшими сообщениями.

Лимит дохода детей *(Einkommensgrenze bei Kindern)*

При начислении пособия большую роль играет доход детей. В том случае, если этот доход превысит установленный лимит *(Einkommensfreigrenze für Kindergeld)*, выплата пособия тут же прекратится. Тогда вы можете потерять и все остальные связанные с детьми налоговые льготы. Например, льготу на образование детей *(Ausbildungsfreibetrag)*, доплату на строительство *(Kinderzulage)* и некоторые другие.

В 1999 г. лимит дохода детей составляет 13 020 ДМ. В 2000 и 2001 г. он составит уже 13 500 ДМ. В 2002 г., лимит дохода детей повысится еще раз и достигнет 14 040 ДМ.

Содержание детей и других родных и близких *(Unterhald an Kinder und andere Angehörige)*

Если вы не получаете ни пособия на детей, ни налоговой „детской" льготы, но поддерживаете своих детей материально, то вы можете списать с дохода расходы по содержанию как „чрезвычайные расходы" *(außergewöhnliche Belastungen)*. Это положение действует и в тех случаях, если вы материально поддерживаете других родных и близких.

В 1999 г. финведомство признает максимально 13 020 ДМ в год - как чрезвычайные расходы по поддержке детей и других родных и близких. В 2000 и 2001 г. вы можете списать 13 500, а в 2002 г. уже 14 040 ДМ.

Расходы по присмотру за детьми *(Kinderbetreuungskosten)*

Налоговая льгота по присмотру и уходу за детьми *(Kinderbetreuungskosten)* предоставляется родителям в тех случаях, если дети еще не достигли 16-ти лет. Как правило, льготой могут воспользоваться только родители-одиночки. Супруги имеют право на льготу только в исключительных случаях.

Максимально допускается списать с дохода 4 000 ДМ на первого ребенка и 2 000 ДМ на каждого последующего. Для этого необходимо приложить документы, подтверждающие расходы. Если их нет, то одиночки могут воспользоваться паушальной льготой 480 ДМ (см. главу „Дети").

В последнюю минуту. Федеральный конституционный суд пришел к выводу, что налоговое законодательство отдает предпочтение одиночкам и дискриминирует женатых налогоплательщиков. Поэтому **с 2000 года** эта льгота должна предоставляться и **супругам**. Изменятся и другие условия. В будущем будут признаваться и те расходы, которые в настоящее время списать невозможно. Например, расходы по оплате кружков, посещаемых детьми. Помимо этого, расходы можно будет списать и в тех случаях, если один из супругов не работает. Следите и тут за сообщениями в прессе.

Взносы на пенсионное страхование *(Rentenversicherungsbeiträge)*

С 01.04.1999 снизился размер взносов на обязательное пенсионное страхование по месту работы *(gesetzliche Rentenversicherung)*. Правда, снижение является довольно незначительным. В 1998 году размер взноса составлял 20,3% от зарплаты-брутто, в 1999 году он составляет 19,5%. То есть - на 0,8% меньше. Так как половину взносов платит всегда работодатель, то и он, и вы сами сэкономите по 0,4%.

Работающий по найму с доходом (брутто) около 3 000 ДМ сэкономит в месяц примерно 12 ДМ. Если доход составит около 4 000 ДМ, то сэкономлены будут 16 ДМ. Не густо...

Лимит дохода при социальном страховании
(Beitragsbemessungsgrenze)

В 1999 году повысился лимит дохода, при котором вы обязываетесь к социальному страхованию по месту работы:

Лимит дохода	Западные земли
6 375 ДМ	Медицинское страхование Страхование на случай ухода
8 500 ДМ	Пенсионное страхование Страхование на случай безработицы
Лимит дохода	**Восточные земли**
5 400 ДМ	Медицинское страхование Страхование на случай ухода
7 200 ДМ	Пенсионное страхование Страхование на случай безработицы

Конкретно это означает следующее: если ваш брутто-доход пресысит эти суммы, то вы уже не принуждаетесь к социальному страхованию в обязательном порядке, и страховые кассы пришлют вам соответствующие извещения о том, что вы перешагнули лимит.

А что потом? Потом вам нужно принимать решение: оставаться ли в своей социальной страховой кассе и платить добровольно взносы. То есть - стать добровольным членом *(freiwillige Versicherung)*. Что советуется. Или же перейти в частное страхование *(private Versicherung)*. Что, наоборот, ни в коем случае не рекомендуется!

К этому остается добавить, что вы можете добровольно застраховаться только в медицинской страховке (включающей страховку на случай ухода) и в пенсионной страховке. Частной (или добровольной) страховки на случай безработицы не существует.

НЕГАТИВНЫЕ ИЗМЕНЕНИЯ

О латании дыр и других чрезвычайных мерах

Налоговая терминология изобилует большим количеством необычных и, скажем прямо, странных слов и словосочетаний. В качестве примера может служить „**Steuerloch**". То есть буквально - „налоговая дыра". В вольном переводе это означает следующее: „брешь в государственной казне, образовавшаяся в результате недостаточного поступления налогов".

Итак, снижение налогов означает появление новой „дыры", которую следует чем-то заткнуть. Интересно, что и здесь (вполне серьезно!) также существует соответствующее выражение, применяемое в каждой дискуссии на тему налог, а именно - *„Stopfen von Steuerlöchern"*. А чем можно залатать „налоговые дырки" ясно: повышением некоторых налогов, а также упразднением ряда налоговых льгот.

В списке ниже перечисляются повышения налога, вступившие в действие в 1999 году:

- Повышение налога на бензин *(Mineralölsteuer)*, в том числе, и на солярку *(Diesel)*. В 1999 году водителям приходится платить за каждый литр бензина в среднем на 6 пфеннигов больше, чем в 1998 году. Плюс 16% налога на добавочную стоимость *(MwSt)*... Конкретно это означает, что владельцам автомобилей с расходом бензина 10 литров на 100 км. и средним пробегом 20 000 км в год, придется тратить ежегодно на 140 ДМ больше. Если вы „накатите" 30 000 ДМ в год, то расходы увеличатся на 210 ДМ. Возможно повысят еще и автомобильный налог *(KFZ-Steuer)*.

- Повышение налога на жидкое топливо *(Heizölsteuer)*. Расходы семьи, проживающей в трехкомнатной квартире (60-70 кв. м.), увеличатся примерно на 85 ДМ в год.

- Повышение налога на природный газ *(Erdgassteuer)* и электричество *(Stromsteuer)*. В той же трехкомнатной квартире расходы на газ повысятся ежегодно в среднем на 60 ДМ, на электричество - в среднем на 70 ДМ в год.

- Возможное возрождение налога на состояние *(Vermögenssteuer)*, который был упразднен в 1997 году. Впрочем отмена была тут же скомпенсирована с другой стороны. Например, был повышен земельный налог *(Grunderwerbsteuer)*, а также - налог на наследство *(Erbschaftssteuer)*. Теперь покупателям дома или квартиры приходится платить 3,5% земельного налога (вместо 2%). А наследникам следить за тем, чтобы наследство не перешагнуло допускаемый лимит. Возможно, и эти сборы не смогли в достаточной степени скомпенсировать утрату. Потому новое правительство стало подумывать о восстановлении налога на состояние частных лиц. Следите за прессой.

В последующих разделах перечисляются упразднения и снижения некоторых налоговых льгот.

Налоговая льгота для вкладчиков *(Sparerfreibetrag)*

Проценты по вкладу подлежат налогообложению. Но только в том случае, если они превысят 6 100 ДМ в год (у холостых) или 12 200 ДМ (у супругов). Это положение остается в силе только до конца 1999 года.

С 2000 года льгота снизится ровно наполовину. Тогда вы сможете получать **по процентам** только 3 100 ДМ (лимит для одиноких) или 6 200 ДМ (лимит для супругов), не страшась последствий. Если доход по процентам будут выше, с вас тут же потребуют уплаты налога *(Zinsabschlagsteuer)*, размер которого в настоящее время составляет 30%.

Конкретно это означает, что, если на ваш вклад начисляется 3% годовых, то до конца 1999 года вы можете хранить на нем около 203 000 ДМ. С января 2000 года вы сможете безнаказанно держать только половину вклада, то есть - около

103 000 ДМ. Если вы женаты, то накопления могут быть, соответственно, вдвое выше. Естественно, разрешается откладывать и больше, но тогда доход по процентам перешагнет магическую границу, и налога не миновать!

Как мы предполагаем, эти сведения встревожат лишь немногих читателей. Поэтому дальнейшие подробности мы опускаем.

ЭТО НУЖНО ЗНАТЬ

Все заявления на освобождение от налога (Freistellungsauftrag) теряют силу к 31.12.1999 г. В тех случаях, если вы сдавали в своем банке или сберкассе это заявление, вам следует возобновить его к 01.01.2000 года.

Компенсации по увольнению *(Abfindungen)*

Начиная с 1999 года, значительно сократится налоговая льгота при получении компенсации по увольнению *(Abfindung)*. То есть - для тех, кто был уволен по желанию работодателя и получил компенсацию за потерю рабочего места (и дохода). Сначала было решено снизить прежнюю льготу *(Freibetrag für Abfindungen)* ровно в два раза. В феврале 1999 года это решение все же отменили. Теперь размер налоговой льготы составляет 18 000 ДМ, 20 000 ДМ или 24 000 ДМ - в зависимости от возраста уволенного и стажа непрерывной работы на предприятии.

Юбилейные премии *(Jubiläumszuwendungen)*

Полностью отменяется налоговая льгота в тех случаях, когда работодатель выплачивает своему подчиненному, так называемую, „юбилейную премию" *(Jubiläumszuwendung)*. Эту премию принято начислять в случае юбилея работающего по найму *(Arbeitnehmersjubiläum)*, то есть, круглой даты его пребывания в фирме - 10, 25 и более лет. Премия начисляется сотрудникам и в тех случаях, когда юбилей празднует сама фирма *(Firmenjubiläum)*.

Теперь за эту премию также придется полностью платить налог - без скидок.

Льготные покупки по месту работы *(Personalrabatt)*

Планируется изменение условий льготных покупок по месту работы. Как известно, лица, работающие в сфере торговли, на автозаводах и т.д., могут приобретать в „своей" фирме товары с „фирменной скидкой для сотрудников" *(Personalrabatt)*. Свободная от налога сумма составляет 2 400 в год. В будущем предполагается снизить ее ровно наполовину (1 200 ДМ).

Чаевые *(Trinkgelder)*

Как ни странно, чаевые тоже облагаются налогом! Но только в тех случаях, если их сумма превысит 2 400 ДМ в год. Правда, здесь возникали некоторые проблемы (для финотдела!). Ведь работающий по найму, например, официант, имел право не докладывать своему шефу о размере чаевых.

Эти времена канули в прошлое. Теперь каждый получающий чаевые сотрудник обязан сдавать письменный рапорт о размере чаевых за каждый отработанный месяц. Если общая сумма превысит 2 400 ДМ в год, то „перевес" будет обложен налогом.

Расходы по оплате школы *(Schulgeld)*

В декларации за **1998** год налогоплательщики могут списать 30 % от суммы расходов на частную или дополняющую школу, поосещаемую ребенком *(Schulgeld)*. Эти расходы считались „особыми" *(Sonderausgaben)*. **С 1999 года льгота отменена полностью.**

Предварительные расходы при покупке или постройке жилья
(Vorkostenabzug, Renovierungskosten)

Раньше покупатели собственной квартиры или дома могли в год покупки (или постройки) списать с дохода предварительные расходы *(Vorkostenabzug)*. Например, нотариальную пошлину *(Notargebühr)*, поземельный налог *(Grunderwerbsteuer)* и некоторые другие издержки. Правда финведомство разрешало списать не все фактические расходы, а только паушальную сумму в размере 3 500 ДМ.

С 1999 года использовать эту сумму смогут только те лица, которым финведомство **не выплачивает** субсидии на покупку или постройку собственной жилой площади *(Eigenheimzulage)*. А так как почти каждый работающий по найму получает эту субсидию (без которой ему покупки дома не одолеть), то и потеря налоговой льготы коснется почти всех... (О государственных субсидиях на покупку жилплощади вы можете узнать из книги „Крыша над головой").

Помимо этого, с 1999 года отменена налоговая льгота, предоставляемая на расходы по предварительному ремонту „подержанной жилплощади". Так как эта льгота *(Renovierungskosten vor dem Einzug)* позволяла списать с дохода до 22 500 ДМ, то ее потеря окажет очень существенное влияние на бюджет налогоплательщика!

Побочные заработки *(Nebenjobs)*

С 1 апреля 1999 года изменились условия, так называемой, „незначительной деятельности". Или, говоря иначе, работы на „базисе". Общая сумма дохода теперь не должна превышать 630 ДМ. И в западных, и в восточных землях.

630 ДМ „незначительного дохода" не облагаются налогом. Но: работодатель должен выплачивать за вас взносы в пенсионный и медицинский страховые фонды. Остальную информацию вы найдете в отдельной главе.

ЗАПЛАНИРОВАННЫЕ ИЗМЕНЕНИЯ

Расходы на проезд *(Fahrtkosten)*

В стадии размышлений находятся планы по отмене *Kilometerpauschale*, то есть - „паушальной ставки на километр пути". Вместо этого, предполагается ввести „паушальную ставку на дорогу в один конец" *(Entfernungspauschale)*. При этом размер ставки должен стать стандартным, независимо от того, ездите вы на работу на автомобиле, мотоцикле или на велосипеде.

(Очевидно, нет надобности объяснять, что имеются в виду исключительно поездки к рабочему месту).

Налоговая льгота на образование *(Ausbildungsfreibetrag)*

Родители с детьми старше восемнадцати лет могут списать со своего дохода 2 400 ДМ в год, если их ребенок еще проживает совместно с ними и посещает учебное заведение или проходит профобучение на производстве *(Lehre)*. Если же учащийся живет отдельно от родителей, они могут списать со своего дохода 4 200 ДМ.

Это положение планируется заменить новым, согласно которому родители смогут списать с дохода только 3 000 ДМ, независимо от того, где проживает ребенок. Новое положение отрицательно отразится на доходе родителей, дети которых живут отдельно.

Супружеский налоговый тариф *(Ehegattensplitting)*

Как читателю уже известно, супругам приходится платить более низкий налог, чем холостякам. В этом „виновата" система „супружеского налогообложения" или - *Ehegattensplitting*. Если, например, налогооблагаемый доход достигнет у холостяка 30 000 ДМ в год, то по „холостяцкой" основной таблице *(Grundtabelle)* ему придется уплатить довольно крупный налог в размере 4 857 ДМ. Зато женатым налогоплательщикам придется за тот же самый доход уплатить по „супружеской" таблице *(Splittingtabelle)* только 1 382 ДМ налога. Разница в налогах или, как принято говорить, „преимущество супружеского тарифа" *(Splittingvorteil)* составляет ровно 3 475 ДМ.

При доходе около 40 000 ДМ в год, преимущество составит уже 3 779 ДМ. (Просим и тут учесть, что в виду имеется не доход-брутто, а только доход, подвергаемый налогообложению - *zu versteuerndes Einkommen*.).

Супружеский тариф планируется отменить в 2002 году. Но не полностью, а только в том случае, если упомянутое выше преимущество превысит 8 000 ДМ. То есть - при очень крупном совместном доходе. Впрочем, планы по свержению супружеского тарифа остаются только планами. Вполне возможно, что их объявят незаконными, и все останется как есть...

Расходы, связанные с доходом *(Werbungskosten)*

В 2002 году запланировано снижение широко известной каждому работающему по найму паушальной льготы под наименованием *Werbungskosten-Pauschbetrag*. Вместо 2 000 ДМ, льгота будет составлять только 1 300 ДМ. Снижение льготной суммы означает некоторое повышение подоходного налога.

Кроме того, повысится количество налогоплательщиков, которым придется собирать квитанции и счета, чтобы списать дополнительные расходы. Например, на поездки на работу и обратно.

НАЛОГОВАЯ ДЕКЛАРАЦИЯ

Апрельская шутка

Каждый год, с наступлением марта, санитарка детской поликлиники, Люба К., кладет в кулечек Aldi заполненную квитанциями папку и отправляется к земляку Володе. Цель визита сугубо деловая - заполнение налоговой декларации. За выполнение этой операции Володя брал только 50 марок, и Люба считала, что ей несказанно повезло. Обратиться к налоговому консультанту она не могла по трем существенным и очень веским причинам: во-первых, Люба зарабатывала слишком мало, во-вторых, консультация стоило слишком много, ну, а в третьих, у нее были сложные отношения с немецким языком.

Почему Люба ездила именно в марте? Потому что в начале апреля кончался срок сдачи декларации. Во всяком случае, так ей было сказано Володей, и она приняла этот факт к сведению без малейшей тени сомнений. Тем более, что к Володе ездило еще десятка два земляков (тоже в марте), и все были им довольны. Месяц спустя после сдачи декларации, Люба получала от финведомства письмо, содержащее уже привычные строки о компенсации налога.

Но всему приходит конец. В один прекрасный день Люба обнаружила, что немецкий язык, еще недавно кажущийся неприступным, вдруг потерял свою загадочность. Еще Люба открыла, что стала свободно читать немецкие журналы. Правда, пока что речь шла только об изданиях, содержащих телевизионные программы. Однако со временем Люба начала разбираться не только в том, когда и какой фильм показывается по тому или иному каналу, но и в рецептах, анекдотах и даже в некоторых полезных советах. В том числе, и по вопросам подоходного налога.

Вот тут-то Любе и стало ясно, что ее земляк не учел несколько важных обстоятельств, которые в корне повлияли бы на размер налога и, в конечном счете, на размер самой компенсации. Кроме того, ей вовсе незачем было спешить, так как налоговую декларацию нужно было сдавать не к апрелю, а намного позже - к концу следующего года. И даже не в обязательном порядке, а совершенно добровольно. Это, в свою очередь, означало, что у Любы было достаточно времени, чтобы собрать все необходимые бумаги и спокойно заполнить формуляры, не вдаваясь в панику.

Между прочим: Володя советовал сдать декларацию именно в марте, потому что на пасху ему предстояла очередная поездка в родные края. Как Володя мог убеждать своих „клиентов“? А очень просто! Для этого ему достаточно было указать им соответствующее место в толстом налоговом справочнике, где действительно так и было написано: **„Abgabetermin ist der 12 April 1999“**... (В порядке информации сообщаем, что этот срок предназначен для „самостоятельных“ - для отчета о налоге, взимаемого с оборота, то есть - **Umsatzsteuer**).

Ко всем этим „терминам“ мы еще вернемся, а пока займемся другими, не менее важными деталями.

Нужно ли сдавать декларацию

У большинства читателей почему-то укоренилось мнение, что сдача декларации является обязанностью каждого налого-плательщика. Это не совсем верно. Для многих работающих по найму сдача декларации является делом добровольным: ее можно либо сдать, либо воздержаться. И все же следует прислушаться к мнению компетентной организации - „Союза налогоплательщиков Германии“ *(Bund der Steuerzahler)*, советующей сдачу декларации **каждому работающему по найму лицу.**

Как правило, сдача налоговой декларации приносит налогоплательщику плюс в виде компенсации налога *(Steuererstattung)*. В зависимости от дохода, семейного положения и многих других факторов, компенсация может составлять от нескольких сотен до нескольких тысяч марок. Во многих случаях удается вернуть практически весь налог, выплаченный в течение года!

Не следует пренебрегать этой возможностью только потому, что вы страшитесь заполнения формуляров. Ничего сложного здесь нет. Ведь работающим по найму, как правило, приходится из года в год заполнять одни и те же графы.

Год, за который сдается декларация, будет в дальнейшем называться „отчетным годом"

В каких случаях вы (вероятно) переплатили налог

В большинстве случаев работающим по найму невозможно избежать переплаты налогов. Несмотря на это удручающее обстоятельство, многие из них по разным причинам не утруждают себя сдачей декларации. Попадаются и такие, которые полагают, что „без налога нельзя", и хоть какой-то налог должен быть уплачен. Мы хотим успокоить сомневающихся: без налога можно! Иначе финведомство не возвращало бы многим налогоплательщикам весь уплаченный налог до последнего пфеннига!

Для начальной ориентировки предлагаем список, перечисляющий ситуации, когда вы (по всей вероятности) переплатили налог:

- Вы работали не весь календарный год. Например, в тех случаях, если вы часть года были безработным, долго болели, несли военную или гражданскую службу, учились в учебном заведении и т.д.

- В течение календарного года у вас родился ребенок, или вы женились (вышли замуж).

- Вы уходили в отпуск и получили отпускные.

- Вам выплатили какие-либо крупные компенсации, рождественские деньги, тринадцатую зарплату и т.д.

- Супруги выбрали неблагоприятную комбинацию класса налогообложения.

- Вы работали по совместительству.

- Вы платили алименты своей супруге.

- Вы оказали материальную помощь близким.

- Ваше место работы находится далеко от дома, и у вас были крупные расходы на проезд.

Здесь кратко перечислены только некоторые возможности. Более подробная информация об этих и многих других вариантах содержится в дальнейших разделах книги.

Срок сдачи декларации

К началу каждого нового года „русская" Германия проявляет первые признаки налоговой лихорадки. Цветут пышным цветом объявления налоговых консультантов, предложения финансовых советников и просто обещания неизвестных лиц „недорого и быстро помочь при заполнении налоговой декларации". Не говоря уже о многочисленных наскоро состряпанных брошюрках с „рекомендациями по заполнению".

Здесь неизбежно создается впечатление, что если не поспешить, то можно пропустить срок и потерять деньги. Между тем, многим работающим по найму предоставляется действительно великодушный срок - **два полных года**! Налоговую декларацию за 1998 год можно сдать до 31 декабря 2000 года. Декларацию за 1999 год, соответственно - до 31 декабря 2001 года.

При этом имеются в виду только налогоплательщики, для которых сдача декларации является **добровольной** *(freiwillige Veranlagung)*. Это положение просим не путать с другим - сдачей налоговой декларации **в обязательном порядке** *(Pflichtveranlagung)*. Здесь следует соблюдать другой срок: **31 мая следующего за отчетным года.**

Тише едешь - дальше будешь! Это золотое правило касается и налоговой декларации. Поэтому сдавать ее следует только после того, как вы ознакомились со всеми возможностями по списыванию расходов и собрали все необходимые документы и квитанции. Поспешно сдав декларацию, дабы не опоздать, вам потом будет трудно что-либо изменить. И если вы обнаружите, что могли бы списать, скажем, расходы по содержанию родителей, но вот, увы, не списали, то пенять придется только на себя самого.

Впрочем, тянуть до последнего дня тоже не рекомендуется. Чем раньше вы сдадите декларацию, тем быстрее получите деньги. Вполне возможно, что вам полагается довольно крупная компенсация, которая будет месяцами дремать в кулуарах финведомства. Это означает, что вы предоставите государству беспроцентный кредит! И все же не мешает знать, что даже в канун Нового года чиновник будет еще сидеть за столом, ожидая запоздалых посетителей!

Пропустив и этот последний день, вы не сможете ни на что рассчитывать. Ваш поезд уже ушел...

ЭТО НУЖНО ЗНАТЬ

Вниманию тех, кто еще не сдал декларацию за 1997 год и считает, что пропустил все сроки: у вас есть время до 31 декабря 1999 года. Так что, еще не все потеряно!

Кто обязан сдавать декларацию

К сдаче декларации **в обязательном порядке** принуждаются не только самостоятельные, но и некоторые работающие по найму лица. Как вы помните, обязанность к сдаче называется **Pflichtveranlagung**. Ниже перечисляются некоторые варианты, когда вы **обязаны** сдать декларацию:

- Если вы работали **одновременно** на нескольких рабочих местах. То есть - по совместительству.

- Если и вы, и ваша супруга работаете по найму, подлежите совместному налогообложению *(gemeinsame Veranlagung)*, и у одного из вас имеется либо V-й, либо VI-й класс налогообложения.

- Если в отчетном году супруги развелись или один из супругов скончался, и в том же году один из супругов снова **вступил в брак.**

- Если по вашему заявлению финведомство внесло следующие пометки **в налоговую карту**: налоговая льгота по содержанию ребенка старше 18-ти лет *(Kinderfreibetrag)*, налоговая льгота из-за повышенных расходов, связанных с работой *(Freibetrag wegen erhöhter Werbungskosten)*, налоговая льгота из-за повышенных „особых расходов“ *(Freibetrag wegen erhöhter Sonderausgaben)*, налоговая льгота из-за повышенных „чрезвычайных расходов“ *(Freibetrag wegen erhöhter außergewöhnlichen Belastungen)*, а также - налоговая льгота для покупателей жилой площади, в которой они проживают сами *(Freibetrag bei Selbstnutzung des eigenen Wohneigentums)*.

- Если родители не облагаются совместным налогом *(Eltern, die nicht zusammen veranlagt werden)*, и при этом у одного из них имеются на налоговой карте пометки о предоставлении налоговых льгот, связанных с **детьми**. В том числе, следующие: налоговая льгота на детей *(Kinderfreibetrag,)*, налоговая льгота при расходах на образование детей *(Ausbildungsfreibetrag)*, налоговая льгота по инвалидности детей *(Behindertenpauschbetrag)* и налоговая льгота для родителей-одиночек *(Haushaltsfreibetrag)*. Речь идет о тех случаях, когда та или иная льгота была **по заявлению перенесена** от одного родителя на другого.

- Если на вашей налоговой карте отмечена налоговая льгота по присмотру за детьми *(Kinderbetreuungskosten)*, и вы в том же году вышли замуж (или женились).

- Если в отчетном году вы получали не только зарплату, но и компенсационные выплаты на сумму более 800 ДМ. В том числе, например, пособие по безработице, больничные и прочие выплаты, считающиеся „эрзацем зарплаты" *(Lohnersatzleistungen)*.

Во всех этих случаях вам необходимо сдать декларацию до 31 мая следующего за отчетным года. Например, декларацию за 1999 год следует сдать до 31 мая 2000 года, декларацию за 2000 год - соответственно до 31 мая 2001 года и т.д.

Если вы не успели уложиться в срок

Если вы не успеете уложиться в срок, и вам понадобится дополнительное время, вы можете подать в финведомство заявление о продлении *(Verlängerungsantrag)*. Обычно срок продлевается до 30 сентября того же года. Но и эта дата не является окончательной. Если у вас были уважительные причины, например, необходимые документы задерживаются (в Казахстане!) или вы длительное время болели, то вы можете продлить срок сдачи до февраля следующего года (сдачу „обязательной" декларации за 1998 год можно „отодвинуть" максимально до февраля 2 000 года).

При подаче заявления на продление срока следует обязательно дождаться письменного согласия чиновника. Заявившись к нему лично, вы сможете на месте договориться о сроке.

Во всех тех случаях, когда вы **обязаны** сдать налоговую декларацию, финведомство пришлет вам формуляры на дом.

Если у вас есть компьютер

Многие налогоплательщики справляются с декларацией без посторонней помощи. В особенности - те, кто владеет тайной общения с компьютером. В последние годы появилось большое количество налоговых программ, позволяющих заполнение декларации даже лицам, в прошлом никогда не имевшим дела с налогами и расчетами.

В прошлые годы компьютерные программы разрешалось использовать только как помощника при расчетах. Результаты расчетов переносились на официальные формуляры казенного серо-зеленого цвета. Перенос данных производился либо от руки, либо на пишущей машинке. В настоящее время финведомство позволяет целиком и полностью распечатывать декларацию на принтере, с применением обычных машинописных листов! Зеленый цвет уже не обязателен... При этом необходимо соблюдение только одного условия: распечатка должна полностью соответствовать официальным формулярам.

Налоговый консультант

Большинство налогоплательщиков предпочитает пользоваться услугами налоговых консультантов *(Steuerberater)*. Надо сказать, что, в отличие от финансовых консультантов *(Finanzberater)*, назваться которым может действительно каждый гражданин (или гражданка), независимо от образования, призвания и профессиональной пригодности, заниматься деятельностью налогового консультанта разрешено только специалистам, прошедшим соответствующую профессиональную подготовку. Что должно быть подтверждено соответствующим же документом. Тем не менее, можно и по сей день встретить множество любителей, готовых за определенную мзду „помочь" в составлении налоговой декларации.

К сведению читателей: такой вид промысла, без специального образования, строго-настрого запрещен! Нарушение этого положения преследуется по закону.

Обратите внимание на следующее обстоятельство: не каждый консультант является членом Объединения налоговых консультантов *(Steuerberaterverband)*. Это означает, что он может быть **не застрахован** на случай ущерба, возникшего у клиента *(Berufshaftpflichtversicherung)*. Тогда и вы не сможете ожидать возмещения убытков, возникших из-за неверной консультации. Кроме того, не застрахованы от ответственности налоговые консультанты, получившие диплом в Голландии, так называемые, **Steuerberater NL**. И, конечно же, любители-консультанты без профессионального образования.

При начислении гонорара каждый консультант должен ориентироваться на „Положение о сборах и пошлинах" *(Gebührenordnung)*, предоставляющее ему относительную свободу действий. Он может воспользоваться „дорогой" ставкой и выставить вам крупный счет или, наоборот, взять самую низкую ставку и обрадовать вас небольшим гонораром. Для сравнения: при доходе-брутто в размере 62 000 ДМ вам необходимо уплатить „дешевому" консультанту около 160 ДМ только за заполнение основного формуляра. „Дорогой" **Steuerberater** возьмет за тот же формуляр уже более 900 ДМ! За приложения придется заплатить отдельно...

Если у вас возникли сомнения по поводу вашего консультанта, вы можете навести о нем справки в городской палате *(Steuerberaterkammer)*. Или в одном из филиалов Объединения консультантов *(Deutscher Steuerberaterverband)*. В случае необходимости сотрудники предложат вам адрес консультанта, владеющего русским языком и даже бесплатно проверят гонорар *(Beratungsgebühr)*. Таким образом вы узнаете, не уплачено ли консультанту больше положенного.

С вопросами по поводу налогового консультанта можно обратиться и прямо в Центральное управление по адресу:

Deutscher Steuerberaterverband e.V.
Bertha-von-Suttner-Platz, 6
53111 Bonn

Для начала консультант может быть необходим

Нужен ли вам консультант, или же достаточно этой книги? Дать общий ответ трудно. Многое зависит от знания немецкого языка, необходимого для „чтения" налоговой декларации, и, конечно, от набранного ранее опыта. Можно попробовать и такой вариант: если после знакомства с книгой вам покажется, что все действительно не так сложно, то вы можете съездить в **Finanzamt**, нагрузиться формулярами, а затем в кругу семьи потренироваться в заполнении декларации. Тем более, что формуляры - бесплатные и экспериментировать можно сколько угодно.

Закончив процесс самоподготовки, вы можете идти к консультанту. Если вы обнаружите, что заполненная им декларация ничем не отличается от вашей „домашней", то можете считать себя созревшим для самостоятельной встречи с финведомством в следующем году. Теперь вы будете чувствовать себя гораздо увереннее, и в будущем вам (возможно) уже не понадобится помощь.

Общество помощи налогоплательщикам

Если у вас нет собственного компьютера, и вы не желаете тратиться на налогового консультанта, вы можете обратиться в Общество под наименованием **Lohnsteuerhilfeverein**. Что означает следующее: „Общество, помогающее разобраться с вопросами подоходного налога". Филиалы общества можно найти в каждом городе и городке. В крупных городах - даже в каждом районе.

Цель „Общества" - консультация трудящихся по вопросам налогообложения, включая заполнение налоговой декларации. Само собой разумеется, занимаются этим только профессионалы. Уплатив ежегодный взнос, вы можете стать членом „Общества" и регулярно пользоваться его услугами. Здесь также следует обращать внимание на некоторые детали. Например, размер взноса должен быть не стандартным, а соответствовать доходу. То есть, чем выше доход, тем выше может быть и взнос. Но в любом случае не выше 400 ДМ в год.

Помимо этого, „Общество" не должно требовать отдельной оплаты услуг.

Прежде чем вступать в ряды „Общества", бросьте взгляд в условия договора *(Vertragsbedingungen)*. Следует избегать обществ, которые пытаются привязать членов на длительный срок. Соглашайтесь только на одногодичные договоры. Срок расторжения договора должен составлять не более трех месяцев *(dreimonatige Kündigungsfrist)*. „Общество" должно быть также застраховано на случай ущерба в результате неправильной консультации.

К сожалению, и тут не обходится без риска. Ведь не каждое „Общество" является признанным и допущенным к консультации. Если у вас возникли сомнения, то вы можете навести о нем справки (в Бонне). Если „Общество" оказалось липовым, то ему тут же запретят деятельность. А если вы заполнили с его „помощью" налоговую декларацию и успели ее сдать, то финведомство приостановит операцию и вернет вам декларацию. Чтобы вы смогли начать все сначала...

ЭТО НУЖНО ЗНАТЬ

В Общество помощи налогоплательщикам могут обратиться только работающие по найму лица (Arbeitnehmer)!

Чтобы не задерживать компенсацию

Срок обработки декларации чиновником предсказать невозможно. На этот процесс может уйти и месяц, и два, и более. Многое зависит не только от загруженности чиновников и времени года, но и от того, в каком состоянии была декларация, и не забыли ли вы приложить необходимые документы. Чтобы не задерживать обработку, следует знать о некоторых правилах. Например, о том, что именно следует сдать в финведомство:

- В первую очередь, конечно, саму декларацию, состоящую из основного формуляра *(Mantelbogen)* и нескольких приложений *(Anlagen)*.

- Налоговую карту *(Steuerkarte)*. Если работали оба супруга, то следует сдавать налоговую карту каждого.

- Если в течение отчетного года вы были больны, то необходимо приложить справку о выплате больничных *(Krankengeld)*.

- Если в течение отчетного года вы были безработным, то приложите справку о выплате пособия по безработице *(Arbeitslosengeld)*.

- Если в течение отчетного года вы находились в декретном отпуске, приложите справку о получении пособия по материнству *(Mutterschaftsgeld)*.

- Если в отчетном году у вас имелся один или несколько перерывов в трудовой деятельности (болезнь, учеба, безработица и т.д.), то следует приложить справку о количестве и продолжительности перерывов.

- Если у вас имеются сбережения, и ваш банк начислил на проценты налог *(Kapitalertragsteuer)*, то следует приложить к декларации подтверждение банка о взысканном налоге.

И конечно же, во всех тех случаях, если вы внесли в декларацию расходы, которые вы желаете списать, вы должны приложить счета и квитанции *(Belege)*. Позаботьтесь об этом своевременно, собирая квитанции в течение всего года.

Как сдавать декларацию

Завершив работу над декларацией, вы можете послать ее по почте, приложив необходимые бумаги, счета и т.д. Или же опустить в почтовый ящик, висящий у входа в финведомство. Самый лучший вариант - сходить в ведомство самому. Тогда чиновник в вашем присутствии пройдется по графам и отметит принесенные справки. А вы, пользуясь случаем, можете задавать вопросы. Если вопросы возникнут у чиновника, то вы можете тут же дать ответ.

Преимущество личного визита состоит также в том, что вы познакомитесь со „своим" чиновником, а он - с вами. Вы сможете на месте выяснить недоразумения и получить ценные консультации. А если чиновнику понадобятся дополнительные документы или справки, то вам и об этом тут же сообщат. Словом, покинув кабинет, вы будете знать намного больше, чем при входе.

И, наконец: сдавайте формуляры и все необходимые документы в папке или скоросшивателе. Квитанции и справки отсортируйте заранее, согласно „темам" и скрепите канцелярскими скрепками. Ни в коем случае не повторяйте ошибки некоторых местных жителей, несущих в ведомство набитую бумагами коробку из-под обуви, нисколько не смущаясь предстоящей работе чиновника над хаосом („...чего там, разберется, ему за это деньги платят!..").

ЭТО НУЖНО ЗНАТЬ

Перед тем, как сдать декларацию, сделайте ксерокопии с формуляров, приложений, справок и т.д. Это понадобится на тот случай, если что-либо потеряется в дороге или „забудется" чиновником. Получив „решение", вы сможете проверить, были ли учтены все данные.

Какие формуляры вам могут понадобиться

Налоговая декларация состоит из базисного (или основного) формуляра *(Mantelbogen)* и нескольких приложений *(Anlagen)*. Что именно придется заполнять вам самим, зависит от вашей жизненной ситуации и семейного положения. Ниже вкратце перечисляются основные варианты:

- **Mantelbogen/Hauptvordruck** - базисный (или основной) формуляр, заполняемый каждым налогоплательщиком, сдающим декларацию. Содержит основные данные о налогоплательщика и (если имеется) супруге, а также - о расходах в течение отчетного года: особые расходы *(Sonderausgaben)* и, т.н., чрезвычайные расходы *(außergewöhnliche Belastungen)*.

- **Anlage N** - приложение, заполняемое налогоплательщиком, работающим по найму. То есть „несамостоятельным“. Сюда вносятся все данные, которые содержит налоговая карта, а также расходы, связанные с работой *(Werbungskosten)*.

- **Anlage Kinder** - приложение, заполняемое налогоплательщиками, у которых есть дети. Здесь необходимо перечислить всех детей, указав их возраст, семейное положение, учебу, доход и многое другое. Кроме того, в приложение вносятся связанные с детьми расходы, например, по присмотру и уходу *(Kinderbetreuungskosten)*, а также некоторые „детские“ паушальные льготы.

- **Anlage KSO** - приложение для вкладчиков. Заполняется в том случае, если в отчетном году проценты по вкладу составили более 6 100 ДМ (у холостых) или 12 200 ДМ (у супругов). Кроме того заполнить его должны пенсионеры, получающие, так называемую, пожизненную пенсию *(Leibrente)*.

- **Anlage FW** - приложение для владельцев дома или квартиры, в которых они проживают сами *(selbstgenutzter Wohneigentum)*.

- **Anlage V** - приложение для владельцев дома или квартиры, сдающихся внаем. Здесь указывается доход от сдачи *(Einkünfte aus Vermietung)*.

- **Anlage U** - приложение для разведенных или живущих отдельно от супруга налогоплательщиков. Заполняется в том случае, если налогоплательщик желает списать алименты *(Unterhaltszahlungen)*, которые он выплатил экс-супруге в течение отчетного года. Получательница алиментов обязательно должна подписать приложение.

Иначе алименты не будут признаны „особыми расходами" (см. главу „Особые расходы").

- **Anlage K** - приложение для налогоплательщиков, желающих переноса налоговой льготы на детей *(Übertragung der Kinderfreibeträge)* или налоговой льготы для родителей-одиночек *(Haushaltsfreibetrag)*. Более подробную информацию вы найдете в соответствующих разделах книги.

- **Anlage GSE** - приложение для самостоятельных *(Selbständige)*. Заполняется также в тех случаях, если работающий по найму еще и подрабатывает **по совместительству** - как самостоятельный.

- **Abtretungsanzeige** - заявление о переносе права на получение налоговой компенсации. Заполняется в тех случаях, когда налоговая компенсация должна быть выплачена не самому налогоплательщику, а на расчетный счет третьего лица.

Основной формуляр декларации (первая страница)

Основной формуляр *(Mantelbogen)* заполняется всеми, без исключения налогоплательщиками, в том числе, и „самостоятельными". В этом разделе вы ознакомитесь с первой страницей формуляра.

Прежде всего, вы должны отметить цель подачи декларации. На ответ вам отводятся три окошка в верхней части формуляра. Если вы только желаете сдать обычный отчет о подоходном налоге, то следует отметить крестиком только одно окошко - **Einkommensteuererklärung**.

Если же вы с помощью работодателя „создавали состояние" *(VWL)*, то вы должны отметить (крестиком) „заявление о выплате дотации по вкладу" - **Antrag auf Festsetzung der Arbeitnehmer-Sparzulage.** Информацию об этом виде вклада, а также о дотации, вы найдете в главе „Налог и собственность".

Третья графа отведена тем, кто желает подать заявление на списывание убытков - **Erklärung zur Feststellung des verbleibenden Verlustabzugs.** То есть, в основном, - „самостоятельным".

В отдельных графах указывается адресат - **An das Finanzamt**, то есть - само финведомство и вносится налоговый номер - **Steuernummer**. Если вы переехали на новое местожительство, назовите бывшее финведомство - **bei Wohnsitzwechsel: bisheriges Finanzamt**. И, наконец, если вы рассчитываете на компенсацию налога, то отметьте крестиком графу - **Ich rechne mit einer Einkommensteuererstattung**.

Далее идут общие данные - **Allgemeine Angaben**. Здесь необходимо указать личные данные налогоплательщика. Если графа заполняется супругами, то под ним (налогопл.) понимается супруг - **Steuerpflichtige Person (Stpfl.), bei Ehegatten: Ehemann.** Назовите фамилию *(Name)*, имя *(Vorname)*, дату рождения *(Geburtsdatum)*, вероисповедание *(Religion)*, профессию в настоящее время *(ausgeübter Beruf)*, адрес.

Укажите, с какого времени вы состоите в браке *(verheiratet seit dem...)*, овдовели *(verwitwet seit dem...)*, разведены *(geschieden seit dem...)* или проживаете отдельно от супруга/супруги *(dauernd getrennt lebend seit dem...)*. Там, где вопросы к вам не относятся, внесите прочерк по диагонали.

Следующая графа отведена супруге - **Ehefrau**. При этом следует указать только ее имя, год рождения, вероисповедание и профессию в настоящее время. Фамилия и адрес указываются только в том случае, если они **отличаются** от указанных в графе супруга.

Состоящим в браке необходимо заполнить еще одну графу - **Nur von Ehegatten auszufüllen**. В ней вы отмечаете либо совместное налогообложение с супругой *(Zusammenveranlagung)* либо - раздельное *(getrennte Veranlagung)*. Если в отчетном году вы вступили в брак, то вы можете отметить „особое налогообложение" - *(besondere Veranlagung für das Jahr der Eheschließung)*. И, наконец, вы должны отметить, договорились ли вы о совместном владении имуществом - *(Wir haben Gütergemeinschaft vereinbart)*. При положительном ответе отметьте *ja*, при отрицательном - *nein*.

Теперь вы должны указать свои банковские реквизиты - **Bankverbindung**. То есть - назвать номер счета, банковский код и наименование банка или сберкассы. Если это ваш собственный счет, то отметьте этот факт, поставив крестик в соответствующем окошке - **Kontoinhaber lt. Zeilen 2 u. 3**. Если же вы решили уступить право на получение денег другому лицу, то вам необходимо назвать фамилию и приложить официальный документ, подтверждающий перенос права на получение денег - **Name (im Fall der Abtretung bitte amtlichen Abtretungsvordruck beifügen)**.

Последняя графа - **Der Steuerbescheid soll nicht mir/uns zugesandt werden, sondern...** заполняется в том случае, если вы желаете, чтобы „решение" было послано не вам, а другому лицу.

ЭТО НУЖНО ЗНАТЬ

Во всех формулярах вам отведены белые поля. Зеленые поля могут быть заполнены только финведомством.

Основной формуляр декларации (вторая страница)

В подавляющем большинстве случаев вам придется заполнять только верхнюю половину страницы, где вы проставите крестики, подтверждающие доход - **Einkünfte im Kalenderjahr.** Кроме того, крестики служат указанием, что к основному формуляру вы приложили соответствующие приложения **(Anlagen).**

Если **доходы от капитала**, то есть - проценты по вкладу, **превысили** 6 100 ДМ в год (холостяки) или 12 200 ДМ в год (супруги), то вы должны отметить графу - **Kapitalvermögen** и приложить **Anlage KSO**. Если доходы по процентам были **ниже**, то достаточно отметить крестиком графу - **Die Einnahmen aus Kapitalvermögen betragen nicht mehr als 6 100 DM, bei Zusammenveranlagung 12 200 DM.**

Если вы получали **пенсию**, то вам необходимо указать об этом в графе - **Sonstige Einkünfte** и приложить **Anlage KSO**, в которой вы заполнили вторую страницу.

Если вы **работали по найму**, то укажите об этом в графе - **Nichtselbständige Arbeit**. Если в отчетном году работали не только вы, но и ваша супруга, то необходимо отметить наличие вашего приложения - **Anlage N für steuerpflichtige Person (bei Ehegatten: Ehemann)**, а также приложения супруги - **Anlage N für Ehefrau**.

Из дальнейших граф интерес представляет только графа - **Angaben zu Kindern**, в которой вам необходимо указать количество детей, согласно приложению **Anlage(n) Kinder**. Если вы строились или покупали дом, то, возможно, вам доведется отметить графу - **Förderung des Wohneigentums** и приложение **Anlage FW**. Само приложение вы сможете заполнить только с помощью консультанта.

Указания по заполнению третьей и четвертой страниц основного формуляра содержатся в отдельных главах („Особые расходы“, „Чрезвычайные расходы“).

НАЛОГОВАЯ КАРТА

ОБЩИЕ СВЕДЕНИЯ

Когда вам понадобится налоговая карта

Налоговая карта *(Lohnsteuerkarte)* - это своего рода „визитная карточка" работающего по найму. В ней содержатся все данные, которые интересуют финведомство. Налоговая карта может понадобиться вам в тех случаях, если:

- У вас постоянное рабочее место *(fester Arbeitsplatz)*;

- Вы работаете временно *(befristete Beschäftigung)*;

- Вы работаете полный рабочий день *(Vollzeitbeschäftigung)*;

- Вы устроились на полдня *(Halbtagstelle)*;

- У вас почасовая работа *(stundenweise Beschäftigung)*;

- Вы занимаетесь, так называемой, вспомогательной деятельностью *(Aushilfstätigkeit)*.

- С 1 апреля 1999 г. налоговая карта понадобится также работающим на „базисе" лицам.

Если у вас **постоянное рабочее место**, то налоговая карта будет встречаться вам крайне редко. Получив карту от общины, вы сдадите ее своему работодателю, а последний вернет ее вам к концу календарного года (или после увольнения).

При заполнении декларации вам необходимо перенести в нее все данные, внесенные в налоговую карту вашим работодателем (или работодателями).

Если вы работали на нескольких местах

В тех случаях, если вы любите кочевать с одного рабочего места на другое, вам доведется встречаться с картой чаще. Ведь ее необходимо каждый раз забирать у „старого" и сдавать „новому" работодателю. При этом следует учесть, что карта может некоторое время задержаться у прежнего работодателя. В этом случае вы можете попросить у него письменное подтверждение, что карта ему необходима для расчета зарплаты. Кроме того, вам понадобится справка *(Bescheinigung)*, содержащая все ваши данные, внесенные в налоговую карту. Тогда в тех случаях, если новый работодатель потребует у вас карту, которая еще находится у прежнего шефа, вы сможете предъявить ему справку.

Для чего нужны все эти формальности? Для того, чтобы вас не зачислили в невыгодный класс налогообложения.

ЭТО НУЖНО ЗНАТЬ

Если вы по собственной вине не сдали вовремя налоговую карту, то вы рискуете тем, что работодатель будет взимать налог по VI-му (самому невыгодному для вас) классу налогообложения!

Последствия могут быть довольно ощутимыми. Например, холостяк с I-ым классом налогообложения с доходом брутто в размере 4 000 ДМ, рискует тем, что по VI-му классу с него будет взиматься ежемесячно на 500 ДМ больше налога!

Каждый новый работодатель внесет в карту (на обратной стороне) период вашей работы в фирме (от - до).

Если вы работаете **по совместительству**, например, днем - в „своей" фирме, а по вечерам - подрабатываете в другой (или в нескольких), вам придется обзавестись еще одной налоговой картой (или несколькими). Все дополнительные карты будут содержать пометки о **VI-ом классе налогообложения**.

Где вы получите налоговую карту

За получением налоговой карты следует обращаться не в финведомство, а только в городское или сельское управление по месту жительства. В дальнейшем мы будем пользоваться принятым в Германии понятием „община" - **Gemeinde**. Как правило, это то же самое заведение, где вы встали на учет, получили паспорт или вид на жительство.

Итак, налоговую карту вы получите в „общине", в которой вы зарегистрированы *(gemeldet)*, и где у вас имеется основное место жительства. Вместо „зарегистрирован", мы будем в дальнейшем применять термин „прописан". Ведь, в принципе, речь идет действительно о прописке.

Если вы уже работаете (или работали), и значит, у вас есть (или была) налоговая карта, то новая карта будет прислана вам на дом **автоматически**. Как правило, не позже 31 октября. Это означает, что налоговую карту за 1999 год вы уже получили до 31 октября истекшего 1998 года. Если по какой-либо причине ее вам не прислали (например, чиновник забыл ее выставить!), то за получением следует обратиться в ту общину, в которой вы были прописаны 20 сентября 1998 г. Это значит, что если вы переехали жить в другой город после 20 сентября, вам и тут следует обращаться в общину по прежнему месту жительства.

Если вы еще **нигде не работали** и только собираетесь наниматься, вы должны позаботиться о том, чтобы община выдала вам налоговую карту. Карта может быть выставлена только лицам, у которых имеется в Германии постоянное место жительства *(Wohnsitz)* или преимущественное пребывание в стране на законном основании *(gewöhnlicher Aufenthalt)*. То есть, говоря иначе, если вы в отчетном году проживаете (или собираетесь проживать) в Германии более шести месяцев.

Интересно знать, что в Германии возможна прописка сразу в нескольких местах. Например, в тех случаях, если у вас основное место жительства в одном городе, а рабочее место - в другом, где вам приходится снимать комнату или еще одну квартиру. Тогда вы получите налоговую карту в той общине, в которой находилось ваше **основное** место жительства/основная квартира *(Hauptwohnung)*. У супругов соответственно - совместная основная квартира *(gemeinsame Hauptwohnung)*.

Если же супруги были прописаны в отдельных квартирах (каждый - в собственной основной), то налоговая карта выставляется в той общине, где старший по возрасту супруг был прописан 20 сентября предыдущего года. Надо сказать, что все эти тонкости пригодятся только местным жителям, многие из которых живут по принципу: „личная свобода - превыше всего". Сейчас уже никого не удивишь семьей, очаг которой находится под двумя (отдельными) крышами.

Кому принадлежит налоговая карта

Что делать, если община прислала вам налоговую карту, которая вам **не понадобится** (например, вы не собираетесь работать в году, отмеченном на карте)? В этом случае ее следует послать обратно, приложив короткое письмо с объяснением причины. Например, так:

„Sehr geehrte Damen und Herren!

Im Jahre 1999 werde ich keiner Beschäftigung nachgehen. Deshalb schicke ich Ihnen die mir zugesandte Lohnsteuerkarte zurück."

Mit freundlichen Grüssen

В остальном же, следует знать: использованная в течение года карта (то есть - побывавшая у одного или нескольких работодателей) принадлежит финведомству, к которому ведут три возможные дороги:

- Вы работали в отчетном году, но налоговую декларацию сдавать не собираетесь. Если работодатель не прислал вам налоговую карту (например, потому, что вы ее не потребовали), то это может означать, что он пошлет (или уже послал) ее в финведомство.

- Вы желаете сдать налоговую декларацию и по истечении календарного года потребовали карту у работодателя. На этот раз вы, так или иначе, сдадите карту в финведомство сами - совместно с декларацией.

- Хотя отчетный год еще не кончился, налоговая карта уже находится у вас. Например, по той причине, что вы не работали в последние месяцы года, и она осталась у вас на руках. Если вы не собираетесь сдавать налоговую декларацию, то вам необходимо послать налоговую карту в финведомство до 31 декабря. Например, налоговую карту за 1998 год следует сдать до конца 1999 года.

Как быть в случае утери налоговой карты? Если вы потеряли новую и еще **незаполненную работодателем** карту, то вам нужно идти в общину и попросить эрзац *(Ersatzlohnsteuerkarte)*. Нередко за это взимается небольшая пошлина. Эрзац карты можно попросить и в том случае, если неиспользованная карта потеряла первоначальный вид. Например, если вы попали под дождь, и карта промокла, превратившись в серый комок бумаги.

ЭТО НУЖНО ЗНАТЬ

Если вы потеряли налоговую карту, уже заполненную работодателем, вы можете потребовать у него эрзац (Ersatzbescheinigung), содержащий все необходимые для сдачи декларации данные.

ЗАПИСИ В НАЛОГОВОЙ КАРТЕ

Неточные записи

Если, получив новую карту, вы обнаружили в ней неточности, вам необходимо срочно позаботиться о **корректуре**. Записи в налоговой карте ни в коем случае не могут быть изменены вами самими или вашим работодателем. Это может сделать только выставившая карту община, куда вам необходимо подать заявление *(Antrag auf Änderung der Lohnsteuerkarte)*.

Заявлять о корректуре следует не только в тех случаях, если ошибки в карте означают для вас прямой убыток (например, вместо троих детей, в ней оказалось только двое!). Обнаружив, что ошибки - в „вашу пользу" (например, вместо двух имеющихся в наличии детей, в карту внесли трех!), вы и тут обязаны немедленно обратиться в общину. Если вы вовремя не позаботились об изменении записи, и с вас взимали слишком низкий налог, то рано или поздно этот факт все равно всплывет. Тогда финведомство потребует от вас уплаты недоплаченного налога. И еще взыщет пеню...

Записи в налоговой карте необходимо изменить, например, в следующих случаях:

- Если община внесла в карту более благоприятный для вас класс налогообложения, который вам не положен.

- Если община внесла в налоговую карту слишком большое количество „налоговых льгот на детей" *(zu hohe Kinderfreibetragszahl)*, что вам тоже не положено.

- Если к началу отчетного года вы продолжительное время проживали отдельно от супруга *(dauernd getrennt lebende Eheleute)* или были разведены *(geschieden)*, но это не было учтено в карте.

- Если один из детей скончался до начала отчетного года, и это также не было учтено.

Изменять записи необходимо только в том случае, если они не соответствовали фактическому положению вещей на 1 января указанного на карте года.

Если перечисленные выше негативные изменения в семейной жизни (развод, смерть) произойдут **в течение отчетного года**, то изменять записи в налоговой карте **не нужно**. Зато в тех случаях, если у вас произошли более радостные события, например, вы вступили в брак или у вас родился ребенок, то вносить корректуры в налоговую карту нужно обязательно! Тогда вам сразу же снизят налог - уже в течение года.

Заявление на изменение записи необходимо подавать не позже 30 ноября года, отмеченного на налоговой карте.

ЭТО НУЖНО ЗНАТЬ

Если вы переехали на другую квартиру, то изменять адрес на налоговой карте нет необходимости. Достаточно указать точный адрес в налоговой декларации.

Что вносит в налоговую карту община

На лицевой стороне карты содержатся данные, **внесенные общиной** (проверить на точность!). В том числе, следующие:

- Имя и адрес *(Name und Anschrift)*.
- Дата рождения *(Geburtsdatum)*.
- Класс налогообложения *(Lohnsteuerklasse)*.
- Религиозная принадлежность *(Religionszugehörigkeit)*.

- Количество налоговых льгот за детей *(Zahl der Kinderfreibeträge)*. Здесь имеются в виду только дети, которые к началу года, отмеченного на налоговой карте, еще не достигли полных восемнадцати лет *(Kinder, die das 18. Lebensjahr noch nicht vollendet haben)*. Что произойдет в тех случаях, если детям уже исполнилось 18 лет, вы узнаете из главы „Дети".

Все данные должны соответствовать состоянию на 1 января года, отмеченного на налоговой карте. Убедившись в точности записей, вы должны **немедленно сдать карту своему работодателю.**

Ваши личные данные, а также личные данные супруги вносятся в основной формуляр декларации - **Mantelbogen, Allgemeine Angaben.**

Что вносит в налоговую карту финансовое ведомство

Вносить записи в налоговую карту может не только община, но и финведомство. Например, в тех случаях, если вы пожелаете внести в карту налоговую льготу по инвалидности (или некоторые другие льготы). Тогда вам необходимо заполнить формуляр заявления на снижение налога *(Antrag auf Lohnsteuerermäßigung)* и сдать его в финведомство совместно с налоговой картой. После чего, чиновник внесет в налоговую карту сумму льготы, и начиная со следующего месяца, ваш ежемесячный подоходный налог будет уменьшен на энную сумму.

Записи финведомства также содержатся на лицевой стороне налоговой карты.

Что вносит в налоговую карту работодатель

Отработав календарный год (или некоторый ограниченный по времени срок - несколько месяцев или недель), вы получите налоговую карту обратно. Теперь вы найдете в ней множество дополнительных записей, **внесенных работодателем** на обратной стороне. Эти записи понадобятся вам при заполнении налоговой декларации.

Мы не будем перечислять все, без исключения, графы, а назовем только некоторые из них, имеющие значение для подавляющего большинства работающих по найму.

Итак, работодатель внесет следующие данные:

- Сумма дохода-брутто *(Bruttoarbeitslohn)*,

- Подоходный налог *(Lohnsteuer)*,

- Налог на солидарность *(Solidaritätszuschlag)*.

- Церковный налог, удержанный с вас *(Kirchensteuer)*

- Церковный налог супруги *(Kirchensteuer für den Ehegatten)*

Если в течение отчетного года вы уходили в декретный отпуск, работали сокращенный рабочий день и т.д., то в налоговую карту будет внесена общая сумма выплаченной работодателем компенсации зарплаты, например, следующих:

- Компенсация сокращенного рабочего дня *(Kurzarbeitergeld)*.

- Компенсация простоя в зимнее время *(Winterausfallgeld)*.

- Доплата к пособию по материнству *(Zuschuß z. Mutterschaftsgeld)*.

- Доплата по старости *(Aufstockungsbetrag nach Altersteilzeitgesetz)*.

Данные о зарплате и удержанных налогах, а также **общая сумма** всех выплаченных компенсаций вносятся в приложение к налоговой декларации - **<u>Anlage N, Angaben zum Arbeitslohn</u>**.

Помимо этого, налоговая карта содержит данные о выплаченных работодателем возмещениях *(Arbeitgeberzuschuß)*. Например, возмещение расходов на проезд к месту работы, возмещение расходов на питание в случае работы вдали от дома, возмещение расходов на ведение двойного хозяйства и пр. Вы должны обязательно указать каждое отдельное возмещение в налоговой декларации. Где именно и как - описано в других разделах книги.

И наконец: карта содержит данные о выплаченном работодателем пособии на детей (с 1999 года это положение отменено). А также о выплате зарплаты или пенсии из расчета за несколько лет (редкость!).

Церковный налог

Каждая налоговая карта содержит графу „Вычеты на церковный налог" *(Kirchensteuerabzug)*. Сюда будет внесена сокращенная пометка о вашей принадлежности к „религиозному сообществу" *(Religionsgemeinschaft)*. Если же вы являетесь атеистом *(Atheist)* или принадлежите к религиозному сообществу, которое не учитывается при налогообложении (например, вы - мусульманин, еврей, буддист и т.д.), то в вашей налоговой карте будет стоять следующий прочерк: „- -". Это, в свою очередь, означает, что с вас не будет взиматься церковный налог.

Если быть более точным, то графа о церковном налоге предусматривает две пометки: для вас самих и для вашей супруги (если таковая имеется). Но: пометка о религии вашей супруги будет внесена только в том случае, если у нее **другое вероисповедание**. Например, если вы - католик, а у вашей супруги евангелическое вероисповедание, то налоговая карта будет содержать пометки „k" и „ev".

Если же у вас одинаковое вероисповедание, то заполнена будет только ваша графа. Поэтому в тех случаях, если в графе супруги полностью отсутствует пометка о религии, не нужно подозревать ошибку. Пустая графа означает, что ваша супруга относится к той же религиозной группе, что и вы сами.

Если вы - католик, а ваша супруга - атеистка, то в вашей графе будет находиться пометка „k", а в графе супруги „- -".

ДЕТИ НА НАЛОГОВОЙ КАРТЕ

Какую роль играет пометка о детях

С 1996 года работающие родители либо получают пособие на детей *(Kindergeld)*, либо пользуются налоговой льготой на содержание детей *(Kinderfreibetrag)*. Параллельное применение и того, и другого варианта невозможно. Несмотря на это, налоговая карта родителей, получающих пособие на детей, может содержать пометку о налоговой льготе. Это объясняется тем, что налоговая „детская" льгота учитывается при расчете „церковного налога" *(Kirchensteuer)*, а также „налога на солидарность" *(Solidaritätszuschlag)*.

Экономия получается не очень ощутимая. И все же пренебрегать этой пометкой не следует. Ведь только в том случае, если она внесена в налоговую карту, вы можете воспользоваться многими другими льготами, связанными с детьми. Например, „налоговой льготой родителей-одиночек" *(Haushaltsfreibetrag)*, „налоговой льготой на расходы по присмотру" *(Kinderbetreuungskosten)*, „налоговой льготой на образование" *(Ausbildungsfreibetrag)* и некоторыми другими.

Как выглядит пометка о налоговой „детской" льготе

Пометка в налоговой карте представлена в виде цифры, которая отражает количество „налоговых льгот на детей" *(Zahl der Kinderfreibeträge)*. На „налоговом" языке эта цифра называется „числитель", то есть - *Zähler*. На каждого ребенка полагается одна льгота. Если **работают оба родителя**, и в семье имеется один ребенок, то налоговые карты, выданные вам и вашей супруге будут содержать „числитель" 0,5 *(Zähler 0,5)*. Это не значит, что с вами проживает по полребенка... Цифра 0,5 только сигнализирует, что у каждого родителя будет учтена половина налоговой льготы.

Если же ваша **супруга не работает**, то в вашу налоговую карту будет внесен полный „числитель" I. При наличии двух, трех и более детей, налоговая карта будет содержать соответствующий „числитель" (II, III и т.д.). Если дети еще не достигли 18-летнего возраста, пометка о налоговой льготе автоматически вносится в налоговую карту общиной. По достижении детьми 18-ти лет, следует подавать отдельное заявление в **финведомство**.

Кто может использовать налоговую „детскую" льготу

Налоговая льгота может быть использована родителями ребенка. Пометка о льготе вносится в налоговую карту при наличии следующих детей:

- Родные дети *(leibliche Kinder)* и усыновленные дети *(Adoptivkinder)*. В том случае, если ваш ребенок, в свою очередь, был усыновлен другим лицом, вы теряете право родительской опеки, а вместе с тем и право на налоговую льготу.

- Принятые на попечение и проживающие в вашем доме дети *(Pflegekinder)*. К ним не относятся дети, по финансовым соображениям принятые „на пропитание" *(Kostkinder)*.

Если ребенку еще **нет восемнадцати лет**, то налоговую льготу на детей может использовать также бабушка (дедушка), если внук проживает в ее квартире. Естественно, льгота имеет смысл только в тех случаях, если бабушка (дедушка) является налогоплательщицей. То же самое положение касается мачехи *(Stiefmutter)* или отчима *(Stiefvater)*. Условия по использованию налоговой льготы этими лицами изменятся, как только ребенку исполнится восемнадцать лет.

Правовой и родственный статус ребенка по отношению к вам или к другим лицам указывается в приложении к основному формуляру - **Anlage Kinder** (см. главу „Дети").

Когда один родитель может использовать полную льготу

Мы уже говорили о том, что каждый ребенок будет отмечен в налоговой карте работающих родителей „числителем" 0,5. Полный числитель I вносится в карту в тех случаях, если:

- В семье работает только **один** родитель.

- Один из родителей (или один из усыновивших ребенка родителей) скончался **до начала** календарного 1999 года (налоговая карта за 1999 г.).

- Ребенок усыновлен **одним** лицом, работающим по найму.

- Ребенок был принят на попечение **одним** лицом, работающим по найму.

- Один из родителей проживает **отдельно**, и место его проживания невозможно установить.

- Отец ребенка официально **неизвестен**. Например, по той причине, что мать ребенка его не назвала.

- Один из родителей в течение всего 1999 года **не проживал** (и не был прописан) в Германии.

Перенос налоговой льготы

После развода каждый родитель считается одиночкой *(Alleinstehender)*. Пособие на детей *(Kindergeld)* будет выплачиваться только родителю, с которым проживает ребенок (или дети). Налоговая льгота будет и тут разделена, и в налоговой карте каждого родителя будет содержаться пометка о „половинной" льготе (0,5). **По заявлению** возможен перенос „половинной" льготы одного родителя на налоговую карту другого. Но только в тех случаях, если претендующий на льготу родитель в течение всего календарного года выполняет свои обязанности по содержанию не менее, чем на 75%.

Как уже говорилось, пометка о налоговой льготе может быть перенесена также на отчима или мачеху *(Stiefeltern)*, а также на бабушку или дедушку *(Großeltern)*, если они приняли ребенка на проживание (и являются налогоплательщиками).

Перенос налоговой льготы заявляется в приложении к налоговой декларации - **Anlage K**.

Сумма всех „налоговых льгот на детей" *(Zahl der Kinderfreibeträge)* вносится в соответствующую графу налоговой карты. Причем, только в том случае, если у вас **I, II, III, или IV** класс налогообложения. **Но не V-ый**!

Дети младше восемнадцати лет

Налоговая карта за 1999 год. Проживающие в Германии дети, которым к первому января 1999 года еще не исполнилось восемнадцати лет, то есть - дети, родившиеся после 1 января 1981 года, автоматически учитываются в налоговой карте за 1999 год. Исключения: см. раздел „Дети, принятые на попечение" *(Pflegekinder)*". Если вы получили налоговую карту и заметили, что „числитель" не соответствует фактическому положению, то вы должны подать в общину заявление об изменении налоговой карты.

Если вы желаете внести в налоговую карту ребенка, который не прописан в вашей квартире, вам необходимо подать **в свою общину** заявление на внесение пометки и приложить к нему справку, подтверждающую существование ребенка *(steuerliche Lebensbescheinigung)*. Эту справку вы можете потребовать **в той общине, где ребенок прописан** на постоянное место жительства. Естественно вы должны предъявить документы, по которым община сможет убедиться, что ребенок действительно является вашим сыном (дочерью). „Справка о существовании" действительна в течение трех лет. В течение этого срока она используется для автоматического внесения пометки в налоговую карту.

Иногда следует обращаться не в общину, а прямо в финведомство. Речь идет о тех случаях, если вам необходимо подать, так называемое, „заявление на учет ребенка при начислении налога" *(Antrag auf Berücksichtigung des Kindes)*. Например, если:

- Вы не можете достать справку, подтверждающую существование ребенка *(Lebensbescheinigung)*. Например, по той причине, что вам не известно место его проживания.

- Вы подаете заявление на внесение полной „пометки" *(Eintragung der vollen Kinderfreibetragszahl)*, так как место проживания другого родителя нельзя установить.

- Вы подаете заявление на внесение полной „пометки", так как предполагается, что другой родитель в течение всего календарного года не будет проживать в Германии.

- Вы подаете заявление на налоговую льготу за ребенка, проживающего за рубежом.

- И, наконец, если вы просто подаете заявление на перенос „налоговой льготы на детей" *(Übertragung der Kinderfreibetragszahl)*. Например, в тех случаях, если на вас должен быть перенесен „числитель" вашей супруги.

Дети старше 18-ти лет

Дети, которым к первому января 1999 года исполнилось восемнадцать лет, т.е. - дети, родившиеся до 2 января 1981 года, могут быть внесены в налоговую карту за 1999 г. только по заявлению, поданному в финансовое ведомство.

В налоговую карту за 2000 г. могут быть внесены дети старше восемнадцати лет, родившиеся до 2 января 1982 г. И, конечно, тоже только по заявлению в финведомство.

При этом должны быть выполнены необходимые условия, например, соблюден лимит дохода у детей. Помимо этого, учитывается возрастной лимит детей, учеба, работа, служба и прочие тонкости, описанные в главе „Дети".

КЛАСС НАЛОГООБЛОЖЕНИЯ

Если у вас не тот класс...

В предыдущей главе упоминалось о том, что при получении налоговой карты вы должны обязательно проверить запись о классе налогообложения *(Lohnsteuerklasse)*, от которого впрямую зависит размер подоходного налога *(Lohnsteuer)*. Общим счетом существует шесть классов налогообложения. „Присваивание" того или иного класса зависит от семейного положения *(Familienstand)*. Исключением является шестой класс налогообложения, который „присваивается" каждому работающему по найму в тех случаях, если он работает **одновременно** у нескольких работодателей (по совместительству).

Если в течение отчетного года у вас изменились семейные обстоятельства, например, вы сочетались законным браком или у вас родился ребенок, то вы можете тут же подать в общину заявление об изменении класса налогообложения *(Antrag auf Änderung der Lohnsteuerklasse)*. В противном случае с вас будет до конца года взиматься завышенный налог. Правда, по истечении года вы сможете подать налоговую декларацию и получить компенсацию за переплаченные налоги. Но зачем ждать?

Если же вы последуете примеру многих неосторожных налогоплательщиков и вообще не сдадите декларацию, то вам предстоят только убытки. Во-первых, вы не получите компенсации. Во-вторых, чиновник общины может по рассеянности не учесть происшедшие изменения в частной жизни. Тогда следующая налоговая карта может содержать устаревшие данные. И если вы не обратите на это обстоятельство внимания, то с вас опять будет взыскиваться завышенный налог!

I-ый класс налогообложения

К нему относятся все работающие по найму лица, проживающие без супруга *(Alleinstehende)* и без детей. В том числе, следующие:

- Холостые *(ledige)*.

- Разведенные *(geschiedene)*.

- Лица, еще состоящие в браке, но постоянно проживающие отдельно от супруга *(verheiratete Arbeitnehmer, die von ihren Ehegatten dauernd getrennt leben)*.

- Состоящие в браке лица, супруг/супруга которых проживает за рубежом *(verheiratete Arbeitnehmer, deren Ehegatte im Ausland wohnt)*.

- Овдовевшие лица, супруг которых скончался в позапрошлом году. Конкретно это означает, что если налоговая карта выставлена на 1999 год, то смерть супруга должна была наступить до первого января 1998 года.

II-ой класс налогообложения

К нему относятся все, перечисленные выше лица (одинокие, разведенные и т.д.), если в их квартире прописан ребенок (или несколько детей). Следующее условие: за детей выплачивается „пособие на детей" *(Kindergeld)*. Или же в налоговой карте разведенного или одиночки содержится пометка о „налоговой льготе на детей" *(Kinderfreibetragszahl auf Lohnsteuerkarte)*. Либо и то, и другое.

Второй класс налогообложения означает, что вы автоматически имеете право на „налоговую льготу для родителей-одиночек" *(Haushaltsfreibetrag)*. Независимо от количества детей, вам может быть предоставлена только **одна льгота**.

ПРИМЕР

Супруги А. развелись в 1997 году и с тех пор снимают отдельные квартиры. Сын и дочь семьи А. остались у матери, в квартире которой они проживали весь 1998 год. Мать продолжает работать и имеет право на „льготу для родителей-одиночек". В ее налоговую карту вносится II-ый класс налогообложения.

Отец А. также считается одиноким. Но он не имеет права на льготу для родителей-одиночек. Поэтому в налоговую карту отца вносится только I-ый класс налогообложения. Причем, это произошло бы и в том случае, если бы мать А. вообще не работала, и у нее не было ни налоговой карты, ни своего класса налогообложения. То есть, если ей эта льгота не нужна!

Если в течение календарного года ребенок был прописан у обоих родителей, то „налоговая льгота для родителей-одиночек" может быть предоставлена **только одному** из них. Кому именно - предусмотрено системой распределения *(Zuordnung)*. Например, в том случае, если ребенок был прописан сначала у матери, а затем у отца, то льгота будет предоставлена тому, у кого ребенок проживал сначала. В данном случае - матери.

Если же **к началу года** ребенок был прописан **у обоих** родителей, то налоговую льготу получит автоматически мать. Она может уступить эту льготу отцу ребенка, для чего ей необходимо подписать письменное согласие.

В 1998 году вступило в силу новое положение: „налоговая льгота для родителей-одиночек" может быть использована бабушкой/дедушкой ребенка. Естественно это принесет пользу только тогда, если последним приходится платить налог! Право выбора *(Wahlrecht)* предоставляется в этом случае матери ребенка. Если же ребенок был прописан одновременно у отца и у бабушки/дедушки, то право выбора предоставляется отцу.

ПРИМЕР 1.

Супруги Б. собираются разводиться и уже разъехались по отдельным квартирам. Сын Б. предпочел остаться у отца, у которого он жил с января по июнь 1998 года. Затем он переехал к матери. Так как к началу 1998 г. сын был прописан у отца, то последнему полагается „льгота для родителей-одиночек" *(Haushaltsfreibetrag)*. Поэтому в налоговую карту отца вносится II-ой класс налогообложения. Матери присваивается только I-ый класс налогообложения.

Каждому родителю полагается половина „налоговой льготы на детей", и в налоговую карту каждого вносится цифра 0,5.

ПРИМЕР 2.

Мария и Вальдемар проживают в „свободном браке". У них имеется трое детей. Так как здесь вступило в силу правило о распределении *(Zuordnungsfall)*, то преимуществом обладает мать. Это значит, что ей предоставляется II-ой класс налогообложения.

Отцу детей положен I-ый класс налогообложения. Он может получить II-ой класс налогообложения (вместо Марии) только в том случае, если Мария даст согласие *(Zustimmung)*.

Каждый из родителей получает половину „налоговой льготы на детей". Так как у них трое детей, то налоговая карта каждого содержит цифру 1,5 (половина льготы на троих детей).

ПРИМЕР 3.

Супруги В. развелись и проживают в отдельных квартирах. Сын В. проходит профобучение и снимает отдельную квартиру, которая считается основным местом его жительства *(Hauptwohnung)*. Больше он нигде не пожелал прописываться - ни у отца, ни у матери. Поэтому оба родителя числятся по I-му классу налогообложения.

Во всех случаях переноса „налоговой льготы для родителей-одиночек" необходимо в обязательном порядке письменное согласие *(Zustimmungserklärung)* родителя, за которым эта льгота числится. Для этого следует использовать формуляр „упрощенного заявления на снижение налогов" *(vereinfachter Antrag auf Lohnsteuer-Ermäßigung)*, который вы получите в налогово-финансовом ведомстве.

Важно знать: письменное согласие можно отменить только до первого января того года, который указан на налоговой карте. Практически это означает, что дав свое согласие, вы **не сможете отозвать** его в течение всего отчетного года.

И еще одно обстоятельство следует знать: если несколько детей одновременно прописаны у матери и у отца (или у бабушки/дедушки), то они могут быть „распределены" только совместно *(einheitlich zugeordnet)*.

III класс налогообложения

Этот класс налогообложения „присваивается" работающему по найму лицу, состоящему в браке и проживающему совместно с супругом. Его может получить **только один из супругов** и только в том случае, если:

другой супруг не работает

или

другой супруг работает и числится по V-му классу налогообложения

Во втором случае (оба супруга получают зарплату) возможно изменение класса налогообложения. Это - единственный вариант, когда вы можете выбрать класс налогообложения сами. На этот случай законодательство предусматривает, так называемое, право выбора *(Wahlrecht)*. Тогда супруги могут числиться не по III-му и V-му классу налогообложения, а оба - по четвертому классу - IV/IV.

Для изменения класса налогообложения следует обратиться в общину по месту жительства *(zuständige Gemeinde)* не позже 30 ноября отчетного года. Бесконечные смены настроения не допускаются. В течение **отчетного года** можно изменить класс налогообложения только **один раз**. Однако, и здесь возможны исключения. Например, в случае безработицы одного из супругов. Подробности - в разделе о смене класса налогообложения.

Вдовцы и вдовы, работающие по найму *(verwitwete Arbeitnehmer)*, также могут числиться по III-му классу налогообложения. Это допускается только в том случае, если супруг скончался в году, предыдущем отчетному. Например, в налоговую карту за 1999 год можно внести третий класс налогообложения только в том случае, если супруг скончался в 1998 году. Помимо этого, ко дню кончины оба супруга должны были проживать **совместно**.

IV класс налогообложения

К нему относятся состоящие в браке и проживающие совместно супруги, если оба работают по найму, оба получают заработную плату, и у каждого из них имеется налоговая карта. В этом случае каждый из них может быть зачислен по IV-му классу налообложения (или же выбрать комбинацию налогообложения III/V).

V класс налогообложения

Этот класс налогообложения вносится в налоговую карту работающего по найму и состоящего в браке лица, если оба работающих супруга проживают совместно и в налоговую карту другого супруга внесен III-ий класс налогообложения.

Здесь также возможна смена класса налогообложения. Вместо варианта III/V, супруги могут взять вариант IV/IV. (см. раздел „Выбор класса налогообложения“).

ЭТО НУЖНО ЗНАТЬ

Если у вас пятый класс налогообложения, то в вашу налоговую карту не может быть внесена пометка о налоговой льготе на детей *(Kinderfreibetrag)*

VI класс налогообложения

В этот класс налогообложения зачисляются лица, работающие одновременно у нескольких работодателей (по совместительству) и имеющие несколько налоговых карт (основную и дополнительную/ые). Так как по шестому классу налогообложения взимается **самый крупный налог**, то налоговую карту с пометкой о шестом классе следует сдавать тому работодателю, который начисляет **самую низкую зарплату**.

Если вы являетесь инвалидом, то вы можете по заявлению внести паушальную льготу для инвалидов *(Pauschbetrag für Behinderte)* не только в вашу основную налоговую карту, но и в налоговую карту с пометкой о шестом классе налогообложения.

Совместное налогообложение супругов

Если вы состоите в браке и проживаете совместно с супругом, вам предстоит совместное налогообложение *(gemeinsame Besteuerung, gemeinsame Steuerveranlagung)*. Как уже было упомянуто, при этом используется уже не основная „холостяцкая“, а „супружеская“ таблица *Splittingtabelle*. Совместное супружеское налогообложение является наиболее оптимальным вариантом, так как оно значительно сокращает подоходный налог.

Однако и здесь взимаемый налог все еще не идеален! Ведь работодатель каждого супруга исходит только из зарплаты своего работника. Окончательный результат, то есть - соответствующий действительности (и не подлежащий сомнению) совместный годовой налог супругов *(zutreffendes Jahressteuer)* может быть установлен только после того, как будет известна сумма их доходов. Сложить же оба дохода можно, в свою очередь, только по истечении календарного года. И только в том случае, если супруги сдадут налоговую декларацию.

Этот процесс можно изобразить с помощью следующей схемы:

- **Этап первый:** в течение календарного года подоходный налог взимается обычным порядком из заработной платы каждого из супругов *(Lohnsteuerabzug).* При этом работодатель каждого супруга исходит только из дохода своего работника.

- **Этап второй:** по истечении календарного года оба супруга получат от своих работодателей налоговые карты, где содержатся данные о доходе и обо всех, уплаченных в течение года налогах.

- **Этап третий:** супруги заполняют и сдают в налоговое ведомство совместную налоговую декларацию, приложив к ней возвращенные работодателями налоговые карты.

Теперь очередь за налоговым ведомством. Получив декларацию, а также налоговые карты, оно займется процессом расчета. При этом будут сложены оба дохода и вычислен размер годового налога *(Jahressteuer).*

Результат расчета зависит от того, какой класс налогообложения был выбран супругами. В итоге супруги могут либо получить компенсацию за „переплаченный" налог либо, наоборот, им придется самим скомпенсировать ведомству „недоплаченный" налог. Что, естественно, менее приятно...

Выбор класса налогообложения у супругов

Как читатель уже усвоил, при взимании налогов в течение года невозможно избежать неточностей: работодатель вычтет либо слишком крупный, либо, наоборот, слишком низкий налог. (Теперь пойдут сложности. И все же просьба к читателю: попробуйте, по мере возможности, разобраться в последующем тексте).

Для того, чтобы удержанный в течение года налог не оказался слишком далек от окончательного результата, то есть - от годового налога, работающим супругам предоставляется возможность выбрать наиболее выгодную комбинацию класса налогообложения *(Steuerklassenkombination)*. Однако, следует помнить, что этот выбор нисколько не повлияет на годовой налог. Здесь только сократится расстояние, отделяющее удержанный налог от годового.

У супругов имеется два варианта по выбору класса налогообложения: комбинация IV/IV или комбинация III/V.

- Комбинация IV/IV (у каждого - четвертый класс налогообложения) рассчитана на те случаи, если у супругов примерно одинаковый доход.

- Комбинация III/V рассчитана на те случаи, если один из супругов зарабатывает около 60% от общего дохода. Тогда в его карту заносится III-ий класс налогообложения. Другому супругу, зарабатывающему около 40% от общего дохода, принудительно *(zwingend)* „присваивается" V-ый класс налогообложения. При этом необходимо учесть следующее обстоятельство: **выбрав комбинацию III/V, вам придется сдавать налоговую декларацию в обязательном порядке** *(Pflichtveranlagung)*! **Если вы этого не желаете, то вам остается комбинация IV/IV.**

Оба супруга - в IV-ом классе налогообложения

Если и вы, и ваш супруг зачислены по IV-му классу, то слишком низкое налогообложение здесь исключено полностью. Другими словами, вам никогда не доведется возвращать налоговому ведомству „недоплаченные" налоги. Поэтому здесь не существует принудительной подачи налоговой декларации *(keine Pflichtveranlagung).*

Как уже было сказано, эта комбинация подходит супругам с почти идентичной зарплатой. Однако, такое случается не так часто. Как правило, доход супруга всегда выше дохода супруги. Вот тут-то и сказывается недостаток этой комбинации: чем больше разница в доходе супругов, тем больше налогов придется переплачивать. Вернуть налоги можно только в том случае, если по истечении года вы сдадите налоговую декларацию. В противном случае вы гарантированно потеряете деньги.

Один супруг - в III-ем классе налогообложения, другой - в V-ом

Иначе выглядит ситуация у супругов, выбравших комбинацию III/V. Как уже известно, она рассчитана на соотношение дохода 60% и 40%. Тогда это будет считаться оптимальным вариантом. Если же доход одного супруга составляет менее 40% (V-ый класс), а доход другого супруга - более 60% (III-ий класс) от общего дохода, то это означает, что с них взимался **слишком низкий налог!** Вот почему здесь приходится подавать декларацию **в обязательном порядке** *(Pflichtveranlagung)*! Если налог действительно был занижен, то вам придется доплачивать.

Что лучше: IV/IV или III/V?

На этот вопрос невозможно дать общий ответ. Каждый конкретный случай требует индивидуального подхода. В случае сомнений вы можете обратиться за советом к чиновнику финведомства, который поможет принять решение.

Как уже было упомянуто, выбор класса налогообложения у супругов не окажет никакого влияния на общий размер годового налога *(Jahressteuer)*. Точно так же, как о годовом налоге нельзя судить по размеру ежемесячно взимаемого налога.

Обобщая все сказанное выше, можно сделать следующий вывод: выбор класса налогообложения у супругов окажет существенное влияние на то обстоятельство, придется ли вам к концу года доплачивать „недоплаченный" или, наоборот, получить „переплаченный" налог обратно. Доплату налогов можно избежать в тех случаях, когда выбирается комбинация IV/IV. При выборе комбинации III/V финансовое ведомство будет исходить из того, что возможно вам придется доплачивать налог, и потребует подачи налоговой декларации в обязательном порядке.

Мало того. Если к началу или к середине года станет очевидно, что вы в любом случае обязаны доплатить налог, то финведомство может произвести предварительный перерасчет. В результате вам может предстоять неожиданное повышение ежемесячного подоходного налога посреди года...

И еще один аспект необходимо принять во внимание. Речь идет о „эрзац-зарплате" *(Lohnersatzleistungen)*. То есть - о пособии по безработице *(Arbeitslosengeld),* больничных *(Krankengeld)* и прочих компенсациях заработка. Как правило, размер „эрзац-зарплаты" **зависит** от полученного в последние месяцы **нетто-дохода**. Если у вас V-ый класс налогообложения, то вам придется считаться с более низким доходом нетто, чем при III-ем или IV-ом классе налогообложения. Тогда и начисленные больничные или другие выплаты будут **более низкими**. Поэтому, собираясь, например, в декретный отпуск, подумайте о подходящем классе налогообложения. Ведь и размер пособия по материнству зависит от нетто-дохода.

Необходимую информацию вы можете получить в учреждениях, выплачивающих „эрзац-зарплату" - в бирже труда *(Arbeitsamt)* и больничной кассе *(Krankenkasse)*.

Изменение комбинации класса налогообложения у супругов

Если вы и ваш супруг (супруга) работали в предыдущем году, то в новые налоговые карты будет внесен тот класс налогообложения, который был отмечен на предыдущих картах. В том случае, если вас не устраивает прежняя комбинация, вы можете ее изменить, обратившись в общину. Так как новые карты рассылаются уже осенью, то у вас есть два месяца на изменение пометки.

Если речь идет о налоговой карте за 1999 год, то это значит, что класс налогообложения можно было изменить до конца 1998 года. Если вы пропустили этот срок, вам предоставляется еще одна (одноразовая!) возможность обратиться в общину до 30 ноября 1999 года.

Заявление необходимо подавать (и подписывать) совместно с супругом. К заявлению прилагаются обе налоговые карты. Возможно также устное заявление только одного из супругов. Если при этом он предъявил обе налоговые карты (свою и своего супруга), то община может исходить из того, что здесь имеет место совместное заявление супругов.

В некоторых случаях можно **во второй раз** в течение года подать заявление на изменение класса налогообложения. Максимальный срок подачи заявления остается прежним - 30 ноября текущего года. Смена класса налогообложения вступает в действие с месяца, следующего за подачей заявления.

Вторичная подача заявления в течение текущего года возможна в следующих случаях:

- Если один из супругов прекратил трудовую деятельность *(ein Ehegatte scheidet aus dem Dienstverhältnis aus)*.

- Если один из супругов скончался *(ein Ehegatte verstirbt)*.

- Если вы (или ваш супруг) сначал были безработными, а потом снова нашли рабочее место *(wieder ein Dienstverhältnis eingehen)*.

- Если вы и ваш супруг на длительное время разошлись *(dauernd getrennt leben)*. Хотя в этом случае супруги могут до конца года сохранить прежний (совместный) класс налогообложения, иногда все же приходится менять его в срочном порядке.

Развод с последствиями

Согласно статистике, каждый год в Германии разводится около 180 000 супружеских пар. Сколько пар находится в стадии раздумий и сомнений - пока не учтено. Полагаем, что не меньше. Многих удерживает от решающего шага сугубо материальный расчет. Ведь развод связан с многочисленными финансовыми проблемами.

Во-первых, происходит разделение нажитого добра и детей. Во-вторых, предстоят расходы на адвоката (или двух) и на судебный процесс. В-третьих, нависает угроза многолетних выплат алиментов супруге (и, если имеются, - детям). В-четвертых, не миновать расходов, связанных с поисками квартиры, переездом, гонораром маклеру и оплатой самой квартиры. И, наконец, налогоплательщик терят „супружеский" налоговый тариф *(Splittingtarif)*. Теперь каждый из супругов будет считаться холостяком - с соответствующим (невыгодным) классом налогообложения.

Между прочим: для того, чтобы вас наказали „холостяцким" тарифом, вовсе не обязательно разводиться. Достаточно и элементарного расхождения без официального оформления развода! Согласно положению, каждый налогоплательщик обязан честно сообщить „общине" о своем уходе от супруги/супруга (или семьи). Правда, в год „расхода" или развода вы все еще сможете пользоваться „супружеским" тарифом. Независимо от того, когда произошел раскол - в начале, середине или в конце года. Зато следующая налоговая карта будет содержать уже „холостяцкий" класс налогообложения.

Именно по этой причине многие супруги тянут совместную лямку, проживая под одной крышей, но в отдельных спальных комнатах. Особенно заинтересованы в таком варианте „супружеской" жизни мужья с приличным доходом и супругой-домохозяйкой без оного.

Если вы не развелись, а только разошлись...

В тех случаях, если вы не развелись, а только разошлись по разным квартирам, вы можете еще раз спасти свой „супружеский" тариф, даже если вам уже выставили новую налоговую карту с „холостяцким" классом налогообложения. Для этого вы должны в новом отчетном году предпринять попытки примирения: переселиться к своей супруге, вести совместное домашнее хозяйство, оплачивать совместные счета...

Сколько времени нужно отвести на примирение, чтобы за вами признали „супружеский" тариф? Когда как. Во многих случаях „экспериментаторам" достаточно провести в совместном жилье около двух месяцев. Тогда вы сможете вписать в налоговую декларацию заявление на совместное налогообложение как супругов. Впрочем, одного заявления недостаточно. Вам придется предъявить справки и квитанции, подтверждающие ведение совместного хозяйства.

Как уже было упомянуто, при подаче совместного заявления на формуляре декларации должны подписаться оба супруга. Даже в тех случаях, если один из них уже выехал из совместной квартиры. Теперь представьте себе такую ситуацию: вы покинули свою супругу, попытка примирения также не удалась, ваша половина из низменных чувств мести отказывается подписать „супружескую" декларацию, и теперь вам грозит „холостяцкий" налог. В этом случае следует знать, что если у вашей супруги в отчетном году не было собственного дохода или доход был настолько незначителен, что он вообще не облагался налогом, то ее отказ никакой роли не играет. Вы сможете обойтись и без ее подписи.

Если супруга работает (или работала)

Если в отчетном году ваша супруга **работала**, и ее доход облагался налогом, то она имеет право **не соглашаться** с налоговой декларацией. Особенно в тех случаях, если это окажется убыточным делом для нее самой. Здесь вы можете предложить ей возмещение убытков, например, уступить часть налоговой компенсации. Если и это не поможет, то вам остается дорога к адвокату, что, впрочем, не обязательно рекомендуется. В конечном счете, вы можете потерять на гонорар адвокату и на расходы по судебному процессу гораздо больше, чем сэкономили бы на „супружеском" тарифе!

И еще один „супружеский" аспект. В тех случаях, если вы и ваша работающая супруга расходитесь по-хорошему и желаете сделать друг другу только приятное, то, возможно, вам придется в год расхода (или развода) подумать о смене комбинации налогообложения. Ведь в том случае, если у вас комбинация III/V, то супруге с V-ым классом налогообложения придется считаться с крупным подоходным налогом. Тогда вы можете подать заявление на комбинацию налогообложения IV/IV.

Но вот вы пришли к общему соглашению, подали совместную декларацию, и теперь вам предстоит получить компенсацию. Если вы действительно живете раздельно, то понятно, что и компенсацию придется делить. В этом случае делить будете уже не вы сами, а налоговое ведомство. При этом чиновник будет исходить из того, что ему сообщит налоговая декларация. Деление компенсации произойдет объективно, с точностью до последней марки, и каждый супруг получит причитающуюся ему долю.

ДЕТИ

ДОРОГИЕ ДЕТИ...

В Германии дети считаются роскошью, которую может позволить себе не каждый. Экспертами было подсчитано, что за восемнадцать лет один-единственный ребенок обходится немецкой семье, в среднем, в 500 000 ДМ. Правда, другими экспертами были названы уже другие цифры - вплоть до миллиона! Насколько эти данные соответствуют истине, мы не знаем. Ведь если им верить, то каждая бездетная семья могла бы за восемнадцать лет построить роскошный особняк... Пока что, этого не произошло.

Но одно обстоятельство все-таки не вызывает сомнений: дети действительно стоят денег. Особенно - в Германии. В зависимости от возраста детей, расходы по содержанию текут по разным руслам. В первые годы немалые средства уходят на „оснащение" младенца и на оплату ухода и присмотра. Позже появляются расходы, связанные с посещением школы, приобретения модного гардероба, а также покупки дорогих рождественских подарков. Затем приходится раскошеливаться на еще более модную одежду, электронную аппаратуру, компьютер, отпуск и, опять же - на рождественские подарки. Словом, на все те вещи, без которых можно обойтись без особого ущерба для тела и души. Такова ситуация на сегодняшний день.

Возможно, вы скажете в свое оправдание, что так уж принято в Германии. Все тратят деньги, все украшают свою жизнь, которая дается только один раз. Ну, раз так, возразить нам нечего. Значит, вы действительно как следует адаптировались и приспособились к новой жизни...

КАКИЕ НАЛОГОВЫЕ ЛЬГОТЫ СВЯЗАНЫ С ДЕТЬМИ

С одной стороны, дети приносят расходы, с другой - влияют на пополнение семейного бюджета. Понятно, что имеется в виду не прямой вклад в семейную копилку, так как дети редко приносят домой зарплату... Речь идет о косвенном влиянии, например, о том или ином пособии или дотации, выплачиваемых родителям. Или о снижении налога за счет различных „детских" налоговых льгот.

Перечисляем основные варианты:

- Пособие на детей *(Kindergeld)*.

- Налоговая льгота на содержание ребенка *(Kinderfreibetrag)*.

- Снижение церковного налога *(Kirchensteuer)* и налога на солидарность *(Solidaritätszuschlag)*.

- Налоговая льгота на образование *(Ausbildungsfreibetrag)*.

- Возможность списать с дохода расходы по присмотру и уходу за детьми *(Kinderbetreuungskosten)*.

- Налоговая льгота для родителей-одиночек *(Haushaltsfreibetrag)*.

- Необлагаемая налогом дотация работодателя по случаю рождения ребенка *(steuerfreie Geburtsbeihilfe des Arbeitgebers)*.

- Дотация на каждого ребенка при покупке (или постройке) жилплощади *(Kinderzulage)*.

- Паушальная налоговая льгота для детей-инвалидов *(Behinderten-Pauschbetrag)*.

- Возможность списать с дохода расходы по оплате лица, ведущего домашнее хозяйство *(Haushaltshilfe)*.

- Паушальная льгота по уходу за ребенком-инвалидом *(Pflegepauschbetrag)*.

ПОСОБИЕ НА ДЕТЕЙ (KINDERGELD)

„Пособие на детей" или „налоговая льгота на детей"

Пособие на детей *(Kindergeld)* и налоговая льгота на содержание ребенка *(Kinderfreibetrag)* в прошлые годы предоставлялись параллельно. Начиная с 1996 года, каждый налогоплательщик должен принимать решение: получать ли пособие на детей или использовать налоговую льготу. Впрочем, на практике выбирать не приходится. Вы будете в любом случае сначала получать пособие на детей. Уже потом, при сдаче декларации, финведомство проверит, не является ли пособие для вас более убыточным, чем налоговая льгота. Если это действительно так, то чиновник произведет перерасчет.

Такие случаи являются настолько редкими, что о них не стоит и упоминать. Ведь налоговая льгота на детей может быть выгодна только в том случае, если у родителей очень крупный налогооблагаемый доход. Порядка 145 000 ДМ в год и выше!

Вы должны подать заявление

Пособие на детей не выплачивается автоматически. Чтобы его получить, вы должны заполнить формуляры заявления и сдать их в „семейную кассу" *(Familienkasse)* при бирже труда *(Arbeitsamt)*. В 1999 году размер пособия составляет:

Первый ребенок	250 ДМ
Второй ребенок	250 ДМ
Третий ребенок	300 ДМ
Каждый дальнейший ребенок	350 ДМ

Если первый ребенок „выпал" из этой системы, например, он поступил на работу, то отсчет производится заново. Теперь в расчет будут приниматься только оставшиеся дети. Тогда „очередь" продвинется, и второй ребенок станет первым, третий - вторым и так далее. Соответственно этому будет начисляться и пособие на детей.

ЭТО НУЖНО ЗНАТЬ

С 1 января 1999 года выплата пособия на детей производится исключительно семейной кассой (Familienkasse), находящейся при бирже труда (Arbeitsamt). Выплата по месту работы отменена.

Если у детей есть доход

Дети, **не достигшие восемнадцати лет**, могут зарабатывать сколько угодно. Их доход не будет учитываться и не окажет никакого влияния на выплату пособия *(Kindergeld)* или на предоставление налоговой льготы *(Kinderfreibetrag)*. Поэтому доход детей младше восемнадцати лет **не нужно** указывать в налоговой декларации.

Исключение: ваш **несовершеннолетний** ребенок учится в учебном заведении (или проходит профобучение) и проживает **вне дома** *(auswärtige Unterbringung)*. Тогда вы сможете воспользоваться налоговой льготой по расходам на образование *(Ausbildungsfreibetrag)*, для чего вам в **обязательном порядке** необходимо указать в декларации все доходы вашего ребенка (см. раздел „Что считается доходом ребенка"). Например, выплачиваемое ему государственное поощрение учебы *(BAföG)*, ученические *(Ausbildungsvergütung)* и прочее.

Как только вашему ребенку исполнится восемнадцать лет, придется проявлять особую осторожность. Ведь теперь его доход подлежит учету. Пособие на детей будет выплачиваться только в том случае, если доход ребенка не превысит рамок лимита *(Einkommensgrenze)*.

В 1999 г.	- 13 020 ДМ
В 2000/2001 г.г.	- 13 500 ДМ
С 2002 г.	- 14 040 ДМ

Что считается доходом ребенка

Что может считаться доходом? Все, что ваш ребенок заработал или получил в виде какой-либо пенсии, содержания, поощрения и т.д. В налоговой декларации доход детей указывается в приложении - **Anlage Kinder, Einkünfte und Bezüge der Kinder ab 18 Jahren.**

Какие именно доходы относятся к разряду **Einkünfte**, а какие - к **Bezüge**, перечисляется на следующей странице. Следует знать, что некоторые виды дохода принимаются в расчет не полностью, а за вычетом **Werbungskosten**. То есть, доход ребенка уменьшается за счет налоговых льгот. Здесь происходит тот же самый процесс снижения дохода, что и у вас самих.

В засисимости от вида дохода ребенка, размер налоговой льготы, то есть - **Werbungskostenpauschale,** составляет 100 ДМ, 360 ДМ, 2 000 ДМ и т.д.

Ниже перечисляются варианты дохода, а также налоговые льготы, снижающие доход.

EINKÜNFTE

- Заработная плата *(Arbeitslohn)* или доход по месту профобразования *(Ausbildungsvergütung)*. Минус расходы, связанные с получением дохода *(Werbungskosten)*. Как минимум - паушальная сумма 2 000 ДМ.

- Сиротская или вдовья пенсия *(Hinterbliebenenbezüge)*. Минус расходы связанные с получением пенсии *(Werbungskosten)*, как минимум, 720 ДМ. Или - минус паушальная льгота на расходы на обеспечению *(Versorgungsfreibetrag)*.

- Пенсия по нетрудоспособности или профессиональной непригодности, получаемые из фонда социального пенсионного страхования. При этом учитывается только, так называемая, доходная часть пенсий *(Ertragsanteil)*.

Минус расходы, связанные с получением пенсии *(Werbungskosten)*. Как минимум - это паушальная сумма 200 ДМ.

- Доход ребенка в период добровольного „социального" или „экологического" года *(freiwilliges soziales oder ökologisches Jahr)*.

- Содержание от разведенного супруга *(Unterhalt vom geschiedenen Ehegatten)*. Здесь имеется в виду экс-супруг самого „ребенка"...

- Доход ребенка из других источников, таких как, например, проценты по вкладу, сдача квартиры внаем, ведение собственного дела.

Паушальные и другие льготные суммы будут учтены финотделом автоматически. Здесь они приведены только для вашей информации. Например, в том случае, если ваш ребенок проходит профобразование, он сможет получать „ученические" в размере до 15 020 ДМ в год. Ведь в учет будет принята еще и налоговая льгота по расходам связанным с получением дохода *(Werbungskosten)*. Как минимум - это паушальная сумма в размере 2 000 ДМ *(Werbungskostenpauschale)*, которая и опустит доход ребенка до границ лимита (15 020 - 2 000 = 13 020).

BEZÜGE

- Социальное пособие *(Sozialhilfe)* и другие выплаты „социаламта". Эти пособия считаются доходом только в том случае, если они не подлежат возврату *(nicht rückzahlbar)*.

- Пособие или помощь по безработице *(Arbeitslosengeld oder Arbeitslosenhilfe)*, больничные *(Krankengeld)* и прочие варианты компенсации зарплаты *(Lohnersatzleistungen)*.

- Жилищное пособие *(Wohngeld)*.

- Содержание от супруга *(Unterhalt vom Ehegatten)*. Здесь имеется в виду супруг „ребенка", на иждивении которого последний проживает. При этом в расчет принимается только половина нетто-дохода супруга.

- Поощрение учебы *(Bafög)*. Считается доходом только в том случае, если оно не подлежит возврату *(nicht rückzahlbar)*.

- Поощрение на профобразование *(Berufsausbildungsbeihilfe)*, выплачиваемое биржей труда.

- Свободные от налогообложения доплаты *(steuerfreie Zuschläge)* за работу в выходные и праздничные дни, а также в ночную смену

- Выплаты по вкладу *(Arbeitnehmersparzulage)*. Речь идет об известном каждому работающему по найму „вкладу на образование состояния“ *(Vermögenswirksame Leistungen/VWL)*. Ваш ребенок имеет право на вклад, например, в том случае, если он является учеником на производстве и получает „ученические“. И, конечно, если он просто работает.

Помимо перечисленных, существует еще несколько других довольно редко встречающихся вариантов, которые мы тут упоминать не будем.

Что касается **Werbungskosten**, то здесь в расчет принимается общая паушальная сумма 360 ДМ. Другими словами, финведомство **сложит** все варианты **Bezüge** и **вычтет** из результата один раз 360 ДМ.

Если доход ребенка перешагнул лимит

Советуется следить за доходом детей в течение всего года. Ведь если к концу года окажется, что доход превысил лимит на одну-единственную марку, вам придется **вернуть** всю сумму полученного в течение года пособия на детей! Мало того. Вы тут же лишитесь всех льгот, связанных с детьми. Например, вы уже не сможете воспользоваться налоговой льготой на образование *(Ausbildungsfreibetrag)*. Потеряете „детскую“ дотацию на финансирование дома *(Kinderzulage)*. Если же у вашего ребенка имеется инвалидность, то вы потеряете и налоговую льготу по инвалидности *(Behindertenpauschale)*. Не говоря уже о налоговой льготе для родителей-одиночек *(Haushaltsfreibetrag)*.

Кроме того, вам произведет перерасчет налога за тот период, во время которого вы незаконно получали пособие на детей и пользовались налоговыми льготами. Вот почему следует согласовывать с детьми все их заработки и доходы. Чтобы не получилось так, что вы теряете все ваши налоговые льготы только потому, что вашему сыну недостаточно ученических, и он решил подработать пару марок. Просто так...

Дети старше восемнадцати лет

Пособие на детей выплачивается **после восемнадцати лет** в тех случаях, если выполнены следующие условия:

От 18 лет до 21 года

• Дети являются безработными *(arbeitslose Kinder)* и состоят на учете в бирже труда *(Arbeitsamt)*.

От 18 до 27 лет

• Дети занимаются в школе *(Kinder in Schulausbildung)*.

• Дети учатся в высшем учебном заведении *(studierende Kinder)*

• Дети проходят профобучение *(Kinder in Berufsausbildung)*.

• Дети не могут начать или продолжать профобучение из-за отстутствия свободных мест.

• Дети прервали профобучение или учебу из-за продолжительной тяжелой болезни

• Перерыв между периодами учебы *(Übergangszeit zwischen zwei Ausbildungsabschnitten)* составляет не более **четырех месяцев**. Например, в тех случаях, если дети закончили гимназию и поступили в высшее учебное заведение; если они закончили профобразование и призваны в армию; если они закончили школу и решили „отслужить" добровольный социальный или экологический год и т.д.

- Дети проходят добровольную „социальную" или „экологическую" службу, продолжающуюся один год *(freiwilliges soziales oder ökologisches Jahr)*.

Во всех этих случаях вы можете не только получать пособие на детей, но и использовать многочисленные льготы, связанные с детьми.

Продление срока выплаты пособия

Срок выплаты пособия, а также предоставления налоговой льготы на детей может быть продлен в тех случаях, если дети:

- Проходили основную военную службу *(Grundwehrdienst)* или гражданскую службу *(Zivildienst)*, или же служили в полиции *(Polizeidienst)*.

- Проходили добровольную военную службу.

- Работали в развивающейся стране *(Entwicklungshelfer)*.

Во всех случаях налоговое ведомство признает срок службы продолжительностью **не более трех лет**.

Конкретно это означает: если ваш „ребенок" смог закончить профобразование **после 27-ми лет** только потому, что обучение было прервано из-за несения службы, то „потерянное" время будет учтено. Выплата пособия на детей, а также налоговые льготы будут **продлены на тот же срок**.

То же самое положение касается детей, призванных во время безработицы. Пособие на детей будет выплачиваться и после 21 года, если „ребенок", отслужив, вернется домой и снова встанет на учет в бирже труда - как безработный.

Дети-инвалиды

Если у вас есть дети-инвалиды *(behinderte Kinder)*, которые из-за физической инвалидности *(körperliche Behinderung)*, душевной инвалидности *(seelische Behinderung)* или умственной инвалидности *(geistige Behinderung)* **не способны себя содержать**, то вы можете получать пособие на детей без ограничения по сроку. То есть - и после того, как ребенку исполнилось **27 лет**. То же самое правило касается и налоговой льготы на детей *(Kinderfreibetrag)*. Единственные условия, которые должны быть выполнены: инвалидность ребенка является либо врожденной, либо наступила до того, как ребенку исполнилось 27 лет.

Ребенку-инвалиду полагается налоговая льгота по инвалидности *(Behindertenpauschale)*. Если родители желают использовать эту льготу, они должны внести данные о ребенке-инвалиде в основной формуляр - **Mantelbogen, Außergewöhnliche Belastungen, Behinderte und Hinterbliebene.**

Размер налоговой льготы по инвалидности зависит от степени инвалидности ребенка *(Grad der Behinderung)* и от пометки в удостоверении инвалидности *(Merkzeichen im Behindertenausweis)*. Вам может быть предоставлена паушальная льгота в размере от 600 ДМ до 7 200 ДМ в год.

Если в удостоверении инвалидности имеется пометка **H (hilflos)**, то есть - беспомощный, то родители могут дополнительно списать со своего дохода до 1 800 ДМ - как расходы на помощника в домашнем хозяйстве *(Haushaltshilfe)*, а также - паушальную льготу на уход в размере 1 800 ДМ *(Pflegepauschbetrag)*. Но только в том случае, если они не получают еще и деньги на уход *(Pflegegeld)*.

Более исчерпывающую информацию вы найдете в главе „Чрезвычайные расходы".

Принятые на попечение дети

Пособие выплачивается также на детей, принятых на попечение *(Pflegekinder)*. Пометка в налоговую карту может быть внесена только по заявлению в финансовое ведомство. Принятым на попечение считается ребенок, которого вы приняли на проживание в своей семье на длительный срок. При этом у вас должны быть отношения, близкие к семейным *(familienähnliche Beziehung)*.

Дальнейшим условием является прекращение опеки и присмотра со стороны самих родителей *(kein Obhuts- und Pflegeverhältnis)*. Контакты между ребенком и его родителями должны быть ограничены до минимума. Помимо этого, преимущественную часть расходов на содержание ребенка вы должны покрывать из своих средств. Если вы получаете за ребенка отдельное пособие на уход *(Pflegegeld)*, то оно будет принято в расчет.

Если вы собираетесь принять на попечение ребенка, то о всех необходимых деталях, в том числе, и налоговых, вы можете узнать в ведомстве по делам несовершеннолетних *(Jugendamt)*, которое играет основную роль при посредничестве детей.

Ваши обязанности

Вы обязаны немедленно сообщать в семейную кассу о всех изменениях, касающихся ваших детей. В том числе, например, о таких как прерывание учебы в школе или в институте, прерывание профобучения, поступление в учебное заведение, вступление детей в брак, рождение у них ребенка и так далее. Сообщение необходимо делать, по возможности, в тот же месяц, когда предстоят (или уже произошли) изменения. Ведь пособие на детей, а также налоговая льгота начисляются только за те месяцы, когда вы **имели на них право**. То есть тут применяется „месячный принцип" *(Monatsprinzip)*.

Утаивание сведений может привести к самым неприятным последствиям. Вы рискуете тем, что семейная касса тут же потребует обратно все начисленные (но не положенные) вам деньги. И чем дольше вы молчали и больше пособия успели получить, тем хуже для вас. Кроме того, семейная касса потребует, чтобы вы немедленно сообщили в финансовое ведомство о возврате денег. Тогда вам придется еще и рассчитаться с финансовым ведомством, вернув все, связанные с детьми льготы, начисления и прочее.

Приводим пример из жизни обычной семьи, нежданно-негаданно впавшей в немилость финведомства в первые же годы на новой родине.

...В сентябре 1996 года сын семьи Б., Вальдемар, поступил на первый курс высшей профессиональной школы *(Fachhochschule)*. В январе 1997 года ему исполнилось 22 года. Отсидев первый семестр, Вальдемар решил, что промахнулся в выборе профессии, и ушел из школы в феврале того же года. Никаких дополнительных попыток он уже не предпринимал, так как учиться ему расхотелось. Впрочем, и работать тоже не очень желалось. А тем более - искать место ученика на производстве. О своем уходе из школы Вальдемар не потрудился сообщить ни семейной кассе, ни родителям. На вопросы об учебе бывший студент давал уклончивые ответы. Свои дни он проводил у подруги, в отличие от родителей, не проявлявшей лишнего любопытства.

Летом 1997 года родители Вальдемара получили от семейной кассы запрос по поводу изменений в жизни сына. На который они честно ответили, что изменений пока нет и не предвидится. Тем временем „студент" каждое утро уходил, приходил домой и снова уходил и даже несколько раз исчезал на неделю-две.

Ровно через год, то есть летом 1998 года, родители вдруг получили уведомление от семейной кассы, что по их сведениям Вальдемар прервал учебу в феврале 1997 г. А потому родители обязаны вернуть пособие на детей, выплаченное за период с марта 1997 по июль 1998 года. Кроме того, им велели сообщить в финансовое ведомство о снятом пособии и рассчитаться задним числом за предоставленные льготы. Вот так...

ДЕТИ В НАЛОГОВОЙ ДЕКЛАРАЦИИ

Порядок внесения

В декларацию следует вносить сведения о всех детях. В том числе, и о тех, кто вступил в брак, остался на прежней родине, покинул Германию с целью учебы, был призван в армию и т.д. Указывать детей необходимо и в том случае, если они проживают не с вами, а, скажем, совместно с вашей разведенной супругой. И даже - в том, если вы вообще не получаете пособия на детей. Это нужно для того, чтобы финведомство могло составить себе полную картину вашей семейной жизни, а также статуса детей и вас самих.

В основном формуляре - **Mantelbogen** указывается **только количество** детей - **Angaben zu Kindern, Anzahl.**

Все остальные данные вносятся в приложение - **Anlage Kinder**. При этом каждый ребенок получит свой порядковый номер. Поэтому в разделе - **Angaben zu Kindern** следует указывать детей строго по возрасту: сначала вносится первенец, затем - второй ребенок, затем третий и четвертый. В дальнейших графах вам уже не придется еще раз называть имена и фамилии детей, а только указывать их номер. Если, допустим, первого ребенка зовут Вальдемар, а второго - Николай, то в дальнейшем ваш первенец должен отмечаться как „ребенок из строки 1" -**Kind in Zeile 1**. Николай превратится в „ребенка из строки 2" -**Kind in Zeile 2**...

ЭТО НУЖНО ЗНАТЬ

Если у вас более четырех детей, то для пятого и всех дальнейших детей следует взять отдельное приложение - Anlage Kinder.

Дети до 18-ти лет

Если в вашей семье имеются только несовершеннолетние дети, то на первой странице приложения - **Anlage Kinder** заполняются только первые три раздела.

Angaben zu Kindern

В раздел „сведения о детях" - **Angaben zu Kindern** вносятся общие данные. В том числе - имя *(Name)* и фамилия, если она **отличается** от вашей собственной *(ggf. abweichender Familienname)*. Если ребенок состоит в браке *(verheiratet)*, то это подтверждается *(ja)*. И наконец, указывается место проживания ребенка - в Германии или за рубежом *(Wohnort im Inland/Ausland)*.

Кроме того, необходимо указать дату рождения каждого ребенка *(Geburtsdatum)*, помня о порядке внесения детей в декларацию (сначала - „ребенок из строки 1", затем „ребенок из строки 2" и т.д.). Затем указывается сумма выплаченного в 19.. пособия на детей *(Für 19.. ausgezahltes Kindergeld ... DM)*. И, наконец, вносится период проживания ребенка (от - до) в Германии или за рубежом *(Wohnort im Inland/Ausland vom - bis)*.

Период проживания вносится в ячейки **TT** (дни) и **MM** (месяцы). Например, если ребенок непрерывно проживал в Германии, то в графу **Wohnort im Inland** следует вписать период с первого января по тридцать первое декабря - 01 01 31 12. Как видите, ничего сложного в этом нет.

Kindschaftsverhältnis

В разделе - **Kindschaftsverhältnis** указывается юридический и родственный статус ребенка по отношению к вам *(zur steuerpflichtigen Person)*. Вы должны отметить (крестиком!), является ли ребенок родным или приемным *(leibliches Kind/Adoptivkind)*, находится ли он на вашем попечении *(Pflegekind)* или, может быть, - это ваш внук или пасынок *(Enkelkind/Stiefkind)*.

В том случае, если ребенок находится на попечении, следует указать сумму полученного за него содержания или „денег на уход" *(Bei Pflegekindern: Empfangene Unterhaltsleistungen/ Pflegegelder ... DM)*.

Если вы **состоите в браке**, то в соседней графе необходимо отметить статус ребенка по отношению к вашей супруге *(zum Ehegatten)*. То есть - родной, приемный и т.д.

В тех же случаях, если вы в браке **не состояли** или были **разведены**, то колонку „для супруга" заполнять не придется. Тогда вам необходимо обратиться к следующему разделу, куда могут быть внесены сведения о других лицах, связанных с ребенком каким-либо статусом. Это может быть, например, ваша экс-супруга.

Kindschaftsverhältnis zu weiteren Personen.

Говоря о „статусе ребенка по отношению к другим лицам" имеется в виду не только статус по отношению к другому (разведенному или внебрачному) родителю, но и другие варианты. Например, если ваш ребенок находится на попечении третьего лица, то у него может возникнуть правовой статус по отношению к этому лицу (лица, связанные с ребенком юридическим статусом, могут претендовать на налоговые льготы, связанные с детьми).

Если у вашего ребенка имеется юридический статус по отношению к „дальнейшим лицам", необходимо заполнить раздел - **Kindschaftsverhältnis zu weiteren Personen**. Здесь указывается фамилия, адрес, дата рождения этого лица, а также статус ребенка по отношению к этому лицу. Например, родной сын, внук, приемный ребенок и т.д.

Если другой родитель ребенка умер, и тем самым статус автоматически заканчивается, вам необходимо указать дату смерти *(durch den Tod des anderen Elternteils erloschen am: ...)*.

Дети старше 18-ти лет

Если вашим детям уже исполнилось восемнадцать лет, то, помимо перечисленных выше, вам теперь необходимо заполнить дополнительные разделы.

Kinder ab 18 Jahren

Здесь также необходимо соблюдать иерархию: сначала вносится ребенок из „первой строки", затем - все остальные. При заполнении следует ориентироваться на возраст ребенка и ставить крестики в соответствующие графы.

Для детей от 18 до 27 лет заполняется графа - **Kinder von 18 bis 27 Jahren**. При этом отмечаются следующие ситуации:

- учеба ребенка в школе/прохождение профессионального образования *(Schulausbildung/Berufsausbildung);*
- перерыв в учебе не более четырех месяцев *(Ausbildungsunterbrechung bis max. 4 Monate);*
- ребенок не смог найти место учебы *(Ausbildungsplatz fehlt);*

- ребенок проходил добровольный социальный или экологический год *(freiwilliges soziales oder ökologisches Jahr)*.

Если ваш ребенок был только безработным *(arbeitslos)* и состоял на учете в бирже труда, то вы должны отметить его в отдельной графе - *(Kinder von 18 bis 21 Jahren)*.

Независимо от возраста, вы должны отметить в отдельной графе также ребенка, у которого имеется физическая, умственная или душевная инвалидность *(Behinderte Kinder, körperlich, geistig od. seelisch behindert)*.

Если ваши дети проходили основную военную, гражданскую или другую равноценную службу, вы должны заняться графой, которая предназначена для детей, **перешагнувших возрастной лимит**. При этом следует ориентироваться на возраст детей.

- Если ребенок старше 21 года и числится безработным (после несения службы), то вам следует отметить его в графе - <u>Kinder über 21 Jahre arbeitslos</u>.
- Если ребенок старше 27 лет и находится на профобучении (после прохождения службы), то отмечать необходимо графу - <u>Kinder über 27 Jahre Berufsausbildung</u>.

В этих двух случаях необходимо в обязательном порядке указать период службы *(Dauer des gesetzlichen Grundwehr-/Zivildienstes oder davon befreienden Dienstes vom - bis)*. То есть - указать дату начала и конца несения службы.

В завершение необходимо указать период учебы, профобразования, безработицы и т.д. *(Maßgeblicher Ausbildungs- oder vergleichbarer Zeitraum (nach Vollendung des 18. Lebensjahres) vom - bis)*.

Einkünfte und Bezüge der Kinder ab 18 Jahren.

Здесь вам необходимо дать сведения о доходе ребенка (или детей), который указывается в графе - **Einkünfte und Bezüge der Kinder ab 18 Jahren.** Так как речь может идти не о всех детях, то вам необходимо самому указать порядковый номер ребенка, вписав его в ячейку - **Zeile**.

Далее: вам придется перечислить все, без исключения, суммы, заработанные или полученные ребенком в течение года. При этом следует различать два варианта:

- доход ребенка в учетный период *(Einnahmen des Kindes im maßgeb. Berücksichtigungszeitraum)*. В этом случае имеется в виду доход ребенка в период учебы, профобразования и т.д. То есть - в то время, когда вы получали пособие на детей.
- доход ребенка в свободный от учета период *(außerhalb des maßgeb. Berücksichtigungszeitraums)*. Под ним подразумевается доход ребенка в „холостой" период, когда у вас не было права на получение пособия на детей.

Теперь вам осталось самому вычислить доход ребенка (за каждый период - отдельно) и внести суммы в соответствующие графы (соблюдая порядковые номера детей!). Что именно интересует финведомство, перечислено в самой декларации:

- зарплата-брутто *(Bruttoarbeitslohn ... DM)*,
- государственные субсидии на образование *(Öffentliche Ausbildungshilfen ... DM)*,
- доход от капитала, например, проценты по вкладу *(Kapitalerträge z.B. Zinseinnahmen)*.
- Если у ребенка были какие-либо другие доходы или выплаты, то в отдельной графе следует назвать их вид и размер *(andere Einkünfte/Bezüge (Art und Höhe))*.

Информацию о вариантах дохода вы найдете в разделе „Что считается доходом ребенка".

НАЛОГОВАЯ ЛЬГОТА НА ОБРАЗОВАНИЕ ДЕТЕЙ (AUSBILDUNGSFREIBETRAG)

Если ваш ребенок еще учится

Если ваш ребенок посещает учебное заведение, вы можете использовать „налоговую льготу на образование" *(Ausbildungsfreibetrag).* Она будет предоставлена вам в том случае, если вы получаете за этого ребенка „пособие на детей" *(Kindergeld)* или же, если в вашей налоговой карте имеется пометка о „детской" льготе *(Kinderfreibetragszahl).*

Налоговая льгота может быть предоставлена на каждого ребенка, проходящего образование. Под „образованием" понимается учеба в школе, техникуме, институте и т.д. И конечно, - профессиональное образование на производстве. В этих случаях размер налоговой льготы составит:

- 1 800 ДМ в год - если ваш ребенок еще **не достиг полных восемнадцати лет и проживает вне дома**.

- 2 400 ДМ в год - если ваш ребенок **старше восемнадцати лет и проживает совместно с вами.**

- 4 200 ДМ в год - если ваш ребенок **старше восемнадцати лет и проживает вне дома.**

Так как посещение школы также считается образованием, то вы можете воспользоваться налоговой льготой практически уже с того дня, когда ваш ребенок пошел в первый класс! Но только в том случае, если ребенок **не проживает совместно с вами.** Например, если он всю неделю проводит у ваших родителей и ночует дома только по выходным и в каникулы. Или же, если вы „сдали" его в интернат.

Вам не придется предъявлять квитанции и счета. Перечисленные выше суммы считаются минимумом, не требующим доказательств.

Доход ребенка принимается в расчет

„Налоговая льгота на образование" предоставляется в полном размере только в тех случаях, если доход ребенка не превышает 3 600 ДМ в год. Все, что превышает эту сумму, будет принято в расчет. Под доходом ребенка понимаются те же самые варианты **Einkünfte/Bezüge**, которые были перечислены в разделе „Что считается доходом детей". При этом используется та же схема расчета: доход детей минус налоговые или паушальные льготы.

Если, например, ваш ребенок получает стипендию *(Stipendium)* или дотацию *(BaföG)*, то из полученной им суммы может быть вычтена паушальная льгота 360 ДМ. Если же ребенок получает „ученические", то вычесть можно уже **Werbungskosten** в размере 2 000 ДМ.

ЭТО НУЖНО ЗНАТЬ

Поощрение на учебу, выплаченное в виде ссуды (rückzahlbarer Teil des Bafög), не считается доходом и не принимается в расчет.

Когда льгота учитывается не полностью

В расчет принимаются только те месяцы, в течение которых у вас было право на льготу *(Monatsprinzip)*. За каждый „холостой" месяц будет вычтена 1/12 часть льготы. Если, допустим, ваша льгота составляет 2 400 ДМ в год, то за один „холостой" месяц вы потеряете 200 ДМ (2 400 : 12 = 200).

Теперь предположим, что в 1998 году ваш ребенок проучился только от января до июля. Тогда в расчет будут приняты только семь месяцев. Размер налоговой льготы на семь месяцев вычислить несложно: 200 ДМ x 7 = 1 400 ДМ. Не забывайте, что и доход ребенка будет учтен не полностью, а только из расчета тех же семи месяцев.

Если ребенок **болел** или **ждал** начала учебного года, и перерыв в учебе составил **не более четырех месяцев**, то этот период не будет считаться „холостым пробегом". Другими словами, время болезни или „ожидания" зачтется как обычный период учебы.

Срок использования льготы кончается к 27 году жизни детей. Продление возможно только в тех случаях, если ребенок является инвалидом и не способен сам себя содержать. Или же он проходил военную или гражданскую службу.

Разделение льготы

Если родители развелись *(geschieden)* или разошлись и проживают отдельно *(getrennt)*, и у каждого были расходы по оплате образования детей, то каждому родителю будет предоставлена половина налоговой льготы. То же самое правило действует и по отношению к родителям внебрачных детей *(Eltern nichtehelicher Kinder)*.

Половина налоговой льготы переносится от одного родителя к другому по совместному заявлению. Если один из родителей не проживает в Германии или скончался, то налоговая льгота будет предоставлена другому родителю в **полном размере**.

Льгота в декларации

Для получения налоговой льготы на образование ребенка, необходимо все сведения, касающиеся учебы, указать в разделе - **Anlage Kinder, Ausbildungsfreibetrag**. Так как и эти данные могут касаться не всех детей, то вы должны сами внести порядковый номер ребенка в ячейку „строка" - **Zeile**.

Далее: вам следует указать период (от - до), во время которого у вас были расходы на образование - **Aufwendungen für die Berufsausbildung entstanden vom - bis**. Если в этот период у вашего ребенка был доход, который уже указан в декларации (в разделе **Einkünfte und Bezüge der Kinder ab 18 Jahren**), то вы должны указать его (еще раз!) в графе - **Aus den Ausbildungszeitraum entfallen aus den Zeilen ... ... DM)**.

Если ваш ребенок проживает вне дома, например, в общежитии, то укажите его адрес в графе - **Bei auswärtiger Unterbringung Anschrift des Kindes**, а период проживания в графе - **vom - bis**.

И, наконец, последняя графа предназначена для разведенных или проживающих отдельно родителей ребенка или для родителей внебрачных детей - **Nur bei geschiedenen oder dauernd getrennt lebenden Eltern oder bei Eltern nichtehelicher Kinder**. В ней отмечается (крестиком!) тот факт, что вы приложили к налоговой декларации совместное заявление о переносе льготы от одного родителя на другого (или на бабушку/дедушку).

Как вы помните, доход ребенка не нужно указывать, если ему еще нет восемнадцати лет. Но в тех случаях, если вы желаете получить на этого ребенка **Ausbildungsfreibetrag**, вам необходимо заполнить дополнительную графу о доходах **(Anlage Kinder, Einkünfte und Bezüge der Kinder ab 18 Jahren)**.

РАСХОДЫ ПО ПРИСМОТРУ ЗА ДЕТЬМИ (KINDERBETREUUNGSKOSTEN)

Что такое родитель-одиночка

В Германии под „одиночкой" понимается не только незамужняя мать с ребенком. Тут могут быть и другие варианты. Например: мать ребенка еще замужем, но проживает длительное время отдельно от супруга - отца ребенка. Или: отец-холостяк проживает со своим ребенком. Такое действительно бывает, хотя и редко. Например, в тех случаях, если сначала холостяк жил со своей подругой в „свободном браке", и у них был ребенок, а потом мать ребенка ушла „к другому", оставив младенца на попечении отца.

Итак: если вы не состоите в браке или проживаете отдельно от супруга, то вы будете считаться только холостяком-одиночкой *(Alleinstehend)*. Если же совместно с вами проживает ребенок, то вы будете относиться уже к родителям-одиночкам *(alleinstehende Eltern)*. Если этому ребенку еще не исполнилось шестнадцати лет, то вам предоставляется возможность списать с дохода расходы по присмотру за детьми *(Kinderbetreuungskosten)*.

При этом должны быть выполнены следующие условия:

- Ребенок проживает совместно с вами.
- Вы занимаетесь трудовой деятельностью *(erwerbstätig)*.
- Перерыв в вашей трудовой деятельности составлял не более четырех месяцев. Например, из-за безработицы.
- Вы прервали трудовую деятельность из-за тяжелой болезни, продолжающейся не менее трех месяцев.

В учет принимаются как родные, так и усыновленные дети, а также - дети, находящиеся на попечении.

Два варианта налоговой льготы

Если вы выполнили описанные выше условия, то у вас есть две возможности воспользоваться налоговой льготой:

1. Первый вариант: вы предпочитаете использовать только паушальную налоговую льготу *(Pauschbetrag)* - 480 ДМ в год **на каждого ребенка**. В этом случае вам не придется предоставлять доказательства расходов *(Belege)*. Здесь также действует „месячный принцип" *(Monatsprinzip)*. Льгота может быть принята в расчет только за те месяцы, когда у вас были предпосылки для ее использования. Это значит, что за каждый „холостой месяц" из паушальной суммы будут вычтены 40 ДМ, то есть - двенадцатая часть.

2. Второй вариант: вы желаете списать фактические расходы *(tatsächliche Kosten)*. Тогда вам необходимо предъявить в финведомство все справки и квитанции, подтверждающие эти расходы. Важно знать: вы должны отвести на покрытие расходов определенный процент своего дохода. Это будет считаться вашей „посильной нагрузкой" *(zumutbare Belastung)*. Говоря иначе, часть расходов вы покрываете из своих средств.

Если вы считаете, что паушальной льготы (480 ДМ в год на каждого ребенка) недостаточно, вы можете списать фактические расходы. Как уже говорилось, вам придется собирать квитанции и счета. И все же расходы будут признаны не в полном размере, а только до определенного лимита *(Höchstbetrag)*. Это значит, что, независимо от фактической суммы, вы сможете списать за первого ребенка максимально до 4 000 ДМ в год. За второго и каждого последующего ребенка - максимально до 2 000 ДМ.

Кроме того, финотдел вычтет из суммы расходов вашу „посильную нагрузку" *(zumutbare Belastung)*, о которой мы уже не раз упоминали! Сколько именно вам придется „нести", зависит от вашего дохода и количества детей (см. главу „Чрезвычайные расходы").

Что именно можно списать

Если вы собираетесь списать фактические расходы, то финведомство признает следующие издержки:

- Расходы по оплате ясель *(Kinderkrippe)*, детского сада *(Kindergarten)*, группы продленного дня *(Kinderhort, Kindertagesstätte)*, интерната *(Kinderheim)*. Признаются также расходы по оплате частного лица, занимающегося присмотром, то есть - так называемой, „дневной матери" *(Tagesmutter)* или „недельной матери" *(Wochenmutter)*.

- Расходы по оплате воспитательниц *(Erzieherinnen)*, занимающихся уходом сиделок *(Kinderpflegerinnen)* или „детских" медсестер *(Kinderschwester)*.

- Расходы по оплате лица, занимающегося помощью по хозяйству и присмотром за детьми *(Beschäftigung von Hilfe im Haushalt, soweit sie Kinder betreut)*.

- Расходы по оплате группы, где ребенок выполняет домашние задания под квалифицированным присмотром *(Hausaufgabenbetreuung)*.

Не признаются расходы по оплате репетитора *(Nachhilfe)*, а также кружков (например, танцевальных, художественных, спортивных и т.д.).

Во всех случаях следует учесть следующее обстоятельство: если вы наняли прислугу, сиделку и т.д., то здесь может иметь место „трудовое соглашение" *(Arbeitsverhältnis)*. То есть вы теперь сами стали работодателем. Это значит, что у вас появились новые обязательства, связанные с подоходным налогом вашей „рабочей силы" *(lohnsteuerliche Arbeitgeberpflichten)*.

Более конкретную информацию вы получите у чиновника налогово-финансового ведомства или у налогового консультанта *(Steuerberater)*.

И наконец: если расходы уже были списаны как „особые расходы" *(Sonderausgaben)*, вы не сможете списать их еще раз - как „расходы по присмотру"!

Если „одиночка" не является одиноким

„Родитель-одиночка" не обязан оставаться в полном одиночестве. Вы можете проживать совместно с вашими близкими, например, с родителями. Или делить квартиру с другими квартиросъемщиками *(Wohngemeinschaft)*. Статус родителя-одиночки за вами сохранится.

Вы можете даже находиться в мужском обществе. То есть - проживать в „свободном браке" *(Ehe ohne Trauschein)*! Здесь следует учесть некоторые особенности. Если вы ведете совместное хозяйство, и в вашей квартире **проживают общие дети**, то налоговая льгота будет разделена поровну. Каждый родитель сможет списать с дохода половину расходов по присмотру (или использовать половину паушальной льготы). Это правило действует даже в том случае, если один из родителей вообще не получает дохода, не платит налога и, значит, никак не сможет использовать свою половину. Как не сможет и передать ее своему работающему сожителю!

Если родители состоят в браке

Состоящие в браке работающие родители могут использовать налоговую льготу только в тех случаях, если расходы по присмотру за ребенком (или детьми) возникли у них по одной из следующих причин:

- Один из родителей занимается трудовой деятельностью, в то время как другой родитель является инвалидом с физической, умственной или душевной инвалидностью или же болен не менее трех месяцев подряд.

- Оба родителя являются инвалидами или тяжело больны.

- Родители ребенка не развелись, а только разошлись и проживают отдельно друг от друга.

Льгота может быть предоставлена и в том случае, если родитель ребенка **овдовел**. Или один из родителей постоянно проживает **за рубежом**.

Налоговая льгота в декларации

Раздел - **Kinderbetreuungskosten** состоит из двух идентичных частей, каждая из которых предназначена для одного ребенка, не достигшего 16-ти лет.

Вы должны вписать порядковый номер ребенка в ячейку - **Zeile**. Затем следует указать период, во время которого этот ребенок был прописан в вашей квартире - **Das Kind gehörte zu meinem Haushalt vom - bis**. Если вы не состояли в браке, но проживали совместно с другим родителем ребенка, то отметьте период совместного проживания - **Bei Alleinstehenden: Es bestand ein gemeinsamer Haushalt der Elternteile vom - bis**.

Далее: вы должны дать сведения о различных периодах в вашей собственной жизни в графе - **Ich war vom - bis**. В том числе, о периоде трудовой деятельности *(erwerbstätig)*, инвалидности *(behindert)* или болезни *(krank)*.

В следующей графе вы должны дать те же самые сведения, но на этот раз - о вашем супруге или проживающем совместно с вами родителе ребенка - **Der Ehegatte oder bei gemeinsamem Haushalt der andere Elternteil war vom - bis**.

Если вы желаете использовать только паушальную льготу, то отметьте крестиком графу - **Pauschbetrag**. Если же паушальная льгота вам покажется слишком низкой, то укажите сумму фактических расходов и перечислите их в графе - **oder Art und Höhe der Aufwendungen**. В этом случае места может нехватить. Поэтому вы можете перечислить расходы на отдельном листе.

Если работодатель возместил расходы, то вы должны указать сумму необлагаемого налогом возмещения в графе - **steuerfreier Arbeitgebersatz ... DM**. И, наконец: если вам пришлось оплачивать услуги по присмотру и уходу за ребенком, то укажите период оплаты - **Dienstleistungen vom - bis**.

В последнюю минуту

В феврале 1999 года Федеральный конституционный суд принял очередное решение в пользу семей. Согласно этому решению, состоящие в браке работающие супруги смогут воспользоваться налоговой льготой по присмотру за детьми на тех же самых условиях, что и родители-одиночки. Мало того! Все родители, как одиночки, так и состоящие в браке, получат возможность списывать с дохода все те расходы, которые раньше не признавались ни при каких обстоятельствах. То есть, например, расходы на частные уроки, спортивные и музыкальные кружки и т.д., и т.п.

И это тоже еще не все! Если верить сообщениям, то расходы по присмотру будут признаны и в том случае, если один из супругов вообще не работает, то есть является домохозяйкой (или домохозяином!). И, значит, расходов по присмотру быть, вроде бы, не должно.

Почему такой внезапный поворот событий? Потому что несколько лет назад одна дружная немецкая семья, в которой работали оба родителя, но не имелось ни бабушек, ни дедушек (как и полагается, они проживали отдельно, вероятно даже - в другом конце Германии...), так вот эта семья возбудила судебный иск против ...государства. Содержание иска в двух словах: государству было предъявлено обвинение в дискриминации работающих супругов-родителей, так как последние могли использовать меньше налоговых льгот, чем родители-одиночки.

Если все пойдет, согласно плану, то уже в 2 000 году вы можете начинать старательно собирать квитанции и списывать свои расходы. Следите и тут за сообщениями в прессе!

НАЛОГОВАЯ ЛЬГОТА ДЛЯ РОДИТЕЛЕЙ-ОДИНОЧЕК (HAUSHALTSFREIBETRAG)

Компенсация за „холостяцкий" тариф

Матери-одиночки, а также отцы-одиночки, в квартире которых прописан ребенок (или несколько детей), могут использовать еще одну налоговую льготу - **Haushaltsfreibetrag**. В этом случае родитель-одиночка числится по II-му классу налогообложения, который автоматически учитывает льготу при начислении налога.

Размер льготы составляет 5 616 ДМ в год на одно „домашнее хозяйство", то есть - на **„Haushalt"** (по всей вероятности, оттуда и само наименование **Haushaltsfreibetrag**). Льгота является своего рода компенсацией. Ведь одинокие налогоплательщики не могут использовать преимущества супружеского налогового тарифа. А значит, им приходится платить более крупный налог. Вернее, приходилось бы, если бы не эта льгота, несколько компенсирующая разницу между „супружеским" и „холостяцким" налогом.

Независимо от количества детей, на одно „хозяйство" предоставляется всегда только одна льгота. Начиная с 1996 года налоговую льготу могут использовать также бабушка и дедушка ребенка.

Ребенок должен быть прописан в вашей квартире

Если ребенок проживает совместно с вами, то, по всей вероятности, он прописан в вашей квартире *(angemeldet)*. Если еще нет, то обязательно позаботьтесь о прописке, для чего вам следует сходить в паспортный стол по месту жительства *(Einwohnermeldeamt)*.

Что произойдет со льготой, если ребенок не проживает совместно с вами? Например, если он находится в интернате *(Internat/Heim)* или снимает отдельную квартиру по месту учебы? Ничего страшного! Вы и тут можете его у себя прописать. Тогда прописка в интернате или в отдельной квартире будет „основной" *(Hauptwohnsitz, Hauptwohnung)*, а прописка в вашей квартире - „побочной" *(Nebenwohnung, Nebenwohnsitz)*. Теперь финотдел признает за вами право на налоговую льготу!

Условия получения льготы

Для того, чтобы получить льготу, необходимо выполнить два основных условия:

- На ребенка должно выплачиваться пособие на детей *(Kindergeld)* или же предоставляться налоговая „детская" льгота *(Kinderfreibetrag)*. То есть - в налоговой карте должна содержаться соответствующая пометка.

- Ребенок должен быть официально прописан в квартире. Достаточно даже того, что прописан только один ребенок из нескольких. Прописка может быть либо „основной", либо „побочной".

Далее: Если мать-одиночка проживает с отцом ребенка в „свободном браке" *(nichteheliche Lebensgemeinschaft)*, то она сохраняет право на налоговую льготу и будет числиться по II-му классу налогообложения. Отцу ребенка остается только I-й класс налогообложения (см. „Налоговая карта").

Налоговую льготу можно перенести от одного родителя к другому (или от родителя к бабушке/дедушке). Условия переноса описаны также в главе „Налоговая карта".

И еще одно очень важное обстоятельство: **Haushaltsfreibetrag** является годовой льготой *(Jahresfreibetrag)*. Другими словами, она **не делится** на количество месяцев, во время которых вы имели право на ее использование. Вам достаточно выполнить условия в течение одного-единственного месяца, например, только в январе, и вы получите льготу целиком и полностью. На весь год.

ЭТО НУЖНО ЗНАТЬ

Если у вас двое детей, то каждый родитель сможет получить отдельную льготу в полном размере. Для этого один ребенок должен быть прописан только у матери, другой - только у отца.

Если же дети прописаны **одновременно** и у вас, и у вашего экс-супруга, то налоговая льгота может быть предоставлена только одному родителю. В этом случае вступает в силу положение о „совместном распределении" *(einheitliche Zuordnung)*. Это значит, что вторая налоговая льгота **пропадет**.

Льгота в налоговой декларации

Заполнение декларации здесь несколько сложнее, и вам придется основательно призадуматься! Все же попробуйте разобраться. Хотя бы из чисто спортивного интереса!

Как вы помните, разведенные или проживающие отдельно родители ребенка должны заполнять раздел декларации о статусе детей по отношению к другим лицам *(Kindschaftsverhältnis zu weiteren Personen)*. Если вы относитесь к этой группе, то вам придется уточнять сведения о прописке ребенка в разделе - **Haushaltsfreibetrag**. Сюда вносятся также сведения о детях, находящихся на вашем попечении, причем, независимо от того, были вы разведены или проживали совместно с супругой.

В разделе **Haushaltsfreibetrag** вы найдете строку с просьбой указать, у кого именно были прописаны дети, перечисленные в таких-то строках раздела „статус ребенка по отношению к другим лицам" *(Die Kinder lt. den Zeilen ... bis ... waren am 1.1.199.. (oder erstmals 19..) mit Wohnung gemeldet bei ...)*.

Для того, чтобы ответить на этот вопрос, вы должны отметить, о каком ребенке идет речь, указав порядковый номер в ячейке - **Zeile**. Если ребенок был прописан у вас/вашей супруги, проживающей совместно с вами, то вы должны отметить (крестиком!) соответствующую графу *(bei der stpfl. Person/dem nicht dauernd getrennt lebenden Ehegatten)*.

Если тот же ребенок был одновременно (либо исключительно) прописан у другого лица, то укажите адрес, фамилию и родственный статус этого лица, заполнив графу *(und / oder bei sonstigen Personen (Name und Anschrift, ggf. Verwandschaftsverhältnis zum Kind) oder in (Anschrift)*.

Как мы уже упоминали, вы можете заявить о переносе налоговой льготы в тех случаях, если дети прописаны одновременно у обоих живущих отдельно родителей или же - одновременно у другого родителя и бабушки/дедушки. Для этого вы должны отметить (крестиком!) следующую графу - **Ich beantrage die Zuordnung der Kinder. Die Mutter / der Vater hat lt. Anlage K zugestimmt.**

Если же вы - мать ребенка, и льгота числится за вами, то вы можете заявить о ее передаче отцу или бабушке/дедушке. Для этого вам необходимо отметить графу - **Ich habe zugestimmt, daß die Kinder dem Vater / dem Großelternteil zugeordnet werden.**

И в том, и в другом случае вам необходимо приложить к декларации отдельный формуляр - **Anlage K**, который вы можете получить в вестибюле финведомства (у вахтера) либо у самого чиновника. Этот формуляр служит официальным подтверждением и заполняется обоими лицами - тем, кто желает получить льготу и тем, кто согласен ее передать.

РАСХОДЫ, СВЯЗАННЫЕ С ДОХОДОМ

ОБЩАЯ ИНФОРМАЦИЯ

Werbungskosten - не только по месту работы

Сначала - о небольшом недоразумении. Широко известный термин **Werbungskosten** означает не „рекламные расходы“, как любят выражаться в русскоязычной прессе, а „расходы, связанные с получением дохода“. Реклама тут действительно не при чем!

Большинство из вас знакомо только с одним вариантом **Werbungskosten**. Точнее говоря, - с тем, с которым вы имеете дело как работающий по найму. Вероятно, вы удивитесь: а какие варианты могут быть еще? Многие! Как вы помните, сам термин **Werbungskosten** означает „расходы, связанные с получением дохода“. То есть, не только с зарплатой, но и с другими видами дохода. Например, с пенсией, процентами по вкладу, стипендией и прочими.

Далее: во всех случаях, когда речь идет о **Werbungskosten**, вы столкнетесь с термином **Werbungskostenpauschale**. Что, в свою очередь, означает: минимальная паушальная сумма, списываемая при наличии **Werbungskosten**. Можно и так: если у вас были расходы, связанные с доходом, то вы можете списать, как минимум, такую-то паушальную сумму. Еще проще уже не получится...

И наконец: в зависимости от варианта дохода, налоговая паушальная льгота **(Werbungskostenpauschale)** может быть различных размеров. Для работающих по найму она составляет 2 000 ДМ, для вкладчиков - 100 ДМ, для учащихся - 360 ДМ и так далее. Соответствующую информацию вы найдете в отдельных главах книги.

Паушальная льгота - для каждого работающего по найму

В этой главе речь пойдет только о **Werbungskosten** работающих по найму. То есть - о расходах, связанных с рабочим местом и получением зарплаты. Какие конкретно расходы это могут быть? Например, расходы по оплате проездных билетов или эксплуатации автомобиля. Если у вас постоянное рабочее место, куда вы каждое утро ездите на своей машине или автобусом, то за год может набраться кругленькая сумма. Еще больше денег уйдет при поездках на различные объекты, например, если вы - строительный рабочий, шофер и т.д. Помимо этого, у вас могут быть и другие связанные с работой расходы, которые мы перечислим ниже.

Как уже было упомянуто, паушальная налоговая льгота для работающих по найму составляет 2 000 ДМ. Много это или мало? В некоторых случаях этой суммы вполне достаточно для того, чтобы учесть все расходы. Например, в тех, если ваше рабочее место находится за углом, или вы предпочитаете ходить на работу пешком. Если же вы еще и устроились на чистом месте и носите обычную одежду, то ваши расходы будут еще скромнее. Несмотря на это, паушальная льгота вам все же будет предоставлена автоматически, что в любом случае поможет несколько снизить налог. Без особых усилий с вашей стороны.

Если расходы превышают паушальную сумму

Теперь возьмем обратный случай: ваши расходы, связанные с работой (и доходом) превышают налоговую льготу. Например, в тех случаях, если вы ежедневно ездите на работу на автомобиле, и дорога в один конец составляет не менее 13 км. Чем длиннее расстояние до работы, тем быстрее будут расти расходы.

Если вы еще и отлучаетесь от дома на 10 часов в сутки и более (дополнительные расходы на питание!), работаете механиком (чистка рабочего комбинезона!), являетесь членом профсоюза (взносы!), повышаете квалификацию (оплата курсов!), завели в своей квартире собственное „бюро" (покупка компьютера!), надышались на работе вредными испарениями и заболели „профессиональной" болезнью (оплата лечения в санатории!), переехали в другой город (расходы по переезду!) и т.д., и т.п., то расходы будут еще крупнее. Тогда паушальной суммы 2 000 ДМ может не хватить. В этом случае вам следует засесть за налоговую декларацию и вписать расходы в раздел **„Werbungskosten".**

При этом всегда следует помнить, что финведомство примет в расчет только сумму, которая превысит 2 000 ДМ. Если, например, общая сумма расходов составила 2 560 ДМ, то в расчет будут приняты только 560 ДМ. В том же случае, если общая сумма расходов не достигнет 2 000 ДМ, вам не стоит затруднять себя заполнением раздела **„Werbungskosten".**

В отличие от „особых расходов" *(Sonderausgaben)* или „чрезвычайных расходов" *(außergewöhnliche Belastungen)*, расходы, связанные с работой могут быть признаны без ограничения *(unbegrenzt)*. То есть - в фактическом размере *(in tatsächlicher Höhe)*. Для этого необходимо предъявить в финведомство счета или квитанции по оплате с точным указанием и перечислением купленных товаров, материала *(Quittungen mit Artikelbezeichnungen)* или оплаченных услуг. И не забывать, что финведомство неизбежно вычтет из суммы расходов паушальную сумму 2 000 ДМ.

ЭТО НУЖНО ЗНАТЬ

Если у вас набралось слишком много статей расхода, то вы можете перечислить их на отдельном листе бумаги, который прилагается к налоговой декларации.

Что именно считается „Werbungskosten"

В налоговой декларации „расходам, связанным с работой" отведена отдельная страница - **Anlage N, Werbungskosten**. Некоторые **Werbungskosten** получили свои собственные графы, другие - объединены общей графой под наименованием „прочие расходы, связанные с доходом" *(weitere Werbungskosten)*.

Итак, что относится к **„Werbungskosten"**:

- Поездки на работу частным транспортом *(Fahrten mit dem eigenen Fahrzeug)*. В том числе, поездки на автомобиле, мотоцикле, мотороллере, мопеде, велосипеде.

- Поездки на работу общественным транспортом *(Fahrten mit öffentlichen Verkehrsmitteln)*. В том числе, например, в метро, автобусом, трамваем, поездом и даже ...самолетом и пароходом (если приходится!).

- Расходы на дорогу при поездках к постоянно меняющемуся месту работы, например, на различные строительные объекты *(Einsatzwechseltätigkeit)*. Естественно, здесь имеется в виду, не постоянно меняющийся работодатель, а только адреса, по которым вы должны ездить, чтобы выполнить свою работу!

- Взносы в профобъединения *(Beiträge zu Berufsverbänden)*.

- Расходы на приобретение средств труда *(Aufwendungen für Arbeitsmittel)*.

- Повышенные расходы на питание, связанные с постоянно меняющимся местом работы или с профессией водителя *(Mehraufwendungen für Verpflegung bei Einsatzwechseltätigkeit oder Fahrtätigkeit)*.

- Ведение двойного хозяйства *(doppelte Haushaltsführung)* в тех случаях, если оно связано с трудовой деятельностью.

Каждый из этих расходов будет описан в дальнейших разделах этой главы.

Что еще считается „Werbungskosten"

Помимо перечисленных выше, к **Werbungskosten** относятся и другие расходы. Мы уже говорили, что они содержатся в графе „прочие расходы, связанные с получением дохода" *(weitere Werbungskosten)*. Что именно - перечислено ниже:

- Расходы по содержанию рабочей комнаты *(Arbeitszimmerkosten)*.

- Расходы, связанные с поисками работы *(Bewerbungskosten)*. В том числе, расходы на поездки для представления в фирме, на телефонные разговоры, письма, фотографии и т.д., и т.п.

- Расходы по повышению профессиональной квалификации *(Fortbildung, Weiterbildung)*. В том числе, расходы по оплате курсов, семинаров, лекций, учебной литературы.

- Расходы на ведение текущего счета в банке или сберкассе *(Kontoführungskosten)*.

- Расходы на служебные командировки *(Dienstreisenkosten)*.

- Расходы по переезду на новую квартиру *(Umzugskosten)*, если этот переезд связан со сменой рабочего места или еще как-то связан с вашей профессией и работой.

- Прочие расходы *(sonstige Ausgaben)*.

Остается добавить, что расходы на „рабочую комнату" в своей квартире или доме *(Arbeitszimmer)*, а также - на компьютер *(Computer)*, телефон *(Telefon)*, специальную литературу *(Fachliteratur)*, служебные командировки *(Dienstreisen)* и т.д. возникают, в основном, у тех налогоплательщиков, которые с согласия фирмы часть времени работают на дому, либо подрабатывают по совместительству как „самостоятельные".

ПОЕЗДКИ НА РАБОТУ

Поездки на частном автомобиле (мотоцикле и т.д.)

Расходы на поездки между домом и местом работы *(Fahrten zwischen Wohnung und Arbeitsstätte)*, считаются **Werbungskosten**. Здесь следует различать два термина: **каждый пройденный (автомобилем, мотоциклом и пр.) километр,** то есть - дорога в оба конца *(je gefahrener Kilometer)*. Или же **каждый километр расстояния**, что означает дорогу в один конец *(je Entfernungskilometer* или - *einfache Entfernung)*.

Законодатель не очень благосклонно относится к налогоплательщикам, не желающих расстаться с автомобилем и пересесть на общественный транспорт. Поэтому в расчет принимается только кратчайшее расстояние между домом и работой. Удлинение пути допускается только в том случае, если новый маршрут быстрее приводит к цели (экономия времени должна составлять не менее 15 минут!). Например, если на вашем новом пути нет ни пробок, ни заторов, ни разбитых дорог.

Учитывается всегда только одна поездка в день (поездки домой „на обед" не считаются). Если вы работаете пять дней в неделю, то у вас наберется 220-230 поездок в год. При шестидневной рабочей неделе - около 280 поездок.

Паушальная ставка

Доказывать все расходы в отдельности (на бензин, гараж, стоянку, и т.д.) нет смысла. Финведомство признает только, так называемую, паушальную ставку на километр пути *(Kilometerpauschale)*. Вот почему не стоит ездить на работу на дорогом автомобиле, расходующим большое количество бензина.

Паушальная ставка на дорогу **в один конец**:

Транспортное средство	Паушальная сумма (в ДМ)
Автомобиль **(PKW)**	0,70
Мотоцикл или мотороллер **(Motorrad/Motorroller)**	0,33
Мопед **(Moped/Mofa)**	0,28
Велосипед **(Fahrrad)**	0,14

Стоит ли заниматься трудоемким подсчетом? В большинстве случаев - да. Во-первых, расчет вовсе не трудоемок, и вам нужно только помножить число рабочих дней на километры и пфенниги. Во-вторых, вы перешагнете паушальный лимит уже в том случае, если дорога (на автомобиле) в один конец составляет 13 км. (230 раб. дней х 13 км. х 70 пф = 2 093 ДМ.) То есть в вашу „копилку" уже внесены первые 93 марки. Не так много, но, возможно, у вас имелись другие расходы, которые мы перечислим в следующих разделах.

Повышенная паушальная ставка

Паушальная ставка для автомобиля (70 пф.) применяется только в тех случаях, если вы ездите по одному и тому же маршруту к постоянному месту работы. Во многих других случаях вы можете использовать повышенную паушальную ставку *(erhöhter Kilometersatz)*. Ее размер составляет 52 пф. - за **каждый километр пути**. Или, соответственно, 1,04 ДМ за километр расстояния.

Эту ставку можно использовать в следующих случаях:

- Если вы работаете на различных объектах, то есть, например, в качестве монтажника, каменщика и т.д., и расстояние до работы составляет более 30 км. В этом случае будут признаны только первые три месяца работы.

- Если фирма посылает вас по различным маршрутам, скажем, для обслуживания клиентов на дому или - как „уборщика", „ремонтника" и пр.

- Если по дороге на работу вам приходится делать крюк, чтобы по заданию фирмы заехать на почту, в банк, к клиенту, в другую фирму и т.д.

- Если вы являетесь инвалидом со степенью инвалидности не ниже 70% *(Behinderungsgrad mindestens 70)*. Или же ваша инвалидность составляет не менее 50%, и у вас имеются значительные нарушения опорно-двигательного аппарата *(Behinderungsgrad mindestens 50 und erhebliche Gehbehinderung)*. Если же у вас нет водительских прав или вы не в состоянии водить автомобиль, то вы можете использовать в качестве „шофера" супругу или другое лицо и списать расходы по графе „чрезвычайные расходы" *(außergewöhnliche Belastungen)*.

Вокруг повышенной ставки существует большое количество оговорок и исключений. Если, незаметно для себя, вы нарушили какое-либо неведомое вам условие, вы тут же выпадете из круга обладателей повышенной ставки. Поэтому здесь следует обращаться за справками к налоговому консультанту или в „Общество помощи налогоплательщикам, работающим по найму" *(Lohnsteuerhilfeverein)*.

Как правило, работодатель возмещает работнику расходы на проезд. Здесь также следует отличать два варианта. Либо компенсация еще не облагалась налогом *(steuerfrei gezahlter Fahrtkostenersatz)*, тогда налог придется уплатить вам. Либо работодатель уже уплатил за компенсацию паушальный налог *(pauschalbesteuerte Arbeitgeberleistungen)*. Понятно, что в этом случае повторный налог взиматься не будет.

Если вам приходится ездить чаще или, наоборот, реже

В стандартных ситуациях финведомство признает только одну поездку в день (в оба конца). Как быть в тех случаях, если вы работаете по какому-либо сложному графику, согласно которому, вам приходится выезжать на работу по два раза в день или по выходным? Например, если вы работаете официантом. Тогда вы можете списать с налогов фактическое количество поездок в течение суток, если перерыв между сменами продолжался не менее четырех часов. Кроме того, финведомство признает поездки по дежурному вызову, а также в тех случаях, если вы работали во внеурочное время, в выходные или в праздничные дни.

Если в целях экономии вы организовали совместные поездки на работу *(Fahrgemeinschaft)*, то финведомство признает только те дни, когда был использован именно ваш автомобиль. Например, если вы только по понедельникам и пятницам отвозите своих коллег в фирму, а после работы развозите их по домам, то учтены будут именно эти два дня и **фактические** километры пути, то есть - фактическое расстояние дороги в объезд *(Umwegstrecken)*. Но только в том случае, если для поездок используются попеременно и ваш автомобиль, и машины коллег *(abwechselnde Nutzung)*.

Поездки на работу общественным транспортом

Если при поездках на работу вы используете общественный транспорт *(Fahrten mit öffentlichen Verkehrsmitteln),* то вам предоставляется возможность списать с налогов фактические расходы *(tatsächliche Kosten)*. **Паушальной ставки здесь не существует.** Мало того! Если вы используете автобус, трамвай, метро и прочие виды общественного транспорта, то никакой роли не играет, какие билеты вы покупали - ежемесячные, еженедельные или просто „зеленую карту“. Признано будет все. Но: если вы пользовались исключительно одноразовыми билетами *(Einzelfahrschein)*, то чиновник ведомства начнет задавать вопросы.

Вы можете также свободно выбирать тарифы при использовании пригородных поездов и даже ездить в вагоне первого класса! Все расходы будут без комментариев приниматься к сведению. Исключение: финведомство не признает расходы на льготную железнодорожную карту, дающую право на скидку при использовании железнодорожных линий *(Bahncard)*.

Большинство работодатели компенсирует и тут расходы по проезду. Тогда вам следует указать в налоговой декларации не только сумму своих расходов на билеты *(Aufwendungen für Fahrten mit öffentlichen Verkehrsmitteln)*, но и необлагаемую налогом компенсацию, выплаченную работодателем *(steuerfrei gezahlter Fahrtkostenersatz)*.

К налоговой декларации можно приложить либо сами проездные билеты, либо ксерокопии. Предъявлять все билеты - **не обязательно**. Достаточно и нескольких.

Если вы используете и частный, и общественный транспорт, например, вы ездите на машине или на мотоцикле/велосипеде до вокзала, а затем пересаживаетесь на поезд *(Park-and-ride-Fahrten)*, то вы можете списать и расходы на автомобиль, и расходы на поезд. То же самое положение касается и тех случаев, если вы часть года ездили только на машине, другую часть - только на общественном транспорте.

Повышенные расходы на питание (работа на различных объектах или работа водителем)

В тех случаях, если вы постоянно работаете на различных объектах *(Einsatzwechseltätigkeit)*, то у вас могут быть не только расходы на проезд от дома к рабочему месту, но и повышенные расходы на питание *(Mehraufwendungen für Verpflegung)*. Это касается таких профессий как, например, строительный рабочий, электромонтер, асфальтировщик, техник по обслуживанию клиентов на дому и некоторых других.

Считать каждый взятый в дорогу бутерброд и каждую бутылку минеральной не придется. Финотдел признает только паушальные ставки. Они уже указаны в налоговой декларации, что существенно упрощает расчет. Все же напоминаем еще раз, что **за каждый проработанный день** вы можете списать с дохода:

- 10 ДМ - если вы находились в пути не менее 8 часов

- 20 ДМ - если вы находились в пути не менее 14 часов

- 46 ДМ - если вы находились в пути не менее 24 часов

(В налоговой декларации термин „находился в пути не менее ... часов" называется несколько иначе - **Abwesenheit mind. ... Std.** То есть „отсутствие не менее ... часов". Почему именно так - не спрашивайте...).

Важно учесть следующее обстоятельство: если расстояние до места работы составляло менее 30 км., то расходы на проезд будут считаться стандартными. И тогда вы сможете воспользоваться только стандартной ставкой 70 пф. *(Kilometerpauschale)*. Если же вам приходилось ездить на более дальние объекты, то вы имеете право списать повышенную ставку 1,04 ДМ *(erhöhter Kilometersatz)*.

Но: повышенная ставка допускается только в первые три месяца работы на „дальних объектах". Что произойдет по истечении этого времени, будет ли ставка сохранена или вам придется примириться с потерей - зависит от множества различных факторов. Необходимую информацию вы можете получить у консультанта.

Повышенные расходы на питание вы можете списать и в тех случаях, если вы работаете, например, шофером или проводником. То есть, если вы постоянно находитесь в дороге *(Fahrtätigkeit)*.

Как и всегда, здесь действует уже известное правило: если ваши расходы были скомпенсированы работодателем *(vom Arbeitgeber steuerfrei ersetzt),* то вы должны указать в налоговой декларации размер компенсации.

Расходы, связанные с ведением „двойного хозяйства"

Здесь имеется в виду тот случай, когда вы проживаете в одном городе/селе, а работаете в другом, где снимаете, так называемую, „вторую квартиру" *(Zweitwohnung)*. Под этим подразумевается не обязательно настоящая квартира. Вы можете снять комнату или угол, жить в пансионе или в общежитии, устроиться в строительном бараке или вагончике. По месту постоянной прописки вы должны сохранить свою основную квартиру или, так называемое, „собственное домашнее хозяйство" *(eigener Hausstand)*. Это может быть и квартира родителей, если вы, например, еще холостяк.

С „двойным хозяйством" также связано огромное количество положений и исключений. Но так как этот вариант встречается среди наших читателей довольно редко, мы ограничимся только краткими сведениями.

При ведении „двойного хозяйства" повышение расходы на питание *(Verpflegungsmehraufwendungen)* учитываются только в первые три месяца работы на одном и том же месте. Расходы на оплату проживания *(Unterkunftskosten)* и на поездки к семье *(Familienheimfahrten)* учитываются в течение первых двух лет работы. Компенсацию работодателя следует и тут указывать в декларации, в которой „двойному хозяйству" отведена графа - **Mehraufwendungen für doppelte Haushaltsführung**.

Налоговая декларация

Поездкам на работу отведена графа - **Fahrten zwischen Wohnung und Arbeitsstätte**. Если вы ездили на частном транспорте, то вы должны указать способ передвижения (автомобиль, мотоцикл, мопед и т.д.), а также последний номерной знак автомобиля или мотоцикла *(letztes amtl. Kennzeichen)*. Помимо этого, следует назвать:

- адрес фирмы *(Arbeitsstätte)*,
- количество рабочих дней в неделю *(Arbeitstage je Woche)*,
- количество дней, во время которых вы находились в отпуске или болели *(Urlaubs- und Krankheitstage)*,
- количество дней, в которые вы использовали автомобиль, мотоцикл или другое средство *(benutzt an ... Tagen)*,
- расстояние в один конец *(einfache Entfernung)*.

Если вы ездили общественным транспортом, то укажите фактические расходы на билеты *(Aufwendungen für Fahrten mit öffentlichen Verkehrsmitteln)*, а также размер компенсации, выплаченной работодателем *(steuerfrei ersetzt)*.

Если вы работали на постоянно меняющихся объектах *(Einsatzwechseltätigkeit)* или шофером *(Fahrtätigkeit)*, и у вас были дополнительные расходы на питание, то заполните графу - **Pauschbeträge für Mehraufwendungen für Verpflegung**.

Если вы вели „двойное хозяйство", то впишите в графу - **Mehraufwendungen für doppelte Haushaltsführung** все расходы по оплате проезда, питания, ночлега. И укажите, где, когда и в течение какого времени велось „двойное хозяйство".

И наконец, укажите размер необлагаемой налогом компенсации работодателя *(steuerfrei gezahlter Fahrtkostenersatz)* или компенсации, за которую был уплачен паушальный налог *(pauschalbesteuerte Arbeitgeberleistungen)*.

ПРОЧИЕ РАСХОДЫ

Как уже упоминалось, прочим расходам отведена одна-единственная графа, состоящая из четырех строчек - **Weitere Werbungskosten.** В некоторых случаях этого вполне достаточно. Если же - нет, то вы можете перечислить ваши „прочие расходы" на отдельном листе бумаги и приложить его к декларации.

На последующих страницах перечисляются основные варианты „прочих расходов".

Расходы на рабочую комнату

В прошлые годы существовала возможность списать с налогов расходы на, так называемую, рабочую комнату *(Arbeitszimmer)*, находящуюся в частной квартире или доме налогоплательщика. В настоящее время эта возможность существенно ограничена. Но если вам удастся убедить чиновника в том, что другого рабочего места у вас нет и быть не может (например, у вас нет средств снять отдельную комнату, чтобы подрабатывать по совместительству) или же вы проводите половину рабочего времени в своем „домашнем кабинете" (например, по договору со своей фирмой), то вы можете списать с налогов расходы по ее содержанию. Максимальная сумма, признаваемая финведомством - 2 400 ДМ в год.

В остальном же, работающие по найму могут полностью списать все фактические расходы, связанные с содержанием рабочей комнаты только в том случае, если они работают исключительно „домушниками", то есть выполняют какую-либо работу на дому *(Heimarbeit)*. Например, по заказу фирмы клеят конверты, набивают ватой игрушки и прочее. В этом случае разрешается списать с дохода расходы, которые должны соответствовать площади рабочей комнаты *(anteilige Kosten)*. Если, допустим, вы проживаете в квартире площадью 60 кв. м., а размер вашей „рабочей комнаты" составляет 10 кв. м., то есть - шестую часть, то вы можете списать шестую часть квартирной платы, а также шестую часть эксплуатационных расходов на квартиру *(Nebenkosten)*. Помимо этого, можно списать и расходы на ремонт комнаты, покупку необходимой мебели, ламп и прочего.

Расходы, связанные с поисками работы

Вы можете списать с дохода также расходы, возникшие в связи с поисками работы *(Bewerbungskosten)*. В том числе, например, следующие:

- Расходы на объявления в газетах.

- Расходы на почтовую бумагу, почтовые марки, конверты, ксерокопии, паспортные фотографии.

- Расходы на телефон или факс.

- Расходы на поездки для личного представления в фирме.

При поездках общественным транспортом будут признаны расходы в полном размере. Если же был использован ваш частный автомобиль, то за каждый километр пути признаются расходы в размере 0,52 ДМ. То есть здесь может быть использована повышенная ставка. В том случае, если вы ездили на представление в другой город, где вам пришлось переночевать, вы можете списать расходы по оплате номера в пансионе или другом заведении.

Как правило, фирмы, приглашающие кандидата на собеседование, берет на себя оплату суточных и проезда. Эту компенсацию следует также указать.

Расходы на повышение квалификации

Термины **Ausbildung**, **Fortbildung** и **Weiterbildung** в общем значении применяются иначе, чем в налоговой терминологии. Последняя различает между двумя терминами - **Ausbildung** и **Fortbildung/Weiterbildung**. Ни в коем случае не следует путать эти понятия, так как они относятся к различным графам декларации.

Краткая характеристика:

- **Ausbildung** означает образование в самом широком смысле. Оно может состояться в любом учебном заведении, включая общеобразовательные школы, профучилища, институты и пр. Кроме того, таким образованием считается и переобучение с целью овладения новой профессией. Во всех этих случаях расходы на образование можно списать с налогов только в ограниченном объеме *(begrenzt)*. И, что особенно важно, они считаются только „Особыми расходами" - **Sonderausgaben**. Но не **Werbungskosten**!

- **Fortbildung/Weiterbildung** означает повышение квалификации в той профессии, по которой вы работаете в настоящее время. К нему относится посещение различных курсов, семинаров, вечерних школ, народных университетов, подготовительных курсов для сдачи экзаменов и т.д. и т.п. При этом речь должна действительно идти о повышении квалификации, приобретении или усовершенствовании необходимых для профессии навыков и знаний. В этих случаях будут признаны все фактические расходы, связанные с образованием. В том числе, например, оплата курсов и семинаров, расходы на учебный материал, расходы на проезд и ночлег. Именно эти расходы считаются **Werbungskosten**.

В тех случаях, если часть этих расходов компенсируется работодателем, вы должны указать сумму компенсации.

Расходы на ведение текущего счета

Если на ваш текущий счет поступает зарплата или ставка, вы можете списать с дохода расходы по ведению текущего счета *(Kontoführungskosten)*. Финведомство допускает, как минимум, паушальную льготу 30 ДМ в год. Вы можете списать и больше, если текущий счет обошелся вам дороже. Для этого необходимо приложить к декларации доказательства.

Расходы, связанные со служебными командировками

Если вы ездите в командировки, то вам предоставляется возможность списать с дохода все расходы, связанные с поездками *(Dienstreisen)*. В том числе, например, расходы на проезд, ночлег, питание и прочее. Так как работодатель, как правило, возмещает эти расходы (целиком или частично), вы обязаны и тут указать компенсацию.

Если в пути произошла авария

К прочим расходам относятся также затраты, связанные с дорожной аварией. При этом не играет никакой роли, по чьей вине произошло дорожное происшествие. Достаточно выполнить два основных условия: дорожное происшествие произошло по пути на работу (или наоборот), и вам пришлось самому платить за убытки. Например, потому, что страховая компания отказалась платить за ущерб. В этом случае вы можете вписать в декларацию следующие расходы:

- Проценты за кредит, который понадобился для покрытия ущерба *(Zinsen für einen Kredit zur Finanzierung der Unfallkosten)*.

- Ремонт собственного автомобиля *(Reparaturkosten für den eigenen Wagen)*.

- Ремонт автомобиля противника *(Reparaturkosten für den Wagen des Gegners)*.

- Расходы на судебные издержки и адвоката *(Gerichts- und Anwaltskosten)*.

- Расходы на лечение *(Krankheitskosten)*.

- Расходы на услуги аварийной службы или такси *(Abschlepp- und Taxikosten)*.

- Расходы на автомобиль, взятый напрокат *(Mietwagenkosten)*.

Вы можете списать с дохода убытки из-за снижения стоимости автомобиля после аварии. Для чего придется оценивать автомобиль (силами экспертов). Финведомство может признать даже убытки, которые произошли по вашему собственному растяпству. Например, если, садясь в автомобиль, вы нечаянно дали газ и наехали на дверь гаража. Естественно, такие происшествия признаются только в тех случаях, если вы собирались ехать на работу. Одно **исключение** существует и здесь: если вы находились в нетрезвом состоянии, то списать ничего не удастся...

Еще пара расходов...

Помимо описанных выше, существует ряд других расходов, которые можно отнести к „прочим". Например, следующие варианты:

- Расходы на приобретение водительского удостоверения, если оно необходимо для работы водителем.

- Расходы на профилактическое лечение в санатории, если вы подвержены угрозе профессионального заболевания, которое необходимо предотвратить. Здесь вам понадобится заключение ведомственного врача *(amtsärztliche Bescheinigung)*.

- Расходы на лечение в санатории, если у вас возникло профессиональное заболевание *(Berufserkrankung)*.

ПЕРЕЕЗД

Дорогое удовольствие

Наши читатели любят переезжать. Об этом свидетельствуют многочисленные письменные сообщения и звонки („...а еще хочу сообщить, что недавно я переехал и теперь живу по такому-то адресу..."). Довольно часто такие переезды связаны с тем, что в соседнем городе находится желанное рабочее место, а к нему - подходящая квартира. Вот почему мы решили уделить новоселью достойное место.

Как многие читатели уже убедились, переезд обходится в Германии недешево. Даже не загруженный домашним скарбом холостяк может потратить на „умцуг" пару тысяч марок. Не говоря уже о семьях с детьми. Ведь переезд на новую квартиру или в другой город означает многочисленные расходы. И не только на транспортировку имущества и мебели. Во многих случаях приходится платить маклеру гонорар. Или в течение месяца-двух одновременно оплачивать две квартиры. Вам может предстоять косметический ремонт при выезде из старой квартиры *(Schönheitsreparaturen)* и капитальный ремонт при въезде в новую. Не говоря уже о покупке новой мебели, сборке и разборке встроенной кухни и прочих мер по улучшению быта.

Не напрасно бытует в Германии известная поговорка: один раз переехать, что два раза обгореть. Впрочем, почти такая же поговорка, кажется, существует и в России...

Переезд „по личным причинам"

Если переезд на новую квартиру не был вызван производственной необходимостью или сменой рабочего места, то он будет считаться сугубо личным делом. И все же у вас есть возможность списать расходы в двух классических случаях:

- В результате переезда существенно сократилось расстояние до работы, которое вам раньше приходилось ежедневно прокладывать (например, вы переехали из окраины города в центр и очутились рядом с фирмой). Если вы живете в городе, то сокращение пути должно составлять не менее девяти километров (в оба конца).

- Вам теперь стало намного легче добираться до места работы (например, вам не придется делать три пересадки или, пересекая город на автомобиле, ежедневно застревать в многочисленных пробках). При этом вы должны сэкономить не менее одного часа на дорогу в оба конца.

Но: если переезд совпал с какими-либо личными событиями, например, с разводом, то финведомство может не признать расходы, сославшись на то, что вы ведь все равно собирались переезжать...

Переезд, связанный с работой

В том случае, если переезд был связан с работой или с производственной необходимостью, вы можете рассчитывать на великодушие чиновников. Следует различать два варианта: переезд в пределах города/села *(Umzug innerhalb eines Ortes)* и переезд в другой город/село *(Umzug an einen anderen Ort)*.

Переезд в пределах города/села может быть признан финведомством только в виде исключения. Помимо приведенных выше двух вариантов (значительное сокращение пути или времени), вы можете списать расходы также в тех случаях, если:

- Вы должны освободить служебную квартиру (например, вы поменяли место работы, и теперь вам нужно выселяться из „фирменной" квартиры.

- Вы собираетесь, наоборот, въехать в служебную квартиру (например, вы нашли новое место работы, и фирма предлагает вам недорогую квартиру из своего фонда).

Если же вы переезжаете в другой город или село, то вам необходимо выполнить следующие условия:

- Вы нашли в другом городе новое рабочее место.

- Вы впервые в жизни поступили на работу.

- Ваш работодатель предложил вам работать в филиале фирмы, находящемся в другом городе.

Во всех перечисленных случаях вы можете списать большую часть фактических расходов (иногда даже полностью!).

Расходы, связанные с поисками квартиры

Поиски квартиры могут также влететь в копеечку. Особенно, если речь идет о переезде в новые края. В этих случаях вы можете списать две поездки в другой город, которые понадобились, например, для осмотра новой квартиры, заключения договора о найме и т.д. Если вы ездили на общественном транспорте (поездом, автобусом и пр.), то признаны будут фактические расходы по оплате билетов II-го класса. Если вы использовали автомобиль, то финведомство признает повышенную ставку (52 пф. за каждый километр пути).

Вы можете также списать расходы по оплате питания во время пребывания в другом городе *(Verpflegungskosten)*. В расчет принимаются не фактические расходы, а только паушальная ставка *(Verpflegungspauschale)*, размер которой зависит от продолжительности вашего отсутствия (вы помните: не менее восьми часов - 10 ДМ и т.д...).

Но и это еще не все. Вы можете списать фактические расходы по оплате ночлега в другом городе *(Übernachtungskosten)*. Максимально будут признаны два ночлега. Если с вами ездила супруга, то признаны будут расходы на один ночлег (но зато - на двоих!).

Кроме того, признаются расходы по оплате маклера *(Maklerhonorar)* и помещения в газете объявлений о поисках квартиры *(Inserate)*.

Если договор о найме **прежней квартиры** был долгосрочным, и поэтому вам не удалось расторгнуть его ко дню переезда, то вполне возможно, что вам придется некоторое время платить „двойную квартплату“ - и за прежнюю, и за новую квартиру *(doppelte Mietzahlungen)*. Тогда могут быть признаны ваши убытки при вынужденной оплате прежней квартиры вплоть до конца срока расторжения *(bis zum Ablauf der Kündigungsfrist)*.

Если же вы, наоборот, были вынуждены **снять новую квартиру** до того, как выехали из прежней, то списать можно не более трех месяцев „насильной“ квартплаты за еще пустующее жилье. В том случае, если вам пришлось покидать купленный (или построенный) дом или квартиру, вам предоставляется возможность списать сумму, равную квартплате за один год. В виде утешения...

Транспортные расходы

Вы можете списать транспортные расходы *(Transportkosten)*, в том числе расходы по оплате транспортно-экспедиционного агентства *(Spediteur)* или взятого напрокат мебельного фургона *(Mietwagen)*. Вы можете даже списать расходы по оплате друзей или родственников, которые помогали при переезде *(Auslagen für Umzugshilfen)*. Для этого необходимо предъявить в финведомство доказательства оплаты, например, квитанцию с указанием цели перевода.

ЭТО НУЖНО ЗНАТЬ

Если за помощь при переезде вы уплатили вашим родственникам или друзьям менее 500 ДМ, то им не придется платить налог на этот „доход“.

В том случае, если вы перевозили мебель и прочую утварь на собственной машине, вы можете списать по 52 пф. за каждый километр пути, то есть - воспользоваться повышенной ставкой.

Если у вас не было страховки домашнего имущества *(Hausratversicherung)*, вы можете списать расходы по ремонту поврежденной при переезде мебели и прочих предметов домашнего обихода. А если вы не справились с монтажом встроенной кухни или стенки в гостиной комнате и вынуждены были уплатить за услуги мастеров, то вы можете списать и эти расходы.

И, наконец, вы можете списать расходы на угощение помощников и рабочих *(Bewirtungskosten)*.

Прочие расходы на переезд

Помимо перечисленных выше, иногда возникает множество мелких, на первый взгляд, расходов, общая сумма которых может оказаться довольно крупной. Эти расходы относятся к разряду „прочих" *(sonstige Umzugskosten)*. Например, расходы на подключение электроплиты или телефона, на установку печи или антенны, на уплату пошлин за переоформление бумаг и документов, на чаевые для грузчиков и на другие „мелочи".

Если у вас действительно были все эти расходы, вы должны собрать все квитанции по оплате и приложить их к налоговой декларации. В том случае, если вам не хочется возиться с перечислением, вы можете использовать паушальную льготу.

Паушальные льготы на „прочие расходы":

Холостой	981 ДМ
Супруги	1 961 ДМ
Каждый дополнительный жилец в квартире (дети, родители и пр.)	432 ДМ

Если работодатель выплатил компенсацию расходов на переезд, вы должны, как всегда, ее указать.

Как видите, списать можно много, а строчек в декларации всего четыре. Поэтому во всех тех случаях, если у вас состоялся переезд, вы лечились от профболезни, повышали квалификацию и т.д., вам придется брать отдельный лист бумаги и перечислять, перечислять, перечислять...

И НАКОНЕЦ...

Взносы в профобъединения

Если вы состоите в каком-либо профессиональном объединении, вы можете списать с дохода членские взносы *(Mitgliedsbeiträge)*. К профессиональным объединениям относятся, например, профсоюзы *(Gewerkschaften)*, союз государственных служащих *(Beamtenbund)*, профессиональные палаты *(Berufskammern)* и некоторые другие. В этом случае к налоговой декларации следует приложить квитанции об оплате членских взносов *(Bescheinigung/Beitragsbescheid)*.

Сумма уплаченных взносов указывается в графе - **Beiträge zu Berufsverbänden.**

Средства труда

Под „средствами труда" *(Arbeitsmittel)* понимаются инструменты и прочие средства и орудия труда, необходимые для выполнения работы. Надо сказать, что для работающих по найму этот пункт в большинстве случаев не имеет никакого значения. Как правило, инструменты, за небольшими исключениями, предоставляются по месту работы.

К „средствам труда" относятся также находящиеся в частной квартире или доме налогоплательщика электронные приборы и средства коммуникации, если они используются для получения дохода. В том числе, например, факс, компьютер, телефон и пр. Помимо этого, можно списать и находящуюся в „рабочей комнате" мебель: стол, стул, лампы, полки и прочее.

Сумма расходов указывается в графе - **Aufwendungen für Arbeitsmittel**.

Так как владельцы компьютера нередко сами прекрасно разбираются в налоговых тонкостях, мы опускаем дальнейшие детали.

ОСОБЫЕ РАСХОДЫ

Что такое „особые расходы"

Помимо расходов, связанных с работой *(Werbungskosten)*, у каждого налогоплательщика существуют издержки личного характера, именуемые „особыми расходами" *(Sonderausgaben)*. Иногда здесь приходится соблюдать „предельный лимит". Другими словами, вы можете тратить на личные нужды столько, сколько необходимо. Но списать вы сможете только часть расходов - до определенного лимита, предписанного законодательством *(Höchstbetrag)*.

К „особым расходам" относятся следующие:

- Страховые взносы на определенные виды страхования *(Versicherungsbeiträge)*.

- Алименты, выплачиваемые разведенной или живущей отдельно супруге *(Unterhaltszahlungen an den geschiedenen oder getrennt lebenden Ehegatten)*.

- Церковный налог *(Kirchensteuer)*.

- Расходы по оплате прислуги *(Aufwendungen für hauswirtschaftliche Beschäftigungsverhältnis)*.

- Расходы по оплате налогового консультанта или приобретению специальной литературы, в том числе, и компьютерных программ *(Steuerberatungskosten)*.

- Расходы по оплате школы *(Schulgeld)*.

- Пожертвования *(Spenden)* и членские взносы в определенные организации *(Mitgliedsbeiträge)*.

- Расходы на собственное профессиональное образование *(Aufwendungen für die eigene Berufsausbildung)*.

**Паушальная налоговая льгота на „особые расходы",
автоматически предоставляемая каждому
работающему по найму, составляет 108 ДМ (одинокие)
или 216 ДМ (супруги).**

Как видите, паушальная льгота *(Sonderausgabenpauschbetrag)* настолько скромна, что во многих случаях она окажется недостаточной. Например, если вы платите алименты экс-супруге или церковный налог. Тогда расходы будут намного выше 108 ДМ/216 ДМ в год, и вам стоит заняться декларацией.

Все „особые расходы" перечисляются на третьей странице основного формуляра декларации - **Mantelbogen, Sonderausgaben.**

Страховые взносы

Страхование - это не что иное, как профилактика. Ведь цель страхования состоит в том, чтобы обеспечить клиента необходимыми средствами на случай болезни, старости, несчастного случая и прочих безрадостных явлений. Поэтому в налоговой терминологии страхование так и называется: **Vorsorge**, то есть в буквальном смысле - предусмотрительность, профилактика, обеспечение будущего. Страховые взносы именуются соответственно: „расходы, связанные с обеспечением будущего" *(Vorsorgeaufwendungen)*.

Страхование может быть обязательным *(Pflichtversicherung)*, добровольным *(freiwillige Versicherung)* или частным *(private Versicherung)*. В последующих разделах мы приведем краткое описание.

Обязательное страхование

Если вы работаете по найму, то вы, так или иначе, будете застрахованы по месту работы. Речь идет об обязательном социальном страховании *(gesetzliche Sozialversicherung/ Pfichtversicherung)*. Уплата страховых взносов происходит путем ежемесячного отчисления из заработной платы. При этом половину взносов будете выплачивать вы сами, другую половину - ваш работодатель. К социальному (обязательному) страхованию относятся следующие варианты:

* Страхование на случай безработицы

  (Arbeitslosenversicherung).

* Пенсионное страхование *(Rentenversicherung)*.

* Медицинское страхование *(Krankenversicherung)*.

* Страхование на случай ухода *(Pflegeversicherung)*.

В декларацию вносится только часть взносов, которая была уплачена вами *(Arbeitnehmeranteil)*. Вам не придется складывать и вычитать. Вы найдете готовый результат в налоговой карте - **Arbeitnehmeranteil am Gesamtsozialversicherungsbeitrag**. Вам остается вписать его в графу - **Stpfl./Ehemann**. Кстати: эта графа может быть заполнена и особой женского пола, если она является одинокой или единственным налогоплательщиком в семье.

Если обязательные взносы были уплачены не только вами, но и вашей работающей супругой, то сумму взносов следует вписать в графу - **Ehefrau**.

Следующая графа - **Zusätzliche freiwillige Pflegeversicherung** - заполняется только теми, кто, несмотря на имеющуюся страховку на случай ухода *(Pflegeversicherung)*, решил застраховаться дополнительно, и только в тех случаях, если им исполнилось сорок лет.

Добровольное страхование

Добровольное страхование *(freiwillige Versicherung)* может быть заключено в различных случаях. Чаще всего это происходит тогда, если налогоплательщик „выпадает" из системы социального страхования. Например, если вы сначала работали по найму, а затем стали самостоятельным. Или же, если вы все еще работаете по найму, но у вас такой крупный доход, что вы теряете право на страхование в социальной кассе. Тогда покидать прежнюю страховую кассу не обязательно. Вы можете остаться в ее рядах, став добровольным членом *(freiwillige Mitgliedschaft)*.

Добровольное страхование в медицинской социальной кассе приносит большое преимущество. Так как эти кассы относятся к „общественным" *(öffentliche)*, в них практикуется, так называемое, семейное страхование *(Familienversicherung)*. То есть вы будете по-прежнему застрахованы совместно с вашими близкими. В отличие от частных медицинских касс *(private Krankenkassen)*, в которых взносы приходится платить за **каждого члена семьи в отдельности**.

Добровольные взносы могут быть уплачены не только в медицинскую, но и пенсионную социальную кассу. Нередко работодатели возмещают своим сотрудникам часть взносов, о чем содержится запись в налоговой карте. Тогда в налоговой декларации приходится указывать и сумму выплаченных вами взносов, и возмещение работодателя.

Так как добровольное страхование встречается среди наших читателей довольно редко, мы не будем углубляться в детали. Если вы все же относитесь к „добровольцам", то вы можете вписать данные о взносах в налоговую декларацию - в графе **Freiwillige Angestellten-, Arbeiterrenten-, Höherversicherung...** а также - в графе **Kranken- und Pflegeversicherung**.

Частное страхование

Взносы на частное страхование также считаются „особыми расходами“. Но не все. Вы **можете** списать только взносы за, так называемые, „личные страховки“ *(Personenversicherung)*, в том числе, за следующие:

- Страхование от несчастного случая *(Unfallversicherung)*. При этом следует учесть, что списать взносы можно только тогда, если страхование касается исключительно несчастных случаев, происшедших в быту *(private Risiken)*. Поэтому и не рекомендуется приобретать комплексные страховки, включающие как бытовые случаи, так и случаи по месту работы *(private und berufliche Risiken)*. Ведь вы все равно автоматически застрахованы по месту работы своим работодателем *(betriebliche Unfallversicherung)*!

- Страхование жизни *(Lebensversicherung)*. Здесь следует также учесть многие обстоятельства. Вы можете списать только некоторые взносы, в том числе: на рисковое страхование жизни *(Risikolebensversicherung)*, страхование на случай профессиональной непригодности *(Berufsunfähigkeitsversicherung)*, пенсионное страхование без права одноразовой выплаты суммы капитала *(Rentenversicherung ohne Kapitalwahlrecht)*, пенсионное страхование с правом на одноразовую выплату капитала, но не раньше, чем через двенадцать лет *(Rentenversicherung mit Kapitalwahlrecht, wenn die Auszahlung erst nach zwölf Jahren erfolgt)*.

Помимо этого, можно списать также взносы на капитальное страхование жизни, если оно заключено не менее, чем на 12 лет, и 60% страховой суммы отведено на покрытие риска смерти. Если же капитальное страхование служит „образованию состояния“ *(VWL)*, то взносы **не признаются** как „особые расходы“. И, наконец, финведомство признает взносы в так называемую, „похоронную кассу“ *(Sterbekasse)* и пенсионную кассу *(Pensionskasse)*. Последнюю просим не путать с пенсионным страхованием!

- Взносы на гарантийное страхование, в том числе: частное гарантийное страхование *(private Haftpflichtversicherung)*, гарантийное страхование автомобиля *(Auto-Haftpflichtversicherung)*, гарантийное страхование животных *(Tierhaftpflichtversicherung)*.

Не подлежит списыванию целый ряд других страховок, относящихся к разряду „имущественных" *(Sachversicherung)*, например, юридическая страховка *(Rechtschutzversicherung)*, автомобильная страховка каско *(Auto-Kaskoversicherung)* или страховка домашнего имущества *(Hausratversicherung)*.

ЭТО НУЖНО ЗНАТЬ

С 1996 года взносы в строительно-сберегательную кассу (Bausparkasse) не считаются „особыми расходами" и не подлежат списыванию с дохода

Чем выше доход, тем меньше возможности...

К сожалению, в большинстве случаев взносы на частные страховки никак не влияют на размер налога. Мы не будем прибегать к сложнейшим расчетам и приводить не менее сложные таблицы, а воспользуемся очень и очень упрощенным методом разъяснения.

Начнем с того факта, что каждому работающему по найму предоставляется паушальная налоговая льгота на списывание страховых взносов *(Vorsorgepauschale)*. Теоретически сумма льготы составляет 20% от зарплаты. То есть вы могли бы списать страховые взносы, общая сумма которых достигла 20% от вашего дохода. Но, как было сказано, только - теоретически. На практике эта возможность ограничивается лимитом *(Vorsorgehöchstbetrag)*.

К чему все это приводит? А к тому, что в паушальной льготе *(Vorsorgepauschale)*, как правило, умещаются только взносы на социальное страхование по месту работы. Если даже и останется свободный промежуток (между паушальной суммой и лимитом), то в нем уместится только незначительная часть взносов за частные страховки. Например, на гарантийное страхование автомобиля *(Auto-Haftpflichtversicherung)* или на капитальное страхование жизни *(Kapitallebensversicherung)*, которые, как известно, могут быть очень крупными. Именно эти взносы могут остаться за бортом!

Далее: чем выше ваш доход, тем меньше просвет, оставшийся для частных взносов. Если, например, вы - холостяк, и ваш доход составляет 25 000 ДМ в год (брутто), то вы сможете списать частные взносы в размере максимально до 1 163 ДМ. Но только в том случае, если ваши расходы на **все страховые взносы** - как на обязательные страховки, так и на частные - составляют 7 220 ДМ! Если вы зарабатываете брутто 30 000 ДМ в год, то общая сумма выплаченных вами взносов должна достигнуть 6 420 ДМ, для того, чтобы вы смогли списать частные взносы в размере максимально до 255 ДМ. Уже при доходе выше 33 000 ДМ в год вы не сможете списать ни одной марки, ушедшей на частное страхование! Ваш лимит исчерпан полностью.

Поэтому следует скептически относиться к заверениям страховым агентов, убеждающих клиентов в пользе капитальной страховки („...вы не только обеспечите себе капитал, но и спишете взносы с налогов!...). На это мы можем возразить, что, во-первых, лица с низким доходом позволить себе эту страховку никак не могут. Что с того, если они сэкономят на налогах пару марок, если взносы на капитальную страховку съедят значительную часть дохода? Зато тот, кому страховка по карману, не сможет ее списать... Какие еще сюрпризы капитальная страховка может преподнести, вы узнаете из нашей книги „Осторожно, страховка!", которую мы советуем прочитать каждому владельцу полиса. Как впрочем и каждому потенциальному клиенту страховой компании.

Женатые налогоплательщики могут рассчитывать на более великодушный лимит. Например, супруги с доходом 40 000 ДМ в год могут списать частные страховые взносы максимально на сумму 5 438 ДМ. Но только в том случае, если у них ушла на общее страхование (социальное и частное) огромная сумма в размере 16 040 ДМ в год! При доходе 50 000 ДМ они могут списать на частные взносы максимально 2 272 ДМ. Если доход достигнет 60 000 ДМ, то списать можно только 456 ДМ. Потолок дохода - 64 000 ДМ в год. Если он превышает этот лимит, то списать опять ничего нельзя.

ЭТО НУЖНО ЗНАТЬ

Независимо от суммы уплаченных взносов, как на социальные, так и на частные страховки, списать можно максимально 3 915 ДМ (холостые) или 7 830 ДМ (супруги)

Но нет правил без исключений. Страховые взносы на частное страхование могут повлиять на размер налога следующих лиц: работающие по найму, если они не обязаны страховаться в социальных страховках *(sozialversicherungsfrei beschäftigte Arbeitnehmer)*, самостоятельные *(Selbständige)* и пенсионеры *(Rentner)*.

Сумма взносов, уплаченных в отчетном году на частное страхование *(19.. gezahlte Beiträge)* указывается в следующих графах декларации: **Unfallversicherung, Lebensversicherung, Haftpflichtversicherung.** При этом следует указать также сумму возмещений или компенсаций, выплаченных, например страховой компанией *(19.. erstattete Beiträge).*

Алименты

Если в отчетном году вы уплатили алименты, то вы можете списать „расходы по содержанию" *(Unterhaltsleistungen)*. При этом никакой роли не играет, уплатили вы алименты по решению суда или добровольно, происходила ли оплата ежемесячно или раз в год. Просим учесть: речь идет **не о содержании детей**, а только об алиментах, уплаченных разведенной супруге *(geschiedener Ehegatte)*. Или же - супруге, которая официально еще не разведена, но уже проживает длительное время отдельно *(dauernd getrennt lebender Ehegatte)*. Разумеется, возможен и обратный вариант: супруга платит содержание супругу...

Вы можете списать алименты общей суммой до 27 000 ДМ в год как „особые расходы" (эту возможность принято называть **Realsplitting**). При этом вы должны в обязательном порядке совместно с экс-супругой заполнить отдельное приложение **Anlage U** *(Unterhalt)*.

Приложение **Anlage U** необходимо для того, чтобы убедить финведомство в согласии супруги *(Zustimmung)*. О каком согласии идет речь? О том, что супруга не возражает уплатить подоходный налог! Ведь ваши алименты считаются ее доходом и, значит, подлежат налогообложению. Тогда ей придется указать сумму алиментов в своей собственной налоговой декларации - **Anlage KSO, sonstige Einküfte**.

Если экс-супруга работает, и у нее есть свой собственный доход, то, по всей вероятности, ей придется уплатить повышенный налог (на зарплату + алименты). В этом случае можно договориться о том, что вы возместите ей переплаченный налог. В противном случае она имеет право отказаться подписать приложение **Anlage U**!

Если у супруги вообще нет дохода, то это может упростить дело: если общая сумма алиментов не достигнет не облагаемого налогом минимума, то налог ей не грозит. В 1999 году этот минимум составляет 13 067 ДМ. Поэтому, если вы платите ежемесячно 1 088 ДМ и меньше, вы можете рассчитывать на ее согласие. Но декларацию экс-супруге придется все же сдать, указав сумму полученных ею алиментов в приложении **KSO**.

Необходимо учесть следующее очень существенное обстоятельство: согласие супруги вступает в силу, начиная с года, указанного на формуляре приложения **Anlage U**. Оно (согласие) действительно и **на все последующие годы**. Экс-супруга может отозвать согласие *(Zustimmung widerrufen)* только в письменном виде, подав соответствующее заявление в финведомство. И только **до начала** того года, в котором согласие отменяется. Например, если она решила отменить согласие на 1999 год, то она может (вернее, могла!) отозвать его только до конца 1998 года.

Если содержание супруги не будет признано как „особые расходы" (например, она отказалась подписать **Anlage U**), вы можете списать алименты как „чрезвычайные расходы" *(außergewöhnliche Belastungen)*. В остальном полезно знать: супруга может подписать приложение задним числом. А вы можете предъявить его чиновнику даже в том случае, если ваша декларация уже была сдана, обработана, и вы успели получить компенсацию. То есть, чиновник должен задним числом произвести перерасчет и изменить решение о налогах *(Einkommensteuerbescheid nachträglich ändern)*!

Сумма уплаченных алиментов вносится в графу **Unterhaltsleistungen an den geschiedenen/dauernd getrennt lebenden Ehegatten.** Согласие супруги подтверждается в приложении **Anlage U** .

Церковный налог

К „особым расходам" относится также церковный налог *(Kirchensteuer)*, уплаченный в течение года. Как и налог на солидарность *(Solidaritätszuschlag)*, церковный налог является „налогом на налог". То есть он рассчитывается не из суммы дохода, а только из суммы подоходного налога. В зависимости от земли проживания, размер церковного налога составляет 8% или 9% от суммы подоходного налога.

Сколько именно налога вам (и вашей супруге) пришлось уплатить, указано в налоговой карте.

Церковный налог указывается в графе - **Kirchensteuer.** При этом вам достаточно перенести в декларацию указанную в налоговой карте сумму церковного налога *(19.. gezahlt)*. Если вы получили компенсацию уплаченного в предыдущем году церковного налога, то указать следует и сумму возмещения - *(19.. erstattet)*.

Расходы на налоговую консультацию

Если вы воспользовались услугами налогового консультанта *(Steuerberater)* или Общества помощи налогоплательщикам *(Lohnsteuerhilfeverein)*, то вы можете списать уплаченный за консультацию гонорар или внесенный в Общество членский взнос *(Mitgliedsbeitrag)*.

Помимо этого, вы можете списать расходы на покупку компьютерной налоговой программы *(Steuersoftware)*, а также - специальной литературы или справочников *(Steuerratgeber)*. Как правило, финведомство полностью признает все расходы, связанные с налоговой консультацией *(Steuerberatungskosten)*. В том числе, и не совсем ординарные. Например, расходы, возникшие в связи с дорожной аварией, которая, в свою очередь, произошла на пути к консультанту (или обратно).

Сумма всех расходов, связанных с налоговой консультацией, вносится в графу - **Steuerberatungskosten.**

Расходы на профессиональное образование

Особыми расходами считаются также затраты на профессиональное образование *(Berufsausbildung/Weiterbildung)* самого налогоплательщика. Этот вариант не следует путать с повышением профессиональной квалификации *(berufliche Fortbildung)*. Как уже было сказано в предыдущей главе, расходы на повышение квалификации можно списать в полном размере как „расходы связанные с получением дохода" *(Werbungskosten)*. Так как этот вариант является для вас самым выгодным, то вы должны обязательно сначала выяснить, не относятся ли ваши расходы именно к разделу **Werbungskosten**. Ведь тогда вы сможете значительно больше списать.

Вернемся к профобразованию с целью приобретения новой профессии. Под этим понимается, в первую очередь, посещение высшей профессиональной школы *(Fachoberschule)*, института *(Fachhochschule)*, университета *(Universität)*, курсов по переобучению *(Umschulungskurs)*.

Основным условием является следующее: вы обучаетесь новой профессии. „Новая профессия" означает не обязательно неведомую для вас область. Она может иметь некоторое отношение к вашей профессии в настоящее время. Например, если вы - химик-лаборант, то вы можете списать расходы, связанные с посещением химического института, где вы собираетесь получить специальность инженера-химика. А если вы, скажем, инженер-строитель и желаете стать архитектором, то вы можете списать расходы по посещению архитектурного института.

Помимо этого, признаются расходы на вечернюю или заочную школу, где вы собираетесь наверстать упущенное и получить свидетельство об окончании школы или сдать экзамены на аттестат зрелости. Это будет считаться подготовительной мерой для овладения будущей профессией. Ведь приступить к профобучению можно только в том случае, если вы успешно закончили либо школу-девятилетку *(Hauptschule)*, либо реальную школу *(Realschule)*, либо гимназию *(Gymnasium)*.

Расходы на профобучение необходимо подтвердить. Для этого следует приложить к декларации соответствующие справки *(Bescheinigungen)* и квитанции *(Quittungen)*.

Признаны будут, например, следующие расходы:

- Пошлины, взимаемые за посещение школы, института, семинара, курсов и пр. *(Studiengebühren)*.

- Пошлина, взимаемая за экзамены *(Prüfungsgebühren)*.

- Расходы на учебный материал *(Lernmaterial)*, специальную литературу *(Fachbücher)*.

- Расходы на домашнюю „рабочую комнату" *(Arbeitszimmer)*, рабочие средства, например, компьютер *(Arbeitsmittel)*.

- Расходы на проезд к месту учебы *(Reisekosten/Fahrtkosten)*, пропитание *(Verpflegungskosten)*.

Если профобучение проходит ваша супруга, то расходы будут признаны и в том случае, если у нее нет своего дохода. То есть, если она, например, домохозяйка и желает освоить какую-либо профессию. Основное условие: вы подаете совместную налоговую декларацию *(gemeinsame Veranlagung)*.

Финведомством признаются расходы в размере до 1 800 ДМ в год **на каждого супруга**. Если обучение проходит не по месту жительства, то признаны будут соответственно по 2 400 ДМ в год на каждого. В том же случае, если вы (или ваша супруга) получаете какое-либо поощрение или субсидию на учебу, то их необходимо **вычесть** из суммы расходов.

Исключение: если субсидии были выплачены только для покрытия расходов на проживание или питание (но не самой учебы), то их можно не принимать в расчет.

В налоговой декларации расходы на профобучение вносятся в графу - **Aufwendungen für die eigene Berufsausbildung oder die Weiterbildung in einem nicht ausgeübten Beruf.**

При этом вам необходимо указать, какое именно образование имеется в виду *(Art der Aus/Weiterbildung)*, а также вид и размер расходов *(Art und Höhe der Aufwendungen)*.

Расходы на домашнюю прислугу

Каждому налогоплательщику предоставляется возможность не только работать по найму, но и самому стать работодателем. Например, нанять домработницу и списать расходы по ее оплате... Понятно, что позволить себе этот вариант „экономии налогов" могут только хорошо зарабатывающие граждане. Вот почему налоговая льгота, связанная с наймом прислуги, именуется в народе *„Dienstmädchenprivileg".* И понимать это следует не как „привилегия служанок", а вот как: мало того, что они (хорошо зарабатывающие) хорошо зарабатывают, им еще и предоставили привилегию - нанимать служанок (и списывать их с дохода).

Протесты по поводу привилегии привели к совершенно неожиданному результату: с 1997 года налоговую льготу ...повысили. Теперь вы сможете списать не 12 000 ДМ, как раньше, а 18 000 ДМ в год! Кроме того, полностью отпали жесткие в прошлом условия, согласно которым в семье должны были проживать либо дети, либо немощные близкие.

Итак, вам предоставляется возможность нанять прислугу *(Hilfe im Haushalt)*. Максимально можно списать 18 000 ДМ в год *(Höchstbetrag)*. Единственным условием для списания расходов является следующее: вы должны заключить с прислугой трудовое соглашение и начать выплату страховых взносов в обязательную пенсионную страховку *(Pflichtbeiträge zur gesetzlichen Rentenversicherung)*. То есть вы официально становитесь работодателем. Конечно, не обязательно платить полную сумму 18 000 ДМ в год (1 500 ДМ в месяц!). Вы можете договориться и о более низкой оплате. 18 000 ДМ - это только лимит, признаваемый финотделом. Если работают оба супруга, то лимит предоставляется каждому из них.

Какие формальности нужно выполнить? Как уже было упомянуто, - заключить трудовой договор. Затем подать в фонд социального пенсионного страхования заявку о регистрации прислуги *(Jahresmeldung zur Rentenversicherung)*. Заявка подается к началу каждого года. После чего вы получите от пенсионной кассы подтверждение *(Nachweis)*, которое вы и предъявите в финведомство.

Теперь пойдет самое интересное: кто может быть вашей прислугой? Трудно поверить, но ею может стать любое лицо, в том числе, и ваши родственники, например, собственная мать, сестра и даже брат или сват. Пол и степень родства роли не играют. Но некоторые условия должны быть соблюдены. Во-первых, у вашего родственника должна быть своя квартира. Во-вторых, он должен нуждаться в доходе. И в третьих, он должен находиться в здравом уме и памяти и быть способным к выполнению работ. То есть - быть достаточно крепким и выносливым, но никак не беспомощным или дряхлым...

Понятно, что договор между родственниками должен быть „на полном серьезе" и составлен так, как принято составлять официальные договора - со всеми вытекающими отсюда юридическими казусами. Интересно, что можно заключать договора и с собственными детьми. Однако в тех случаях, если дети проживают совместно с вами и находятся на вашем иждивении, то ваши действия ограничены суровым параграфом, согласно которому дети обязаны „по мере сил и возможностей" бесплатно помогать в домашнем хозяйстве или при ведении собственного дела.

Вы не сможете заключить договор только с одним лицом: с другом (или подругой) жизни *(Lebenspartner)*, если он (она) проживает совместно с вами и **своим собственным ребенком.**

Если вы решили нанять „прислугу" из арсенала близких родственниц, вы сможете списать расходы, внеся их в графу - **Rentenversicherungspflichtig Beschäftigte in der Hauswirtschaft.** При этом необходимо указать период занятости „прислуги" *(vom - bis)* и общий размер выплаченной ей зарплаты *(Höhe der Aufwendungen)*. Если же, вы получали какие либо необлагаемые налогом выплаты *(steuerfreie Einnahmen)*, например, из страховки по уходу, и эти выплаты были непосредственно связаны с наймом прислуги, то следует их указать. И вычесть из суммы расходов.

Расходы по оплате школы

Если у вас имеется ребенок, за которого вам полагается „пособие на детей" *(Kindergeld)* или льготная отметка в вашей налоговой карте *(Kinderfreibetrag)*, то в определенных случаях вы можете списать 30% от суммы расходов по оплате обучения *(Schulgeld)*.

В налоговой декларации расходы по оплате школы вносятся в графу - **Schulgeld.**

Для этого необходимо выполнить следующее условие: ваш ребенок посещает признанную государством эрзац-школу или дополняющую школу *(staatlich anerkannte Ersatz- oder Ergänzungsschule)*.

В расчет принимаются только расходы по оплате обучения. Расходы на проживание *(Beherbergung)*, питание *(Verpflegung)* и уход *(Betreuung)* не относятся к „особым расходам".

Важно знать: эти данные касаются только налоговой декларации за 1998 год. Начиная с 1999 года, налоговая льгота полностью отпадает.

Пожертвования

Пожертвования *(Spenden)* в адрес церковных, милосердных, религиозных, научных и других организаций, официально признанных достойными поощрения, а также пожертвования и членские взносы *(Mitgliedsbeiträge)* политическим партиям считаются „особыми расходами".

На этом мы заканчиваем разъяснения на тему „пожертвования". Как мы предполагаем, подавляющее большинство наших читателей жертвует „лишние" деньги на приобретение автомобиля или постройку дома...

Если у вас были убытки

Как правило, убытки *(Verluste)* упоминаются только в связи с доходом от собственного дела. Это, в принципе, верно. Но в некоторых случаях убытки могут понести и работающие по найму. Что вообще считается убытком? У самостоятельных это тот случай, если производственные расходы превышают доходы фирмы. Но так как книга предназначена исключительно для работающих по найму, то мы не будем углубляться в дальнейшие детали убытков „самостоятельных", а перейдем сразу к рабочим и служащим.

Убыток у работающих по найму возникает в тех случаях, если расходы, связанные с получением дохода *(Werbungskosten)*, выше самого дохода. Может ли такое быть? Может. Например, в том случае, если вы были безработным и не получали пособия по безработице. Логично, что ваши расходы, возникшие при поисках работы, могут быть выше „дохода", которого у вас нет. Если вы женаты, то расходы могут быть вычтены из доходов вашей супруги. Если у нее тоже нет дохода или вы - холостяк, то ваши убытки могут быть перерасчитаны с доходом за предыдущий год *(Verlustrücktrag)*. Или, наоборот, с доходом в следующем году *(Verlustvortrag)*. Впрочем, такая ситуация встречается не так часто. В случае сомнений посоветуйтесь с налоговым консультантом.

Для перерасчета убытков в декларации отведен раздел - **Verlustabzug.**

Эту часть декларации можно опустить...

Раздел „Особые расходы" содержит некоторые строки, которые нередко вводят в заблуждение наших читателей. Речь идет о следующих графах:

- **Renten.** Под этим подразумеваются пенсии, которые ...вы выплачиваете сами. Например, в тех случаях, если вы получили от кого-либо в подарок квартиру (или дом) на том условии, что вы будете выплачивать вашему дарителю и благодетелю пожизненную пенсию. Существуют и некоторые другие варианты „дарительных" и прочих пенсий, перечислять которых нет смысла. По всей вероятности, вам никогда не придется с ними столкнуться.

- **Dauernde Lasten**. Постоянные финансовые нагрузки. Тот же самый смысл и та же самая цель, что и выше. Различие состоит только в том, что „пенсия" выплачивается, как правило, регулярно, и ее размер остается постоянным. „Постоянные нагрузки" могут, в свою очередь, выплачиваться непериодично, и их размер может колебаться. Описание и тут опускаем.

- **Zinsen für Nachforderung und Stundung von Steuern, Aussetzung der Vollziehung.** Проценты, взимаемые финведомством за просрочку при уплате налога, предоставление отсрочки и прочие неприятности, которые вас, по всей вероятности, касаются не более, чем описанные выше пенсии и финансовые нагрузки.

Совершенно очевидно, что все три графы, за редким исключением, могут иметь отношение только к состоятельным, самостоятельным и прочим очень хорошо зарабатывающим гражданам.

...На прощание хочется поведать историю гражданина Л., который получил заманчивое предложение на бесплатное проживание всей семьей в доме семидесятилетней старушки Б. Взамен он обязывался к выплате пожизненной пенсии. Помимо этого, владелица дома оговорила за собой право проживания в мансарде того же дома. Зато после ее смерти дом должен был перейти в полное владение гражданина Л. Без всяких дополнительных условий.

Поразмыслив, и прийдя к выводу, что кончина гражданки Б. не за горами, и игра стоит свеч, Л. подписал договор на выплату довольно крупной пенсии. К сожалению, здоровье старушки оказалось железным... Кончилось тем, что через пятнадцать лет потенциальный „владелец дома" скончался сам - от инфаркта. Общая сумма выплаченной им пенсии давно перешагнула стоимость самого дома. Старушка живет и здравствует по сей день и даже получает пенсию. На этот раз - от супруги Л...

ЧРЕЗВЫЧАЙНЫЕ РАСХОДЫ

РАСХОДЫ, КОТОРЫХ НЕЛЬЗЯ ИЗБЕЖАТЬ

Что такое „чрезвычайные расходы"

„Чрезвычайные расходы" также относятся к личным расходам налогоплательщика. Чрезвычайными они называются потому, что часто носят неожиданный или непредвиденный характер. Это, в свою очередь, означает, что избежать их практически невозможно. Поэтому в налоговой терминологии принято говорить о „принудительности" *(Zwangsläufigkeit)*. Как, например, в тех случаях, если речь идет о расходах, связанных со смертью, разводом, болезнью и прочими превратностями судьбы. При этом не играет никакой роли, из каких средств вы оплатили расходы - из своей зарплаты или из накоплений. Решающим является только то обстоятельство, что вы были вынуждены эти расходы нести.

Помимо этого, принудительными считаются также расходы, которые возникают в силу определенных обязанностей. Например, в тех случаях, если, повинуясь чувству долга, а также моральной и юридической обязанности, вы материально поддерживаете близких.

В остальном можно руководствоваться следующим принципом: если ваши расходы не входят ни в рубрику „особых расходов" *(Sonderausgaben)*, ни „расходов, связанных с работой" *(Werbungskosten)*, то можно попытаться списать их как „чрезвычайные". И еще одно интересное обстоятельство: если установленный лимит *(Höchstbetrag)* не позволил вам списать какие-либо „особые расходы" целиком и полностью, то вы можете „перевес" списать опять же как „чрезвычайные расходы". Например, в том случае, если у вас были крупные расходы на свое профессиональное образование

(Berufsausbildungskosten), скажем, 5 000 ДМ в год, а списать удалось лишь сумму в пределах лимита (1 800 ДМ). Тогда вы можете указать остаток (3 200 ДМ) как „чрезвычайные расходы“. Как среагирует финведомство - это другой вопрос...

Если вам никто не возместил расходы

В последние годы „чрезвычайные расходы“ приобрели особое значение, так как в связи с реформой медицинского страхования пациентам все чаще приходится оплачивать счета из своего кармана. Или, как принято говорить, „принимать участие в расходах“ *(Selbstbeteiligung)*. Как правило, участие принимается при оплате трудов зубного врача (коронки, мосты), покупке воспомогательных средств (очки, протезы, слуховые аппараты), поездке на курорт (ежедневная доплата) и т.д., и т.п. В некоторых случаях больничная касса может даже полностью отказаться от возмещения расходов. Например, если ей покажется, что вам достаточно одной пары очков, и „резервные“ очки - это роскошь.

Если вы получили возмещение расходов от третьей стороны, например, от той же больничной кассы или страховой компании, то вы должны указать в декларации сумму возмещения. А в тех случаях, если вам отказали в возмещении, вы должны потребовать письменное подтверждение отказа. Понадобится оно для того, чтобы чиновник финведомства поверил вашим заверениям...

Паушальная льгота предоставляется целиком или частично

В некоторых случаях вам предоставляется возможность выбора: либо вы воспользуетесь паушальной льготой *(Freibetrag, Pauschbetrag)*, либо спишете фактические расходы *(tatsächliche Kosten)*. Например, в том случае, если вы (или один из членов вашей семьи) являетесь инвалидом, вы можете воспользоваться паушальной льготой *(Behinderten-Pauschale)*, размер которой зависит от степени инвалидности. Если же у вас были более крупные расходы, превышающие льготу, то вы можете заявить о фактических расходах и предъявить квитанции и счета.

Иногда паушальную льготу можно использовать не целиком и полностью, а только частично. Когда именно - можно узнать по вопросам в декларации. Если в графе содержится просьба указать период **(vom - bis)**, то льгота предоставляется по „месячному принципу" *(nach Monatsprinzip)*. Другими словами, если предпосылки для использования льготы имелись не весь год, а всего лишь несколько месяцев, то паушальная льгота будет сокращена - соответственно числу „неиспользованных" месяцев. За каждый учитываемый месяц вам будет предоставлена 1/12 часть льготы. Например, если речь идет о налоговой льготе в размере 1 800 ДМ в год, а учтены могут быть только 6 месяцев, то за каждый месяц вы сможете списать 150 ДМ. За шесть месяцев соответственно только 900 ДМ.

„Месячный принцип" используется при предоставлении двух паушальных льгот: „проживание в доме престарелых или доме инвалидов" *(Heimunterbringung)* и „оплата помощника по ведению домашнего хозяйства" *(Beschäftigung einer Hilfe im Haushalt)*. Например, если вы проживали в доме престарелых только шесть месяцев, то налоговая льгота будет составлять уже не 1 800 ДМ, а только 900 ДМ.

Кроме того, „месячный принцип" применяется и в тех случаях, если вы желаете списать расходы по содержанию нуждающихся лиц *(Unterhalt für bedürftige Personen)*.

Финведомство признает только максимальный лимит

И еще одну особенность приходится учитывать. Во многих случаях вы можете списать „чрезвычайные расходы" до определенного лимита. Говоря иначе, финведомство признает расходы только до максимальной суммы *(Höchstbetrag)*. Например, если вы материально поддерживаете нуждающихся родственников, проживающих в Германии, то признаны могут быть максимально 13 020 ДМ в год (1999 г.). При поддержке родственников в странах бывшего СССР - максимально признаются 4 340 ДМ в год (1999 г.).

„Чрезвычайные расходы" подразделяются на две группы. К первой группе относятся расходы, в которых вам не придется принимать „посильного участия". Ко второй - расходы, **часть которых** вам придется взять на себя целиком и полностью. Здесь вступает в силу положение о „посильной нагрузке" *(zumutbare Belastung).* Под этим понимается часть расходов, которую финотдел не принимает во внимание, полагая, что вам по силам нести ее самому.

В налоговой декларации „чрезвычайным расходам" отведена четвертая страница основного формуляра - **Mantelbogen, Außergewöhnliche Belastungen.**

Что вы должны знать о „посильном участии"

Так как сначала вы всегда рассчитываетесь из своего кармана, то „посильное участие" выглядит так: оплатив в течение года все расходы, вы заполняете налоговую декларацию и прилагаете к ней квитанции и счета. Теперь очередь за финведомством. Получив вашу декларацию, чиновник вычтет из суммы расходов ваш „посильный" процент. Оставшаяся сумма будет списана с вашего дохода, что поможет существенно сократить налог.

Какой именно процент отведут на ваше „посильное участие", зависит от вашего дохода, семейного положения и количества детей (см. таблицу).

Посильное участие налогоплательщика (в процентах)			
Семейное положение	Общий годовой доход		
	до 30 000	до 100 000	от 100 000
Одинокие без детей	5%	6%	7%
Супруги без детей	4%	5%	6%
Одинокие и супруги с одним или с двумя детьми	2%	3%	4%
Одинокие и супруги с тремя и более детьми	1%	1%	2%

Произвести расчет самому не так сложно. Вы должны взять доход брутто и вычесть из него паушальную сумму 2 000 ДМ *(Werbungskosten)*. Если вы сдаете совместную „супружескую" декларацию, и ваша супруга тоже работает, то паушальная сумма должна быть учтена два раза, то есть - на каждого. Оставшаяся после вычета сумма и будет тем доходом, на который вам следует ориентироваться. Теперь остается бросить взгляд на нашу таблицу и произвести расчет.

ПРИМЕР

Вальдемар Н. является кормильцем семьи. У него есть трое детей школьного возраста. Зарплата Вальдемара за 1998 год составила 65 000 ДМ (брутто). Согласно таблице, Вальдемар должен отвести один процент своего дохода на „посильное участие" в расходах. Расчет выглядит так:

Доход-брутто		65 000 ДМ
Werbungskosten	-	2 000 ДМ
	=	63 000 ДМ

Один процент из этой суммы составляет 630 ДМ

Итак, „посильное участие" Вальдемара составляет 630 ДМ. Это означает, что если у него были расходы на лечение в санатории, оплату зубного протеза и прочее, то они должны быть выше 630 ДМ. Иначе нет смысла вносить расходы в декларацию.

Теперь предположим, что сумма расходов на лечение превысила 630 ДМ и составила уже 3 000 ДМ в год. Тогда финведомство вычтет 630 ДМ из этой суммы, а оставшиеся 2 370 ДМ „примет во внимание", то есть - **„berücksichtigt".**

Таблица „чрезвычайных расходов"

„Чрезвычайные расходы"	
Вид расходов	**Сколько можно списать с дохода**
Behinderte Инвалиды	Паушальная льгота от 600 ДМ до 7 200 ДМ в год. Или фактические расходы, согласно квитанциям.
Hinterbliebene Вдовы и сироты	Паушальная льгота 720 ДМ.
Unterhalt an Angehörige Содержание родственников	До 13 020 ДМ в год на человека (в Герм.). Эта сумма сократится, если у родственника имеются доходы, превышающие 1 302 ДМ в год.
Pflege von Angehörigen Уход за близкими родственниками	1 800 ДМ в год на человека. Или - фактические расходы, каждый из которых необходимо доказать.
Hilfe im Haushalt Помощник для ведения домашнего хозяйства	Максимально - до 1 200 ДМ (или - до 1 800 ДМ). Если один из супругов нуждается в уходе, можно использовать льготу два раза.

164

Unterbringung im Heim Проживание в доме инвалидов/престарелых (расходы по оплате услуг на ведение хозяйства)	Максимально - до 1 200 ДМ (или - до 1 800 ДМ). Если один из супругов нуждается в уходе, можно использовать льготу два раза (в виде исключения).
Wehrpflichtige Призывники	Те же условия, что и при „содержании родственников"
Behandlung beim Arzt Лечение у врача	Расходы по оплате лечения, массажа, зубных протезов и пр., согласно квитанциям.
Medikamente Лекарства	Расходы на лекарства и аптечные пошлины, согласно квитанциям.
Behandlung im Krankenhaus Лечение в больнице	Доплаты за пребывание в больнице и стационарное лечение, согласно счетам и квитанциям.
Krankenhausbesuchsfahrten Поездки к родным в больн.	Расходы на проезд, ночлег и питание, согласно квитанциям.
Kuraufenthalt Пребывание в санатории	Расходы на лечение, проезд, пребывание в санатории, согласно счетам.
Hilfsmittel Вспомогательные средства	Расходы на очки, протезы, слуховые аппараты и пр. Приложить счета
Therapie Терапия	Оплата психотерапевта, логопеда и др. терапевтов, согласно счетам.
Pflegebedürftigkeit Необходимость в уходе	Расходы по оплате заведения, в котором состоялся уход.
Beerdigung Похороны	Расходы на похороны, могилу, надгробный памятник и др. Счета.
Ehescheidung Развод	Расходы на адвоката, судебные издержки и пр.
Gerichtsprozess Судебный процесс	Расходы на адвоката, судебные издержки и пр.
Umzug Переезд	Расходы на переезд, связанный с состоянием здоровья.
Sachschäden Имущественные убытки	Расходы на ремонт и приобретение нового имущества.

165

ЧРЕЗВЫЧАЙНЫЕ РАСХОДЫ БЕЗ „ПОСИЛЬНОГО УЧАСТИЯ"

Инвалиды и вдовы/сироты

Почти каждому инвалиду предоставляется налоговая льгота, информацию о которой вы найдете в отдельной главе - „Инвалиды и пенсионеры". Здесь мы ограничимся только заполнением декларации.

Инвалиды и вдовы/сироты заполняют графу - **Behinderte und Hinterbliebene.** Если вы или члены вашей семьи являетесь инвалидом, вдовой/вдовцом или сиротой, то к декларации необходимо приложить удостоверение *(Nachweis)* и отметить этот факт крестиком *(ist beigefügt)*. Если вы прилагали документ в прошлые годы, то вы можете отметить в декларации, что он „уже был предъявлен" - *(hat bereits vorgelegen)*.

Затем нужно вписать: фамилию инвалида/вдовы/сироты *(Name)*, дату выдачи удостоверения *(ausgestellt am...)* и срок его действия *(gültig bis...)*. После чего в декларации пойдут окошки, в которых вы уточняете, о ком идет речь: о вдове/●сироте *(hinterblieben)* или инвалиде *(behindert)*. Если - о инвалиде, то придется уточнять дальше: слепой/постоянно беспомощный инвалид *(blind/ständig hilflos)* или инвалид с нарушениями опорно-двигательного аппарата *(geh- und stehbehindert)*. И, наконец, вы должны указать степень инвалидности *(Grad der Behinderung)*. Все эти данные содержатся в удостоверении.

В графе для разведенных или проживающих раздельно супругов, а также для родителей внебрачных детей - **Nur bei geschiedenen oder dauernd getrennt lebenden Eltern oder bei Eltern nichtehelicher Kinder** вы можете отметить о желании разделить налоговую льготу по инвалидности ребенка в другом соотношении. То есть - не поровну, а, например, в соотношении 70% - 30% или иначе. И приложить отдельное заявление.

Помощь по ведению домашнего хозяйства

В отдельных случаях вы можете списать расходы по оплате помощника, ведущего домашнее хозяйство *(Hilfe im Haushalt)*. В отличие от прислуги *(Haushaltshilfe)*, помощника не нужно страховать в пенсионном страховании (см. „Особые расходы").

На списывание расходов отводится налоговая льгота *(Freibetrag)*, размер которой зависит от различных факторов:

1. Вы можете списать максимально 100 ДМ за каждый месяц (1 200 ДМ в год), если были выполнены следующие условия:

- **Старость** *(Alter)*. Вы или проживающая совместно с вами супруга достигли полных шестидесяти лет

или

- **Болезнь** *(Krankheit)*. Вам пришлось нанять помощника из-за болезни одного из членов семьи: вас, вашей супруги, вашего ребенка (отмеченного в вашей налоговой карте). Остальные проживающие совместно с вами лица могут быть признаны только в том случае, если они находятся на вашем иждивении, и вы имеете право списать содержание как „чрезвычайные расходы" (см. раздел „Содержание нуждающихся родственников").

2. Вы можете списать максимально 150 ДМ за каждый месяц (1 800 ДМ в год), если были выполнены следующие условия:

- **Тяжелая инвалидность или беспомощность** *(schwere Behinderung oder Hilflosigkeit)*. Вы, ваша супруга, ваш ребенок (отмеченный в вашей налоговой карте) или другой, проживающий совместно с вами родственник, который находится на вашем иждивении, является инвалидом со степенью инвалидности не менее 45%.

Что входит в обязанности „помощника"? Все то же самое, что входит в обязанности домашней хозяйки: приготовление обеда, мытье посуды и окон, уборка квартиры и т.д. Интересно, что законодательство признает оплату в размере не более, чем 100 ДМ или 150 ДМ в месяц. Хотя каждому известно, что в наши дни каждая мало-мальски способная „путцфрау" требует по 20 ДМ в час. Причем, только за мытье полов и сметание пыли... Конечно вы можете платить своему „помощнику" и больше. Но признаны будут все же только 100 (или 150) марок.

Нанимая помощника, проявляйте осторожность. Ведь вы собираетесь указать его в декларации Попросите предъявить вам налоговую карту. Это необходимо на тот случай, если помощник уже работает где-либо „по совместительству". В качестве помощника может выступать не только какое-либо лицо, но и фирма. Например, вы можете с помощью уборочной фирмы *(Reinigungsunternehmen)* почистить квартиру или помыть окна. Вы можете оплачивать даже собственных родственников. Единственное условие: они должны проживать отдельно. Во избежание сомнений со стороны финведомства, рекомендуется заключать с родственниками письменный трудовой договор *(Arbeitsvertrag)*!

Если вы оплачивали помощь на дому, вам необходимо заполнить в налоговой декларации графу - **Beschäftigung einer Hilfe im Haushalt.**

Вы должны указать период, в течение которого вы нанимали помощника *(vom - bis)*. Например, с мая по октябрь. Затем - сумму расходов в календарном году *(Aufwendungen im Kalenderjahr)*. Далее следует перечислить: основание для вашего заявления, фамилию и адрес „помощника" или наименование фирмы, предоставившей вам услуги *(Antragsgrund, Name und Anschrift der beschäftigten Person oder des mit den Dienstleistungen beauftragten Unternehmens)*.

Основанием может служить, как вы помните, болезнь *(Krankheit)*, старость *(Alter)* или инвалидность *(Behinderung)*.

С 1996 года налоговую льготу могут использовать также отчим/мачеха *(Stiefeltern)* или бабушка/дедушка *(Großeltern)* ребенка-инвалида, который проживает в их квартире. Условием для предоставления льготы является пометка о детях *(Kinderfreibetrag)*, внесенная в их налоговую карту.

ЭТО НУЖНО ЗНАТЬ

Налоговая льгота (1 200 ДМ/ 1 800 ДМ в год) может быть предоставлена <u>параллельно</u> к паушальной льготе для инвалидов (Pauschbetrag für Behinderte)

Помощь по хозяйству в доме инвалидов или престарелых

Если вы (или ваш супруг) проживаете в доме престарелых *(Altenheim/Altenwohnheim)*, доме инвалидов *(Pflegeheim)* или в другом „хайме“, то вам и там придется оплачивать услуги по „ведению хозяйства“. Оплата этих услуг - приготовления обеда, стирки, уборки комнаты - обычно входит в прейскурант цен „хайма“ в неизбежном порядке. Поэтому вы можете и тут использовать налоговую льготу „на ведение хозяйства“, но под другим наименованием - **<u>Pauschbetrag für Heimunterbringung</u>**.

Здесь вы очевидно в недоумении. Ведь если вы живете в доме престарелых, значит вы не работаете. Откуда же взяться доходу и налогам? Отвечаем, налоги вы можете платить не только как работающий по найму, но и как пенсионер. Особенно, если у вас не простая пенсия *(Rente)*, а особая, то есть - **Pension**, которая может очень крупной (см. главу „Пенсии“).

Итак, допустим, вам действительно приходится платить налог, несмотря на старость и инвалидность. И вы действительно проживаете в соответствующем заведении. Тогда вам предоставляются возможность списать следующие максимальные суммы *(Höchstbetrag)*:

- 1 200 ДМ в год - если ни вы, ни ваша супруга не нуждаетесь в постоянном уходе *(Heimunterbringung ohne Pflegebedürftigkeit).*

- 1 800 ДМ в год - если проживание в доме инвалидов или престарелых связано с постоянным уходом *(Unterbringung zur dauernden Pflege).*

Налоговую льготу можно использовать также **в двойном размере.** Например, если вы живете в своей квартире, а ваш супруг/супруга - в доме инвалидов, то здесь будет считаться, что вы уже не ведете совместное хозяйство *(kein gemeinsames Haushalt).* Поэтому и налоговая льгота полагается на каждого супруга.

Во всех вышеописанных случаях вы должны заполнить соответствующую графу в декларации - **<u>Heimunterbringung.</u>**

При этом необходимо указать, кто именно проживал в „хайме" - вы сами *(steuerpflichtige Person)* или ваша супруга *(Ehegatte),* а также - срок проживания *(vom - bis).* Помимо этого, указывается, обходились ли вы (или ваша супруга) без ухода *(ohne Pflegebedürftigkeit),* или же вам понадобился постоянный уход *(zur dauernden Pflege).* И, наконец, вы должны сообщить, какие именно услуги вам оказывались *(Art der Dienstleistungen)* и назвать адрес и наименование заведения *(Bezeichnung, Anschrift des Heims).*

Если вы безвозмездно ухаживали за инвалидом

Если вы ухаживали за родственником-инвалидом, то вы можете списать расходы, связанные с уходом. У вас есть два варианта: либо вы используете паушальную льготу 1 800 ДМ *(Pflegepauschbetrag)*, либо заявите о фактических расходах *(tatsächliche Kosten)*. На практике доказывать расходы очень сложно, поэтому, чаще всего, приходится прибегать к паушальной льготе.

Паушальная льгота предоставляется в том случае, если будут выполнены следующия условия:

• Инвалид является вашим близким родственником (уход за другими лицами возможен только в виде исключения).

• Инвалид считается „беспомощным“ *(hilflos)*. Это обстоятельство должно быть подтверждено пометкой „Н“, внесенной в удостоверение о тяжелой инвалидности *(Merkzeichen „H“ im Schwerbehindertenausweis)*. Вместо удостоверения инвалидности, можно также предъявить подтверждение страховой кассы *(Pflegeversicherung)* о необходимости ухода третьей степени *(Pflegestufe III)*.

• Уход происходит в вашей квартире или в квартире родственника-инвалида.

• Вы ухаживаете за ним безвозмездно, то есть ваш труд не оплачивается.

Как правило, расходы признаются в тех случаях, если инвалид имеет право на самую крупную льготу по инвалидности в размере 7 200 ДМ *(Behinderten-Pauschbetrag)*. К таким инвалидам относятся, например, слепые *(Blinde)* с пометкой „Bl“ в удостоверении инвалидности. Помимо этого, беспомощными могут считаться достигшие глубокой старости лица, которым необходим постоянный уход.

Паушальная льгота предоставляется на одно лицо. Если вы ухаживаете за несколькими инвалидами, то за каждого их них вы можете использовать отдельную льготу (по 1 800 ДМ). С другой стороны, если за инвалидом ухаживает несколько человек, они должны **разделить** между собой одну льготу.

ЭТО НУЖНО ЗНАТЬ

Паушальная льгота по уходу за инвалидом предоставляется целиком и полностью - независимо от того, сколько месяцев продолжался уход

И, наконец: паушальная льгота предоставляется **параллельно** к льготе для инвалидов *(Behinderten-Pauschbetrag)*. Если, например, в вашей квартире проживает сын-инвалид, у которого имеется пометка „**H**" в удостоверении инвалидности, то вы можете списать общим счетом 9 000 ДМ (1 800 ДМ **Pflegepauschbetrag** + 7 200 ДМ **Behinderten-Pauschbetrag**).

Если вы безвозмездно ухаживали за инвалидом, то вам необходимо заполнить графу - **Pflege-Pauschbetrag wegen unentgeltlichen persönlichen Pflege einer ständig hilflosen Person in ihrer oder in meiner Wohnung im Inland.**

Вы должны приложить удостоверение инвалидности или подверждение о степени ухода *(Nachweis der Hilflosigkeit)* и отметить в декларации, что „оно приложено" *(ist beigefügt)*. Если вы его уже прилагали в прошлые годы, то предъявлять еще раз не нужно. Достаточно поставить крестик в графе „уже прилагалось" *(hat bereits vorgelegen)*.

Затем необходимо назвать фамилию и адрес инвалида и указать степень родства, например, отец, брат и пр. *(Name, Anschrift und Verwandschaftsverhältnis der hilflosen Person(en).* Если за ним ухаживал еще кто-то, то следует указать, кто именно *(Name anderer Pflegepersonen).*

СОДЕРЖАНИЕ НУЖДАЮЩИХСЯ РОДСТВЕННИКОВ

Эта тема займет несколько больше места, чем обычно, поэтому мы решили отвести ей отдельную главу.

Общие сведения

Если вы материально поддерживаете своих близких, то вы можете списать расходы по их содержанию. В 1998 году финведомство признавало содержание в размере максимально 12 000 ДМ в год *(Höchstbetrag)* - **на каждое поддерживаемое вами нуждающееся лицо.** При заполнении декларации за 1998 год следует ориентироваться на эту сумму. **В 1999 г.** лимит повысился и составляет уже **13 020 ДМ в год.**

Для того, чтобы ваши расходы были признаны, следует соблюсти определенные условия. Финведомство не возражает против поддержки близких родственников, которые, согласно закону, имеют право на содержание *(unterhaltsberechtigte Personen).* К ним относятся, в первую очередь, дети и родители. Причем, не только ваши собственные, но и **вашей супруги.** В исключительных случаях признаются бабушка и дедушка. Содержание остальных родственников, таких как сестры, братья, племянники и т.д., признано вообще не будут.

ЭТО НУЖНО ЗНАТЬ

Если вы поддерживаете нескольких близких, то вам необходимо указать каждого из них на отдельном листе.

В налоговой декларации содержанию родственников отводится раздел - **Unterhalt für bedürftige Personen**.

Вы должны указать фамилию и адрес поддерживаемого вами родственника, а также - его профессию и семейное положение *(Name und Anschrift der unterhaltenen Person, Beruf, Familienstand)*. Каким может быть семейное положение - известно. Либо ваш родственник состоит в браке *(verheiratet)*, либо он - холост *(ledig)*. Возможны и другие варианты: вдова/вдовец *(Witwe/r)* или разведенный *(geschieden)*.

Вам необходимо указать дату рождения родственника *(Geburtsdatum)* и назвать статус *(Verwandschaftsverhältnis zu dieser Person)*, например, „отец", „мать" и т.д. Далее - указать вид содержания *(Aufwendungen für die unterhaltene Person)*, например, „денежная помощь" *(Geldzuwendungen)* и назвать период помощи *(vom - bis)*, а также - общий размер содержания *(Höhe)*.

И, наконец, нужно отметить, проживает ли это лицо совместно с вами - *Diese Person lebte in meinem Haushalt* или отдельно - *im eigenen/anderen Haushalt*. В последнем случае следует указать, с кем оно проживает - *zusammen mit folgenden Angehörigen*. Например, с супругом или другими лицами.

Содержание детей

Если вы материально поддерживаете своего ребенка, вы сможете списать расходы только в том случае, если **никто** не получает на него ни „детского пособия" *(Kindergeld)*, ни „детскую налоговую льготу" *(Kinderfreibetrag)*. „Никто" надо понимать в буквальном смысле. То есть - ни вы сами, ни супруг/супруга ни какие-либо другие лица.

В налоговой декларации вы найдете соответствующую графу - *Hatte jemand Anspruch auf Kindergeld oder auf Kinderfreibetrag für diese Person?* Вы должны ответить на этот вопрос, отметив крестиком „да" *(ja)* или „нет" *(nein)*.

Содержание экс-супруги

Как уже упоминалось в предыдущей главе, алименты экс-супруге можно списать по статье „особые расходы" *(Sonderausgaben)*. Это вариант является наиболее оптимальным, так как вы сможете списать до 27 000 ДМ в год! Однако в тех случаях, если вам это не удастся, например, потому, что экс-супруга отказалась подписать **Anlage U**, вам остается только одна возможность: списать алименты как „чрезвычайные расходы". Но, естественно, уже намного меньше - до 13 020 ДМ в год (в 1998 г. - 12 000 ДМ).

Вам необходимо отметить в налоговой декларации, что „поддерживаемое лицо является разведенной супругой/супругом" *(Die unterstützte Person ist der geschiedene Ehegatte)*.

Если ваша супруга живет за рубежом, то разводиться не обязательно! Финведомство признает ваши расходы „чрезвычайными", если вы посылали ей либо деньги, либо, например, одежду.

Содержание подруги или друга жизни

Если вы поддерживаете лицо, которое не имеет права на содержание, то финведомство признает расходы только в том случае, если **из-за вашей поддержки** этому лицу **сократили** какое-либо пособие. Например, социальное пособие *(Sozialhilfe)*, пособие по безработице *(Arbeitslosengeld)*, помощь по безработице *(Arbeitslosenhilfe)*, поощрение образования *(BaföG)* и прочие **государственные** дотации.

О каком лице идет речь? В первую очередь, конечно, о спутнице (или спутнике!) жизни, с которой вы проживаете в „свободном браке" *(Lebensgefährtin)*. Вам необходимо указать в декларации, сколько именно с нее было удержано. Например, если ваша спутница жизни „сидит" на социальном пособии, и вместо 500 ДМ в месяц (6 000 ДМ в год), ей выплачивалось только 300 ДМ в месяц (3 600 ДМ в год), то в декларации указывается „недоданный" остаток - 2 400 ДМ. Какие это имеет последствия для вас самих? Самые грустные. Тогда вы сможете списать только эту сумму.

В налоговой декларации вы отмечаете (крестиком!), что на вашем иждивении находилось „лицо, которое не может претендовать на содержание, но, с другой стороны, из-за этого содержания, ему сократили пособие на .... ДМ" *(Die unterstützte Person ist nicht unterhaltsberechtigt, jedoch werden bei ihr öffentliche Mittel wegen der Unterhaltszahlungen gekürzt um .... DM)*. Не забудьте указать размер „потерянной" части пособия.

ЭТО НУЖНО ЗНАТЬ

Если пособия и дотации выплачивались родственнику только в виде ссуды (например, дотация на учебу, подъемные и пр.), то они не принимаются в расчет *(anrechnungsfrei)*

Содержание родственников за рубежом

Вы можете поддерживать за рубежом не только свою супругу, но и других близких (вы помните - родителей, детей, тещу, свекровь и пр.). Максимально допускаемая сумма зависит от страны проживания. В одних случаях финотдел признает, как и в Германии, до 12 000 ДМ в год. В других вы сможете списать с дохода максимально 8 000 ДМ либо - 4 000 ДМ. Эти данные касаются декларации за **1998 год**.

Разница в максимально допускаемой сумме содержания связана с тем, что все страны разделены на три группы. В первую группу входят благополучные государства, жизненный уровень в которых не хуже, чем в самой Германии. Например, Канада, Австралия, страны Европейского Союза, Япония, Израиль и прочие. Так что, если вы посылаете деньги нуждающимся родственникам в Канаде или Израиле, спешите их списать...

Во второй группе пристроились менее состоятельные, но, тем не менее, считающиеся не самыми худшими страны. Например, Ливия, Аргентина, Южная Африка, Словения (!), Китай (!!) и некоторые другие.

Третья группа включает все остальные страны. О жизненных условиях в них приходится только сокрушаться. Помимо таких стран, как, например, Бангладеш, Конго и Эфиопия, в третью группу входят все, без исключения, бывшие республики СССР...

Итак, если вы поддерживаете родственников в России, Казахстане и других республиках, вы сможете списать максимально 4 000 ДМ в год на каждого человека (декларация за **1998 г.**).

В 1999 году вы можете списать **4 340 ДМ**, а **в 2000 году** уже **4 500 ДМ** на каждого поддерживаемого вами родственника.

Если у нуждающихся близких есть свой доход

Во всех случаях ваши деньги должны быть предназначены только для обеспечения содержания. Другими словами, ваши родственники должны в этой помощи нуждаться. Поэтому вам необходимо в обязательном порядке указать в декларации их доход.

Сколько может зарабатывать/получать поддерживаемый родственник? Не так много. Иначе он не будет считаться нуждающимся! Здесь финведомство особенно внимательно следит за доходом. Не принятыми во внимание, то есть свободными от расчета *(anrechnungsfreier Betrag)* останутся только доходы родственника в размере до 1 200 ДМ в год (в Германии). То есть - 100 ДМ в месяц! Все, что превышает этот „доход“, будет тут же принято в расчет. (В 1999 г. лимит дохода составляет 1 302 ДМ в год).

Если родственники проживают в странах второй группы, то свободными от расчета останутся 800 ДМ в год.

Родственники в странах бывшего СССР могут получать до 400 ДМ в год (декларация за 1998 год). Все что превысит эту сумму, будет и тут принято в расчет. В 1999 году лимит дохода родственников составляет 434 ДМ в год, а в 2000 году он составит уже 450 ДМ.

Условия поддержки родственников за рубежом

Для того, чтобы финведомство согласилось признать вашу поддержку, вам и вашим родственникам необходимо выполнить несколько, довольно жестких условий.

Перечисляем некоторые основные положения:

• Ваш родственник должен действительно находиться в бедственном положении *(Mittellosigkeit/Bedürftigkeit)*. В этом случае вам необходимо предъявить в финведомство достоверные доказательства его нужды. Таким доказательством может служить письменное подтверждение, выставленное государственным учреждением по месту жительства родственника. Например, справка о пенсии *(Rentenbescheid)*, решение финведомства о налогах *(Steuerbescheid)* и другие удостоверения.

- Вашему родственнику действительно не обойтись без помощи. Другими словами, ваши расходы были неизбежны *(zwangsläufig)*. В том случае, если нуждающийся родственник старше восемнадцати лет, но еще не достиг пенсионного возраста (от 18 до 65 лет), финведомство заинтересуется его трудоспособностью. И если родственник нигде не работает, то придется объяснять - почему. Письменного объяснения недостаточно. Если родственник ищет работу и находится на учете в бирже труда по месту жительства, ему необходимо позаботиться о справке о безработице *(Arbeitssuchender laut Bescheinigung der Arbeitsvermittlungsbehörde)*. В том случае, если он не работает из-за тяжелой болезни или инвалидности, ему понадобится справка ведомственного врача *(Körperbehinderung/Krankheit laut Bestätigung eines Amtsarztes)*. Если же он не работает „просто так", то ваше содержание может быть не учтено.

Эти положения не касаются вашей супруги.

И наконец: финведомство признает ваши расходы по содержанию только в том случае, если они являются соразмерными *(angemessen)*. То есть - соответствуют вашему доходу и материальному положению. Если вы заявили о передаче трем родственникам по 4 000 ДМ, а ваша зарплата составляет, скажем, только 2 000 ДМ в месяц, и других доходов у вас нет, то к вашей декларации отнесутся с понятным недоверием.

Какая сумма считается соразмерной именно в вашем случае, решает всегда финведомство. Разумнее всего ориентироваться на размер одноразовых выплат. Например, рождественских, отпускных или компенсации налога. Тогда это может показаться достоверным.

Условия перевода и получения

Теперь вам остается доказать тот факт, что вы действительно перевели (или передали) деньги, и ваш родственник действительно их получил. Самым убедительным доказательством является обычный перевод в банке. Вам достаточно приложить к налоговой декларации выписку из счета *(Kontoauszug)*, а также - копию распоряжения о переводе с указанием фамилии получателя *(Überweisungsauftrag mit Namen des Emfängers)*.

Если перевод по какой-либо причине невозможен, вы можете передать деньги лично - во время своей поездки на родину *(persönliche Überbringung bei einer Heimreise)*. При этом необходимо соблюсти следующие условия:

- Вы должны предъявить доказательства, что незадолго до поездки вы сняли со своего счета необходимую сумму (не раньше, чем за две недели до отъезда).

- Вы должны приложить к декларации доказательства поездки. Например, билет до места назначения и обратно, пометки в паспорте, квитанции по уплате таможенных и прочих пошлин и т.п.

- И, наконец, вы должны предъявить в финведомство расписку о получении денег вашим родственником. Лучше всего - официально подтвержденную. Расписка должна содержать точные указания, что, сколько, когда и кем было получено *(genaue Aufschlüsselung)*.

В том случае, если вы не смогли съездить на родину сами и передали деньги через своих друзей или знакомых *(Überbringung mit Boten)*, финведомство ждет от вас следующих действий:

- Вы должны предъявить доказательство тому, что вы сняли со своего счета необходимую сумму денег (не раньше, чем за две недели до отъезда посыльного).

- Вам необходимо указать фамилию и адрес посыльного, а также приложить доказательства его поездки (билет, виза, пошлины и т.д.).

- Посыльный должен подтвердить в письменном виде срок поездки и размер переданной суммы.

- Вы должны приложить к декларации копию заграничного паспорта посыльного с указанием его фамилии и срока поездки.

- Вы должны приложить к декларации расписку родственника о получении денег - с подробным перечислением.

Очевидно нет надобности объяснять, что все документы, подтверждения и справки должны быть переведены с русского языка на немецкий. Если у вас есть такая возможность, переведите их на месте, то есть - в России, Казахстане и т.д. И только в том случае, если чиновник финведомства настаивает именно на присяжном переводчике и только в пределах Германии, вы можете обратиться к одному из здешних **Übersetzter**. Расходы по оплате переводчика можно тоже списать с дохода.

Будет ли вознаграждены ваши старания, или они окажутся напрасными, не может предсказать ни одна душа. Как показал опыт, в одних случаях чиновники соглашаются даже с написанными от руки „подтверждениями" о передаче или получении денег. В других же - упорно отказываются признать денежный перевод, который честно прошел через крупный немецкий банк и всю пошлинно-таможенную мельницу и, в конце-концов, был вручен нуждающему получателю. Почему его не признали? А кто его знает...

В налоговой декларации доходу родственника отведена графа „**Diese Person hatte...**". То есть - „Это лицо получало...". Графа разделена на две части: **a)** и **b)**. В разделе **a)** указывается доход родственника в период вашей поддержки *(im Unterhaltszeitraum)*, в разделе **b)** - доход родственника в остальные месяцы *(außerhalb des Unterhaltszeitraums)*.

Далее перечисляется (соблюдая разделение на a и b), что именно и в каком размере получал ваш родственник: зарплата-брутто *(Bruttoarbeitslohn ... DM)*, государственные дотации на образование *(öfftl. Ausbildungshilfen ... DM)*, пенсии и другой доход *(Renten und andere Einkünfte/Bezüge)*.

И наконец: если вашего подопечного поддерживали не только вы сами, но и кто-либо еще (например, ваша разведенная супруга или отец), то в декларации следует указать - кто именно поддерживал (имя, адрес), когда поддерживал (от - до) и, конечно же, назвать сумму содержания (... ДМ).

Эти сведения вносятся в графу - **Zum Unterhalt dieser Person haben auch beigetragen** (Name, Anschrift, Zeitraum und Höhe der Unterhaltsleistungen).

ЧРЕЗВЫЧАЙНЫЕ РАСХОДЫ С „ПОСИЛЬНЫМ УЧАСТИЕМ"

Общие сведения

Теперь дошла очередь перечислить расходы, в которых вы должны принимать „посильное участие". Как правило, лимита *(Höchstbetrag)* здесь не существует, и финведомство признает все фактические расходы. Однако тут следует всегда помнить, что из суммы фактических расходов будет в любом случае вычтен определенный процент вашей „посильной нагрузки". Кто сколько процентов должен отвести - перечислено в таблице на 163 стр.

Расходы с „посильным участием" клиента относятся к разряду „прочих чрезвычайных расходов" Несмотря на то, что вариантов довольно много, на их перечисление отводится только одна графа декларации - **Andere außergewöhnliche Belastungen.** В левой колонке графы перечисляются варианты расходов *(Art der Belastung)*, например, расходы по болезни *(Krankheitskosten),* затраты на судебный процесс *(Prozesskosten)* и т.д.

В средней колонке указывается общий размер суммы, ушедшей на оплату расходов в течение года *(Gesamtaufwand im Kalenderjahr)*.

Правая колонка отведена на те случаи, если вы получили (или ожидаете) компенсацию расходов, например, от страховой компании, какого-либо ведомства и т.д. Или - если вы получили наследство... Тогда вам придется указать сумму компенсации или наследства *(Erhaltene/zu erwartende Versicherungsleistungen, Unterstützungen; Wert des Nachlasses usw. ... DM)*.

Если отведенного места не хватит, вы можете дать сведения на отдельном листе и приложить его к декларации. Помимо этого, вы должны приложить к декларации все счета, предъявленные вам к оплате *(Rechnungen)*, а также - обязательно! - квитанции по оплате *(Zahlungsbelege)*.

Вы можете заявить не только о расходах на себя самого, но и на ваших детей, супругу/а и других близких родственников (родители, братья, сестры и т.д.). Как уже известно, в тех случаях, если ваши расходы были частично или полностью компенсированы третьей стороной, например, вашим работодателем, больничной кассой или страховой компанией, эту компенсацию следует обязательно указать в декларации. Каждая компенсация будет принята в расчет налоговым ведомством (вычтена из общей суммы расходов).

И еще одно обстоятельство следует учесть: в некоторых случаях общая сумма расходов может оказаться такой низкой, что она полностью уместится в вашем „посильном участии". Тогда списать, естественно, ничего не удастся.

ПРИМЕР

Вальдемар Б. женат, и у него имеется двое детей. Доход Вальдемара составляет 60 000 ДМ в год. Согласно таблице, его „посильная нагрузка" составляет 3% от дохода. Это значит, что Вальдемар должен „нести" из своих средств ровно 1 800 ДМ (3% из 60 000 ДМ).

В течение всего отчетного года Вальдемар лечил зубы и ставил коронки. Медицинская страховка оплатила счет зубного врача лишь частично. Остаток - 1 500 ДМ - Вальдемару пришлось оплатить самому. Так как других „чрезвычайных расходов" у него не было, то этой суммы оказалось недостаточно для снижения налогов („посильное участие" Вальдемара составляет 1 800 ДМ).

184

Какой тут есть выход? Если это действительно были единственные „чрезвычайные расходы“ в отчетном году, то выхода нет. Разве что, попросить врача отсрочить оплату по счету до следующего года. Тогда Вальдемар мог бы объединить эти расходы с предстоящими расходами в будущем году. Возможно, ему удалось бы наскрести достаточно „чрезвычайных расходов“, чтобы списать их в следующей налоговой декларации.

Впрочем, такая ситуация является не очень типичной, так как во многих семьях (особенно „переселенческих“) всегда находится достаточно расходов, подпадающих под рубрику „чрезвычайных“. Например, регулярная поддержка близких, уход за больными и инвалидами и многое, многое другое.

Расходы по болезни (Krankheitskosten)

Несмотря на медицинскую страховку, налогоплательщику довольно часто приходится оплачивать расходы из своего кармана. Например, расходы по оплате некоторых не компенсируемых страховкой услуг врача *(Arzt)*, зубного врача *(Zahnarzt)*, а также признанного врачебной палатой лица, занимающегося лечебной практикой *(zugelassener Heilpraktiker)*. Не говоря уже о многих лекарствах и аптечных пошлинах *(Rezeptgebühr)*. Все эти расходы признаются финведомством, как расходы по болезни. Кроме того, признаются расходы на прописанный врачом массаж *(Massage)*, лечебную гимнастику *(Heilgymnastik)* и прочие оздоровительно-восстановительные меры.

Финведомство признает фактические расходы и в тех случаях, если вам пришлось уплатить (частично или полностью) за прописанные врачом „воспомогательные средства“ *(Hilfsmittel)*. В том числе, например, за очки *(Brille)*, слуховые аппараты *(Hörgeräte)*, протезы *(Prothesen)*, инвалидную коляску *(Rollstuhl)* и т.д. К налоговой декларации необходимо приложить все выставленные вам счета *(Rechnungen)*, а также собственные квитанции по оплате *(Zahlungsbelege)*.

Кроме того, вы можете списать расходы, возникшие в связи с посещением членов семьи, находящихся в больнице *(Krankenhausbesuchsfahrten zu kranken Angehörigen)*. В том числе, например, на поездку к заболевшему ребенку (если посещение необходимо с точки зрения врача). Разрешается также списать расходы на посещение заболевшего неизлечимой болезнью супруга/супруги. Возможно посещение и других близких родственниках, если необходимость подтверждена врачом.

Какие именно расходы можно списать? Такие как, например, оплата проезда *(Fahrtkosten)*, ночлега *(Übernachtung)*, пропитания *(Verpflegung)*. К налоговой декларации следует приложить справку стационарного врача *(Bescheinigung des Krankenhausarztes)* о необходимости посещения и все квитанции по оплате расходов.

Расходы в связи с лечением на курорте (Kurkosten)

В том случае, если вы или члены вашей семьи лечились на курорте, вы можете списать расходы, связанные с поездкой и пребыванием на курорте *(Kurkosten)*. Для этого нужно в обязательном порядке предъявить заключение врача о необходимости лечения *(Nachweis der Kurbedürftigkeit)*. К декларации необходимо приложить подтверждение больничной кассы о (частичной) компенсации расходов *(Bewilligungsbescheid der gesetzlichen Krankenkasse)*.

Финведомство признает затраты на проезд в оба конца, в том числе, и на собственном автомобиле. Помимо этого можно списать расходы по оплате врача, курортного лечения, проживания и питания. Так как в большинстве случаев медицинская страховка компенсирует курортные расходы только частично, пациентам приходится довольно приличную сумму оплатить из собственных средств.

При этом следует учесть, что финансовое ведомство на 20% сократит сумму, потраченную вами на питание. Основание: если вы питались на курорте, то ваша семья сэкономила именно эти проценты в своем бюджете! Ведь логично же... На налоговом языке эта экономия так и называется - *Haushaltsersparnis*. То есть - „экономия в домашнем хозяйстве".

Чтобы эти вычеты не слишком отразились на ваших финансах, законом установлен лимит, по которому финведомство может вычесть из ваших расходов на питание не более 6-ти ДМ за каждый день пребывания на курорте.

Помимо заключения ведомственного врача и подтверждения больничной кассы, следует приложить к налоговой декларации свидетельство курортного врача *(Bescheinigung des Kurarztes)*, билеты *(Hin- und Rückfahrkarten)*, все предъявленные для оплаты счета и квитанции оплаты.

Необходимость в уходе (Pflegebedürftigkeit)

Как вы уже знаете из разделов выше, нуждающиеся в уходе лица могут воспользоваться налоговой льготой при оплате помощника по ведению домашнего хозяйства *(Hilfe im Haushalt)* или же налоговой льготой при оплате тех же услуг в доме престарелых или инвалидов *(Unterbringung im Heim)*. И та, и другая льгота - довольно скромных размеров. Вы можете списать максимально либо 1 200 ДМ, либо 1 800 ДМ в год.

В этом разделе речь пойдет о более крупных суммах, связанных с расходами на сам уход. Если вы нуждались в уходе *(pflegebedürftig)*, и у вас были крупные затраты, то вы можете списать расходы в следующих случаях:

1. Вы находились в одном из заведений по уходу *(Pflegeheim/Pflegestation/Altenpflegeheim)*, **сохраняя при этом свое домашнее хозяйство**. Тогда вы можете списать общие фактические расходы *(Gesamtkosten)*. Но: вам придется **вычесть** из суммы расходов 1 800 ДМ. То есть - паушальную льготу, предоставляемую на оплату услуг по ведению домашнего хозяйства в „хайме" *(Heimunterbringung)*. Кроме того, необходимо **вычесть**

еще и компенсацию медицинской кассы или другого учреждения. И наконец, **вычесть** определенный процент расходов, который считается вашей „посильной нагрузкой" *(zumutbare Belastung)*.

2. Вы **выписались** из квартиры окончательно, распродали имущество *(Haushaltsauflösung)* и переселились в одно из перечисленных выше заведений. Здесь вы также можете списать все фактические расходы, из которых вы предварительно вычли 1 800 ДМ, а также компенсацию и „посильную нагрузку". Но и это еще не все. В отличие от первого варианта, вы должны вычесть еще и сумму, сэкономленную на ведение домашнего хозяйства, которого у вас теперь нет *(Haushaltsersparnis)*. Сколько именно следует вычесть? Ровно 33 ДМ за каждый „сэкономленный" день (1 000 ДМ в месяц).

3. Вы **остались** в собственной квартире и оплачивали услуги по уходу, предоставляемые вам на дому *(ins Haus kommende Pflegekraft)*. Финведомство признает все фактические расходы по оплате ухода и, если нужно, предоставит налоговую льготу в размере 1 200 ДМ из-за оплаты помощника по ведению домашнего хозяйства *(Hilfe im Haushalt)*.

Во всех трех случаях необходимо приложить к налоговой декларации подтверждение о необходимости в уходе *(Nachweis der Pflegebedürftigkeit)*. Степень ухода не имеет значения. Или же предоставить удостоверение об инвалидности с пометкой **H** *(hilflos)*. То есть - „беспомощный инвалид".

Если вам не хочется заниматься отдельными расчетами, то вы можете использовать налоговую льготу для инвалидов в размере 7 200 ДМ *(Behindertenpauschbetrag)*. В этом случае все расходы по уходу будут считаться скомпенсированными льготой.

Дополнительно к ней вы можете воспользоваться льготой на оплату помощника по ведению домашнего хозяйства в размере 1 800 ДМ *(Hilfe im Haushalt)*.

Итак, вам и тут предоставляется возможность выбора: либо вы используете налоговую льготу для инвалидов, либо занимаетесь сбором справок и счетов. Последнее стоит делать в том случае, если расходы намного превышают размер налоговой льготы для инвалидов.

Если в уходе нуждались не вы сами, а ваши близкие, и вы принимали участие в расходах, то вы можете списать и эти расходы как „чрезвычайные".

О „хаймах" и прочих заведениях для престарелых

В предыдущем тексте вы ознакомились с некоторыми условиями по списыванию расходов на проживание в „хайме" и на уход. Как вы уже заметили, возможности здесь довольно ограниченные. Ведь пребывание в хайме обходится в сказочные суммы. В среднем, 4 000 - 5 000 ДМ в месяц! Нам известны „благотворительные" заведения, запрашивающие и вовсе до 9000 ДМ в месяц и более. Ясно, что пенсионеру тут не обойтись без опоры социаламта. Даже, если он не просто **„Rentner"**, а **„Pensionär"**...

Вот почему в последнее время появились сотни фирм, воздвигающих для активных и еще бодрых старичков и старушек многоэтажные здания - с отдельными апартаментами, квартирами, а также собственной столовой, прачечной, медицинской комнатой, медсестрой и даже портье. Почти как в гостинице!

Магический лозунг называется **„Betreutes Wohnen"**, то есть - „проживание с попечением". Это выглядит примерно так: вы снимаете или покупаете квартиру, которая соответствует всем правилам безопасности, включая, например, дополнительные приспособления в ванной, туалете и кухне (чтобы было за что держаться!), кнопку вызова персонала (если вдруг станет плохо!) и прочие удобства, направленные на удовлетворение специфических потребностей старых людей. Многие услуги входят в квартплату (или стоимость квартиры), которая, естественно, несколько выше средней. За другие - приходится платить отдельно. Но в любом случае общие расходы по сравнению с „хаймом" намного снизятся!

Многие местные пенсионеры, не желающие жить ни в „хайме", ни в „гостинице", решают вопрос еще проще: остаться в собственной квартире и пользоваться услугами фирм, поставляющих еду на дом (например, **„Essen auf Rädern")** или выполняющих необходимые в быту услуги. А расходы по оплате всех услуг списать по статье „помощь на ведение домашнего хозяйства".

Расходы, связанные с похоронами (Beerdigungskosten)

Смерть связана в Германии с огромными расходами. Немало коренных жителей обладает даже отдельной „похоронной страховкой" *(Sterbeversicherung)*, призванной обеспечить ее владельцу достойные похороны. Если таковой не имеется, то близким покойника остается возможность, перечислить расходы в налоговой декларации.

В этом случае финведомство обязательно поинтересуется наследством *(Nachlass/Erbschaft)*. И если вы действительно его получили, то придется об этом указать. Ваши расходы будут признаны только в том случае, если их сумма превысит размер наследства. Признаются только определенные расходы - на похороны *(Begräbnis)*, могилу *(Grabstätte)*, надгробный памятник *(Grabstein)*, первое цветочное насаждение на могиле *(Erstbepflanzung)*.

Не признаются расходы на траурную одежду *(Trauerkleidung)*, поминки *(Trauerfeier)* и регулярный уход за могилой *(laufende Grabpflege)*.

Расходы по восстановлению хозяйства
(*Wiederbeschaffungskosten*)

В данном случае речь идет о расходах, возникших в связи с непредвиденными событиями и происшествиями, которые невозможно было предотвратить. Например, такими как пожар *(Brand)*, наводнение *(Hochwasser)*, кража в квартире *(Diebstahl von Hausrat)* и пр. В этих случаях вы можете списать расходы по восстановлению хозяйства и приобретению жизненно необходимых предметов быта, например, одежды, домашней утвари, мебели *(Wiederbeschaffung von lebensnotwendigen Gegenständen)*.

Для того, чтобы финведомство признало расходы, следует приложить к налоговой декларации счета и квитанции, а также подтверждения из отделения полиции и страховой компании о том, что вы заявляли и о самих происшествиях, и об убытках *(Anzeige bei der Polizei, Schadensmeldung an Versicherung)*.

Не будут признаны убытки, возникшие из-за кражи вещей из автомобиля во время отпуска за рубежом. Кроме того, не признаются убытки из-за кражи наличных. Другими словами, если у вас украли хранившиеся в квартире деньги, то финведомство не примет эту потерю во внимание.

Если вы получили полное возмещение убытков от страховой компании, то налоговая декларация тут уже не при чем. Заявлять о своих расходах и убытках можно только в том случае, если они были возмещены частично или же вообще никем не возмещались.

(Кстати, необходимо в любом случае сразу же заявлять в полицию и в страховую компанию о каждом происшествии. Независимо от налога и налоговой декларации. Иначе вам не получить от компании возмещения убытков. Исчерпывающую информацию на эту тему вы найдете в книге „Страхование имущества и автомобиля".).

Расходы на ведение судебного процесса (*Prozeßkosten*)

Если в отчетном году вам довелось обращаться к адвокату или представать перед судом, то вы и тут можете внести расходы в декларацию. Здесь приходится обращать внимание на некоторые детали. Ведь списать можно не все и вся, а только определенные расходы, возникшие в определенных ситуациях.

Расходы на уголовный процесс *(Strafprozeß/Strafverfahren)* признаются только в том случае, если вы были признаны невиновным, то есть - оправданы. Зато в случае вашего осуждения судебные и прочие издержки не могут быть списаны с дохода.

Признаются также расходы по оплате бракоразводного процесса *(Scheidungskosten)* и расходы на гражданские процессы, которых невозможно было избежать *(Zwangsläufigkeit)*. Исключение составляют процессы по вопросам найма квартиры *(Mietprozesse)*, а также по налоговым вопросам *(Steuerprozesse)*. Расходы на эти процессы не считаются „чрезвычайными" и не признаются финансовым ведомством.

В налоговой декларации могут быть указаны фактические расходы по оплате адвокатов *(Anwaltskosten)* и различных судебных пошлин *(Gerichtskosten, Prozeßkosten)*. Но: если эти расходы были возмещены юридической страховкой *(Rechtsschutzversicherung)*, то вы и тут не сможете списать их с дохода.

Как и всегда, к налоговой декларации следует приложить все счета и квитанции по оплате. Кроме того, необходимо также приложить копию судебного решения *(Gerichtsurteil)*.

Другие чрезвычайные расходы с „посильной нагрузкой"

Помимо перечисленных выше, вы можете вписать в налоговую декларацию целый ряд других чрезвычайных, но уже менее типичных расходов.

В том числе, например, следующие:

- Расходы на переезд, связанный со состоянием здоровья *(Umzug wegen gesundheitlichen Gründen)*.

- Расходы на психотерапевта *(Psychotherapie)*. Для того, чтобы они были признаны, следует предъявить заключение ведомственного врача, выставленное до начала лечения.

- Расходы на оплату участия в группе „Анонимные алкоголики" *(Treffen der Anonymen Alkoholiker)*. Здесь также понадобится заключение врача о необходимости лечения от алкоголизма.

- Расходы на удаление из квартиры вредных веществ, угрожающих здоровью, например, формальдегида или асбеста *(Beseitigung gesundheitsgefährdender Schadstoffe)*. Здесь необходимы техническая экспертиза и заключение врача.

Во всех вышеописанных и некоторых других случаях необходимо приложить к декларации счета и квитанции по оплате. И, как всегда, вы должны отвести на покрытие издержек определенный процент своего дохода, то есть - „посильную нагрузку" *(zumutbare Belastung)*. Списать расходы можно только в том случае, если их сумма превысит „посильную нагрузку".

ПРЕДВАРИТЕЛЬНОЕ СОКРАЩЕНИЕ НАЛОГА

Две возможности по сокращению налога

В налоговом законодательстве существует два варианта, позволяющих работающим по найму сэкономить подоходный налог: „предварительное сокращение подоходного налога" *(Lohnsteuerermäßigung)* и „компенсация налога" *(Steuererstattung)*.

Основное различие состоит в следующем:

- **Предварительное сокращение подоходного налога.** Вы подаете в финведомство предварительное заявление на сокращение налога *(Antrag auf Lohnsteuerermäßigung)*. Финведомство внесет в вашу налоговую карту пометку (или несколько) о налоговых льготах *(Freibetrag auf Lohnsteuerkarte)*. Тогда с вас будет взиматься более низкий подоходный налог. Это может оказать благотворное влияние на ваши финансы в том случае, если вы заболеете, станете безработным и т.д. Ведь размер больничных *(Krankengeld)*, пособия по безработице *(Arbeitslosengeld)* и прочих социальных выплат зависит, как правило, от дохода-нетто.

- **Компенсация (переплаченного) налога.** Вы не подали заявления на предварительное снижение налога. В течение всего года с вас взимается обычный подоходный налог установленных размеров. Дождавшись конца года, вы собираете квитанции и счета за истекший год, заполняете формуляры налоговой декларации и сдаете их в налогово-финансовое ведомство. Тогда вы получите компенсацию за переплаченный в течение года налог *(Steuererstattung)*.

Какой вариант подходит вам самим, зависит от личных обстоятельств. Кроме того, следует знать, что сдать декларацию может (либо должен) каждый налогоплательщик. Зато возможности по предварительному снижениюя налога несколько ограничены. Об этом - ниже.

Беспроцентная ссуда государственной казне

Как уже неоднократно упоминалось, в подавляющем большинстве случаев с работающих по найму взимается слишком крупный налог. Доказательством является то обстоятельство, что финведомство ежегодно компенсирует переплаченный налог сотням тысяч налогоплательщиков. Вот почему здесь действительно можно говорить о самой обычной ссуде.

Как этого избежать, уже известно: к началу отчетного года вы можете подать **в финансовое ведомство** „Заявление на сокращение подоходного налога" *(Antrag auf Lohnsteuerermäßigung)*. Формуляры можно получить в любом финведомстве по месту жительства. Если вы выполнили соответствующие условия и вам полагается налоговая льгота (или несколько), то финведомство внесет в налоговую карту соответствующую пометку (или несколько). Начиная со следующего после подачи заявления месяца, размер ежемесячного подоходного налога сократится.

ЭТО НУЖНО ЗНАТЬ

Заявление на сокращение налога необходимо подавать ежегодно. Только тогда финведомство сможет ежегодно вносить в налоговую карту пометку о льготах.

Это не значит, что теперь инцидент исчерпан. Ведь в налоговую карту могут быть внесены лишь некоторые льготы. Остальные льготы могут учтены только после того, как вы сдадите налоговую декларацию.

ПРИМЕР

Мария С., разведена и проживает совместно с сыном-дошкольником. Как работающей матери-одиночке ей полагается налоговая льгота за расходы по присмотру за ребенком *(Kinderbetreuungskosten)*. Кроме того, сын Марии является инвалидом. Поэтому Марие полагается и льгота по инвалидности ребенка *(Behindertenpauschale)*. На работу Мария ездит на собственном автомобиле. Здесь также возможна льгота, предоставляемая из-за расходов, связанных с работой *(Werbungskosten)*. Все три льготы были отмечены в налоговой карте Марии по заявлению, поданному в финведомство. После чего ежемесячный налог сократился на 110 ДМ.

Отработав весь год, Мария заполнила и подала в финансовое ведомство налоговую декларацию *(Steuererklärung)*, в которую она внесла дополнительные расходы по оплате адвоката и судебных издержек (развод!). Месяц спустя, она получила от финведомства компенсацию - 1 200 ДМ.

Стандартное или упрощенное заявление?

Вы можете подать в финведомство либо упомянутое выше „Заявление на сокращение подоходного налога“ *(Antrag auf Lohnsteuerermäßigung)*, которое состоит из шести страниц, либо, так называемое, „Упрощенное заявление на сокращение подоходного налога“ *(Vereinfachter Antrag auf Lohnsteuerermäßigung)*, содержащее всего две страницы.

Формуляр, состоящий из шести страниц, заполняется во всех тех случаях, если вы **в первый раз** подаете заявление на внесение пометок в налоговую карту.

Что касается второго варианта, то, как видно из самого наименования, формуляр „Упрощенного заявления“ довольно прост, и в три раза короче стандартного „Заявления“. Использовать его можно в следующих случаях:

- Если вы желаете перенести на новую налоговую карту пометку о налоговой льготе, которая **уже содержалась в предыдущей налоговой карте.** Упрощенное заявление допускается только в том случае, если размер налоговой льготы либо вообще не изменился, либо стал ниже (но не выше!).

- Если вы желаете перенести на новую налоговую карту пометку о количестве налоговых льгот на детей *(Anzahl der Kinderfreibeträge)*, которая **уже содержалась в предыдущей налоговой карте.** Упрощенное заявление возможно и здесь только в том случае, если количество налоговых льгот на детей либо не изменилось, либо стало ниже.

Другими словами, упрощенный формуляр служит, чаще всего, как **вторичное заявление**.

Как первичное заявление упрощенный формуляр можно использовать в том случае, если вы желаете перейти с первого класса налогообложения на второй (перенос „детской" льготы).

Что именно можно внести в налоговую карту

Ниже вкратце перечисляются варианты, когда вы можете подать в финведомство заявление о внесении в налоговую карту пометки о налоговой льготе *(Freibetrag)*.

- **Werbungskosten.** Вы можете заявить все варианты расходов, связанных с работой. Но только в том случае, если их сумма превысит паушальную льготу 2 000 ДМ.

- **Sonderausgaben.** Вы можете заявить все варианты „особых расходов", за исключением расходов на страховые взносы *(Vorsorgeaufwendungen).* Их сумма должна превысить паушальную льготу в размере 108 ДМ/216 ДМ.

- **Außergewöhnliche Belastungen.** Вы можете заявить те „чрезвычайные расходы", в которых не предусмотрена ваша „допустимая нагрузка" *(zumutbare Belastung).*

- **Pauschbeträge für Behinderte und Hinterbliebene.** Вы можете заявить о внесении в налоговую карту паушальной льготы для инвалидов (600 ДМ - 7 200 ДМ) и вдов/сирот (720 ДМ).

- **Kinderfreibetrag.** Вы можете заявить о внесении в налоговую карту налоговой льготы на ребенка, если вы не получаете пособия на детей, потому что ваш ребенок **живет за рубежом**.

Что такое „1 200-Mark-Grenze"

Если вы собираетесь подать заявление на внесение пометок в налоговую карту, то вам придется заняться предварительными расчетами. Объясняется это следующим обстоятельством: финведомство согласится с вашим заявлением только в том случае, если сумма всех расходов **превысит** 1 200 ДМ. На налоговом языке этот лимит называется так: **1 200-Mark-Grenze**.

Конкретно это означает следующее: если ваши расходы не превысят общим счетом 1 200 ДМ в год, то вы можете не утруждать себя заявлением. Итак, **первое правило** вы усвоили: от вас ожидается „переход границы". Впрочем, очень часто эта граница может быть с легкостью достигнута и даже перепрыгнута. Например, в тех случаях, если вам приходится платить алименты своей экс-супруге *(Unterhaltszahlungen)*. Тогда может оказаться, что алиментов за за один-единственный месяц окажется достаточно, чтобы достигнуть желанной границы и тем самым приобрести право на внесение пометки в налоговую карту!

Второе правило: финотдел может внести в налоговую карту только максимально допускаемую сумму *(Höchstbetrag)*. Речь идет о „чрезвычайных" или „особых" расходах, многие из которых могут быть списаны не полностью, а только до определенного лимита. Об этом мы говорили уже не раз. Например, если вы выплачиваете те же алименты экс-супруге, то признана может быть максимальная сумма 27 000 ДМ. Поэтому и в налоговую карту могут быть внесены максимально

198

27 000 ДМ. Даже если вам предстоит уплатить супруге в два раза больше, внесена будет все же только максимально допускаемая сумма! Понятно, что в тех случаях, если вам предстоит уплатить, скажем, „только" 12 000 ДМ, то и внесены могут быть 12 000 ДМ.

Третье правило: в тех случаях, когда может быть использована только паушальная льгота *(Pauschbetrag, Pauschale)*, в налоговую карту может быть внесен только размер льготы. Например, если у вас были расходы по уходу за инвалидом, то в налоговую карту может быть внесена только паушальная льгота по уходу *(Pflegepauschbetrag)* в размере не более 1 800 ДМ. Независимо от ваших фактических расходов.

ЭТО НУЖНО ЗНАТЬ

„1 200 DM-Grenze" учитывается как у одиноких, так и у супругов, подвергаемых совместному налогообложению.

Иногда необходимо перешагнуть более высокий барьер

В „пограничную зону" входят почти все расходы, относящиеся к „Werbungskosten", „Sonderausgaben" и „Außergewöhnliche Belastungen". Как вы помните, их общая сумма должна превысить 1 200 ДМ. Но иногда приходится преодолевать и более высокий барьер.

Например, если вы желаете внести в налоговую карту пометку о расходах, относящихся к **Werbungskosten**, то возможно это только в том случае, если сумма всех расходов выше паушальной льготы 2 000 ДМ *(Werbungskostenpauschale)*. Это означает, что общая сумма „**Werbungskosten**" должна обязательно превысить 3 200 ДМ (2 000 ДМ + 1 200 ДМ). Только тогда финведомство внесет пометку в налоговую карту.

Далее: если вы желаете внести в налоговую карту пометку о расходах, относящихся к **Sonderausgaben**, то их сумма должна превысить паушальную льготу 108 ДМ/216 ДМ *(Sonderausgabenpauschbetrag)*. Тогда вам нужно „перешагнуть" только 1 308 ДМ (108 ДМ + 1 200 ДМ) или 1 416 ДМ (216 ДМ + 1 200 ДМ).

В расходах, относящихся к „чрезвычайным", паушальной льготы не существует. Здесь вам необходимо „перешагнуть" только 1 200 ДМ.

Если вы пожелаете внести в налоговую карту несколько пометок, относящихся ко всем трем вариантам расходов, то вам предстоят действительно сложные предварительные расчеты. Теперь вы должны складывать, прикидывать и еще раз складывать... Если вы не желаете себя утруждать, то вы можете сдать заявление на снижение налога без предварительных расчетов. Если пометка в налоговой карте вам полагается, то ее впишут. Если - нет, то - не впишут. Вот и все.

Где вам не придется соблюдать границу „1 200 ДМ"

Ниже перечисляются расходы, не входящие в „пограничную зону" 1 200 ДМ. Здесь вы можете в любом случае подать заявление на внесение в налоговую карту пометок о льготе. К таким льготам относятся следующие:

* Паушальная налоговая льгота для лиц определенных профессий: журналисты, писатели, артисты и т.д.
Werbungskostenpauschale für bestimmte Berufsgruppen: Journalisten, Schriftsteller, Künstler usw.

* Паушальная льгота для инвалидов (размер которой зависит от степени инвалидности)
Pauschbetrag für Behinderte (je nach Grad der Behinderung)

* Паушальная льгота для вдов и сирот
Hinterbliebenenpauschbetrag

Что еще нужно знать

Если в вашу налоговую карту были внесены налоговые льготы, то по истечении календарного года вы обязаны сдать налоговую декларацию **в принудительном порядке**. Это необходимо для проведения контрольного расчета. Ведь вполне возможно, что вы заявили о слишком крупных расходах и поэтому налоговая карта содержала слишком высокие суммы и льготы. Или же вы заявили о расходах, которые были сначала внесены в налоговую карту, а затем финведомство решило их все же не признавать! Или же в течение года изменились какие-либо обстоятельства, и налоговые льготы вам больше не полагались. Во всех этих случаях будет произведен перерасчет, и вам придется возвращать недоплаченный налог...

Срок сдачи декларации - 31 мая следующего за отчетным года. Если вы не успеете подготовить декларацию, вы можете подать заявление на продление срока.

Исключением являются те случаи, когда в налоговую карту были внесены только налоговые льготы для инвалидов *(Pauschbetrag für Behinderte)* или для вдов и сирот *(Pauschbetrag für Hinterbliebene)*. Тогда вы не принуждаетесь к подаче декларации в обязательном порядке. Но сдать ее все же советуется!

Мы уже упоминали о том, что заявление на внесение льготных пометок в налоговую карту лучше всего подавать вовремя, то есть - к началу года. Понятно, что это возможно только в тех случаях, если вы уже заранее знаете, какие именно расходы и в каком размере вам предстоят (например, алименты супруге, расходы на образование и пр.). Или же речь идет о льготах, на которые вы постоянно имеете право как в настоящем, так и в ближайшем будущем (например, льгота по инвалидности).

Как быть в тех случаях, если вы не знали о возможности внести льготы в налоговую карту и не успели подать заявление к январю? Или в тех, если расходы возникли только к середине года. Вы и тогда можете, пусть и с некоторым запозданием, подать заявление в финведомство. В этом случае будет произведен перерасчет с оставшимися месяцами.

Допустим, вам полагается налоговая льгота 4 200 ДМ, а заявление вы подали только в сентябре. Тогда чиновник поделит эту льготу на оставшиеся три месяца - октябрь, ноябрь, декабрь (4 200 : 3 = 1 400 ДМ). Результат деления - 1 400 ДМ - будет внесен в вашу налоговую карту. И в течение этих трех месяцев вы будете платить более низкий налог, чем в прошедшие.

Весь вопрос, конечно, в том, стоит ли это делать. Ведь теперь вы обязаны подать декларацию в любом случае! Да еще сделать это в сжатые сроки (до 31 мая). Поэтому, если вы слишком поздно узнали о возможности внести в карту льготные пометки, то лучше подождать конца года и затем спокойно сдать декларацию нормальным путем. На что у вас теперь есть два полных года.

И еще одно обстоятельство полезно знать: если вы уже внесли в налоговую карту все льготы, а потом вдруг обнаружили, что расходы оказались значительно выше, чем вы предполагали, то вы можете подать заявление на повышение льготы во второй раз. Но не позже 30 ноября текущего года! В остальном же, вы можете исправить вашу оплошность тем, что укажете повышенные расходы в налоговой декларации.

ИНВАЛИДЫ И ПЕНСИОНЕРЫ

ИНВАЛИДЫ И НАЛОГ

Два варианта

Если вы (или члены вашей семьи) являетесь инвалидом *(Behinderter)*, вы можете воспользоваться налоговой льготой для инвалидов *(Behindertenpauschale)* и за ее счет существенно снизить подоходный налог. Налоговая льгота предоставляется на каждого инвалида, включая детей. Если в вашей семье имеется, допустим, три инвалида, то вы сможете воспользоваться тремя льготами!

Если инвалидом является ребенок, то он может „передать" свою налоговую льготу родителям. Для этого достаточно указать в налоговой декларации степень инвалидности ребенка *(Grad der Behinderung)*. Если вы делаете это в первый раз, то необходимо приложить к декларации удостоверение инвалидности *(Schwerbehindertenausweis)*. Это имеет смысл в тех случаях, если ребенок-инвалид не работает и не является учеником на производстве *(Lehrling)*, и значит, никаким образом не может использовать свою льготу сам.

ЭТО НУЖНО ЗНАТЬ

Если у ребенка-инвалида имеется доход, то он может сам использовать льготу, „забрав" ее у родителей. Параллельное использование льготы родителями и детьми не допускается.

Расходы по инвалидности считаются „чрезвычайными расходами" *(aussergewöhnliche Belastungen)*. У вас есть две возможности:

Указать в декларации каждый вид расхода в отдельности, подтвердив их необходимыми справками, свидетельствами, счетами и квитанциями

или

воспользоваться стандартной паушальной суммой, размер которой зависит от степени инвалидности. Тогда вам не придется собирать, доказывать и прилагать.

О первом варианте добавить больше нечего, поэтому в следующем разделе мы займемся только паушальной налоговой льготой для инвалидов *(Behindertenpauschale)*.

Чем выше степень инвалидности, тем крупнее льгота

Ниже приводится таблица паушальных ставок, по которой сразу заметно, что чем выше степень инвалидности, тем крупнее налоговая льгота:

Степень инвалидности (Grad der Behinderung)	Налоговая льгота в ДМ (Freibetrag in DM)
25-30	600
35-40	840
45-50	1 110
55-60	1 410
65-70	1 740
75-80	2 070
85-90	2 400
90-100	2 760

Начиная с 50% инвалидности, налоговая льгота предоставляется безоговорочно, то есть здесь не нужны никакие дополнительные условия и предпосылки. Достаточно того, что в удостоверение инвалидности внесена соответствующая запись о степени инвалидности - **Grad der Behinderung 50** (или выше).

Если же степень инвалидности составляет менее 50% (но не ниже 25%), налоговая льгота полагается только в том случае, если выполнены следующие условия:

• Инвалидность возникла вследствие какого-либо типичного профессионального заболевания.

• Инвалидность связана с нарушением опорно-двигательного аппарата.

• Инвалиду по закону полагаются какие-либо постоянные выплаты, например, пенсия.

• Инвалиду полагается пенсия или другие выплаты, но по каким-либо причинам он пока их не получает.

• Инвалид не получает текущей пенсии (или другие выплаты) только потому, что она уже была скомпенсирована одноразовой крупной суммой.

Максимальная льгота для инвалидов

Помимо указанных в таблице налоговых „инвалидных" льгот, существует еще одна льгота, размер которой составляет 7 200 ДМ. Предоставление этой льготы зависит от того, содержит ли удостоверение инвалидности определенные пометки *(Merkzeichen)*.

Итак, кто может воспользоваться самой крупной инвалидной льготой, и какие условия нужно для этого выполнить? Ниже перечисляются три основных варианта:

1) Инвалид обладает удостоверением инвалидности, в котором содержится пометка **H (Merkzeichen H),** что означает беспомощный *(hilflos)*. Здесь следует знать, что определение „беспомощный" является довольно расплывчатым. С одной стороны, оно может относиться к полностью беспомощным инвалидам, которым в обязательном порядке необходим уход. С другой стороны, оно применяется и в тех случаях, когда инвалид нуждается только в сопровождении. Примером могут служить дети с потерей слуха, которым также „присваивается" пометка **H**. И это, несмотря на то, что они, в общем-то, вполне в состоянии обойтись без чужой помощи и способны самостоятельно передвигаться по городу, посещать заведения и даже работать. Тем не менее, удостоверение инвалидности содержит, как правило, еще одну пометку - **B (Begleitung)**. То есть - сопровождение.

2) Инвалид обладает удостоверением инвалидности, в котором содержится пометка **Bl (Merkzeichen Bl),** что означает слепой *(blind).*

3) Инвалид считается лицом с тяжелейшей формой инвалидности и нуждается в уходе третьей степени *(Schwerstpflegebedürftiger in Pflegestufe III)*.

Паушальная налоговая льгота - это еще не все...

Как уже упоминалось, инвалид может выбирать между двумя возможностями. Он может воспользоваться либо паушальной налоговой льготой, либо пренебречь льготой и доказывать каждый расход в отдельности (в тех случаях, если его расходы выше налоговой льготы).

Иногда ему может быть предоставлена возможность воспользоваться и тем, и другим вариантом. То есть - дополнительно к налоговой паушальной льготе списать с дохода некоторые расходы.

Например, следующие:

- Расходы по использованию автомобиля *(Kraftfahrzeug-Aufwendungen)* можно списать с дохода в тех случаях, если вы являетесь инвалидом со степенью инвалидности не ниже 80% *(Grad der Behinderung von mindestens 80)*. Или же, если степень инвалидности составляет не менее 70% *(Grad der Behinderung von mindestens 70%)*, а само удостоверение инвалидности содержит пометку „G" *(Merkzeichen „G" im Schwerbindertenausweis)*. То есть, если вы испытываете затруднения при передвижении *(gehbehindert)*.

  Признано будет только соразмерное количество поездок *(Fahrten im angemessenen Umfang)*, необходимость в которых была вызвана инвалидностью *(behinderungsbedingte Fahrten)*. „Соразмерными" считаются поездки общим расстоянием не более 3 000 км. в год. Никаких особых доказательств здесь не требуется *(kein Nachweis erforderlich)*. При этом разрешается воспользоваться особой льготой и списать максимально 52 пфеннига за каждый километр пути.

- Если свидетельство инвалидности содержит пометки „aG" или „Bl", или „H", то дополнительно к расходам, описанным выше, разрешается списать также расходы на частные поездки, связанные с отдыхом *(Freizeitfahrten, Erholungsfahrten)* или с посещением друзей и родственников *(Besuchsfahrten)*. Фактически пройденное расстояние *(die tatsächliche Fahrleistung)* необходимо доказать *(nachweisen)* или достоверно обосновать *(glaubhaft machen)*. Общее расстояние поездок не должно превышать 15 000 км . в год.

- Расходы по оплате „помощника по ведению домашнего хозяйства" *(Hilfe im Haushalt)*.

- Расходы по оплате услуг, если инвалид проживает в доме инвалидов или престарелых *(Unterbringung im Heim)*.

- Расходы, связанные с обострившейся болезнью *(Krankheitskosten, die einen akuten Anlaß haben)*.

- Расходы, связанные с присмотром за детьми *(Kinderbetreuungskosten)*.

Помимо этого, инвалиды полностью освобождаются от налога на автомобиль *(Kfz-Steuer)*, если в удостоверении инвалидности содержится пометка **Bl** *(blind)* или **H** *(hilflos)*, или же - aG *(außergewöhnlich Gehbehinderter)*. Первые две пометки вам уже известны. Последняя **(aG)** означает „чрезвычайные нарушения опорно-двигательного аппарата". Например, если передвижение настолько затруднено, что инвалиду не обойтись без автомобиля.

Инвалиды с ограниченной способностью принимать участие в дорожном движении *(die Bewegungsfähigkeit im Straßenverkehr ist erheblich beeinträchtigt)*, могут получить 50% скидки на автомобильный налог. Такими инвалидами считаются, например, лишенные слуха лица *(gehörlose Personen)*.

Если у инвалида нет автомобиля, или он вообще не желает воспользоваться льготой на автомобильный налог, то, вместо этого, он может использовать другой вариант - льготный проезд в общественном транспорте. Для этого ему необходимо обратиться в ведомство по обеспечению *(Versorgungsamt)* и заявить о своем желании. Тогда ему будет выставлена льготная проездная марка сроком на шесть месяцев, стоимость которой составляет только 60 ДМ. Или же годовая проездная марка стоимостью 120 ДМ. За символическую плату 10 ДМ в месяц инвалид сможет использовать все виды общественного транспорта.

Если инвалидность изменилась или отпала вовсе

Если в течение отчетного года степень инвалидности повысилась или снизилась, финансовое ведомство учитывает только самый выгодный для вас вариант. Например, если у вас сначала была установлена степень инвалидности 60%, а затем ваше здоровье поправилось, и вам „присвоили" только 40%, то в налоговой декларации будут учтены благоприятные для вас 60%. Но естественно, только в отчетном году. В следующем году учитываться будет только новая степень инвалидности, то есть - 40%.

Если же срок инвалидности был ограничен и в **течение отчетного года** истек окончательно, то вы и тут можете спокойно указать инвалидность в декларации. Даже если она (инвалидность) имелась только в январе отчетного года, финведомство должно предоставить полную налоговую льготу за весь год. Здесь вступает в силу „годовой принцип" *(Jahresprinzip)*. Другими словами, налоговая льгота для инвалидов **не делится** на месяцы, в течение которых у вас было право на льготу.

Если вы сами или члены вашей семьи являетесь инвалидом, то вам необходимо указать об этом в налоговой декларации. Указания по заполнению соответствующей графы содержатся в главе „Чрезвычайные расходы".

ПЕНСИЯ И НАЛОГ

Rente - пенсия из социального страхования

Налоговое законодательство в Германии различает две группы пенсионеров - **Rentner** и **Pensionäre**. В этом разделе речь пойдет о первой группе. Итак, что такое **Rente**? В двух словах это можно объяснить так: пенсия под этим наименованием выплачивается тем, кто вносил страховые взносы. Налогом облагается только часть пенсии, считающаяся „прибылью" *(Ertragsanteil der Rente)*. На практике платить налог приходится довольно редко, так как пенсионерам полагается большое количество налоговых льгот.

Какие именно пенсии относятся к **Rente** и подвергаются налогообложению, перечислено ниже:

- Пенсия по старости, выплачиваемая из фонда социального пенсионного страхования рабочих и служащих *(Altersrente der Arbeiter und Angestellten aus der gesetzlichen Rentenversicherung)*.

- Пенсия по профессиональной непригодности или нетрудоспособности из того же фонда социального пенсионного страхования *(Berufs- oder Erwerbsunfähigkeitsrente)*.

- Пенсия для вдов или сирот, также выплачиваемая из фонда социального пенсионного страхования *(Hinterbliebenen- und Waisenrente)*.

- Пенсия, выплачиваемая из частного страхового фонда *(Renten aus Versicherungsverträgen)*.

- Шахтерская пенсия *(Knappschaftsrente/Bergmannsrente)*.

- Пенсия, выплачиваемая из фонда производственного дополнительного страхования *(Rente aus einer betrieblichen Zusatzversicherung)*.

Помимо перечисленных, к **Rente** относятся некоторые другие пенсии, связанные с правом владения участком и недвижимостью и поэтому не представляющих для наших читателей особого интереса.

В налоговой декларации **Renten** указываются на второй странице приложения - **Anlage KSO, Sonstige Einkünfte, Leibrenten**.

В последующих разделах приводится более подробная информация о некоторых основных видах пенсий.

Пенсия по старости

Лица достигшие пенсионного возраста имеют право на пенсию по старости *(Altersrente)*. Так как эта пенсия выплачивается пожизненно, то здесь нередко применяется другое наименование - „пожизненная пенсия" *(lebenslange Leibrente)*. Получить право на этот вид пенсии могут только лица, в прошлом состоявшие в пенсионной страховке

210

(Rentenversicherung) и регулярно вносившие пенсионные взносы *(Rentenbeiträge).* Таким образом, они получат обратно выплаченные в течение трудовой жизни взносы с начислением процентов.

Пенсия по старости отмечается в графе - **Altersrente (Arbeiterrenten- oder Angestellten-Versicherung)**.

Подоходным налогом облагается только, так называемая, „обычная доля дохода" *(normaler Ertragsanteil).* Это означает, что расчет налога производится по обычной таблице для пожизненных пенсий. Какая именно часть пенсии будет облагаться налогом - зависит от возраста, то есть от того, когда вы ушли на пенсию. Если уже в 45 лет, то облагаться налогом будет 48% пенсии. Уйдя в 65 лет, вам доведется платить налог на 27%, а в 68 лет - только на 23% пенсии. Чем позже вы уйдете на заслуженный покой, тем меньшая часть пенсии будет облагаться налогом.

Пенсия по нетрудоспособности

Под этой вариантом понимается либо пенсия по профессиональной непригодности *(Berufsunfähigkeitsrente)*, либо пенсия по нетрудоспособности *(Erwerbsunfähigkeitsrente)*. Возрастного ограничения здесь не существует, ведь профессиональная непригодность или нетрудоспособность могут наступить и в молодые годы. Обе пенсии также считаются „пожизненными".

Налогом облагается и тут только часть пенсии. На этот раз она носит наименование „особая доля дохода" *(besonderer Ertragsanteil).* Доля является действительно „особой", так как на этот раз ее размер зависит уже не от возраста, а от продолжительности выплаты пенсии. Если, например, пенсия выплачивается только в течение пяти лет, то налогом облагается 9% пенсии. При выплате в течение 10 лет, налогооблагаемая часть составляет уже 19%. Если же выплата производится 20 лет, то налогом будет облагаться 35%.

Пенсия по нетрудоспособности выплачивается только до 65-ти лет. После этого она превращается в пенсию по старости, но уже под наименованием **Altersruhegeld**. Поэтому она считается сокращенной пожизненной пенсией *(abgekürzte Leibrente)*.

В некоторых случаях трудоспособность теряется не навсегда, а только на некоторый срок. На какой именно, - решает обычно врачебная комиссия. Побыв некоторое время нетрудоспособным, бывший пенсионер может снова стать полноценным работающим членом общества. В этих случаях финансовое ведомство будет исходить из более короткого пенсионного стажа. Для вас это является преимуществом, так как в этом случае налогом будет облагаться более низкая часть пенсии. Ведь чем меньше срок нетрудоспособности, тем ниже налогооблагаемая часть.

Если вы или ваша супруга (или оба) получаете эту пенсию, вам следует отметить соответствующую графу в декларации - **Berufs- oder Erwerbsunfähigkeitsrenten (Arbeiterrenten- oder Angest.-Versichg.).**

Пенсия для вдов

Вдовья пенсия *(Witwenrente)* выплачивается в том случае, если умерший супруг либо работал по найму, либо был пенсионером. Размер вдовьей пенсии зависит не только от зарплаты или пенсии супруга, но и от возраста самой вдовы. До 45-летнего возраста она сможет получать только „малую пенсию" *(kleine Witwenrente)*, которая считается „сокращенной пожизненной пенсией". Это значит, что и налог будет рассчитываться по таблице для „особой доли дохода". Размер „малой вдовьей пенсии" составляет 25% от пенсии (или зарплаты) умершего супруга.

Достигнув возраста в 45 лет, вдова начнет получать „большую вдовью пенсию" *(große Witwenrente)*. На этот раз пенсия считается обычной пожизненной, и расчет налога производится согласно таблице для „обычной доли дохода" *(normaler Ertragsanteil)*. Налогооблагаемя доля пенсии составляет всегда 48%. Ведь выплата большой пенсии начинается всегда с 45-ти лет. Размер „большой вдовьей пенсии" составляет 60% от пенсии (или зарплаты) супруга.

Иногда вдова может получать „большую пенсию", еще не достигнув 45-ти лет. Например, в том случае, если она является нетрудоспособной или на ее обеспечении находится ребенок младше восемнадцати лет, имеющий право на пенсию для сирот. Для детей-инвалидов, которые не в состоянии зарабатывать на жизнь, возрастного предела не существует.

Вдовам (или вдовцам) следует отметить получение пенсии в графе - **Witwen-/Witwerrenten**.

Пенсия для сирот

Сиротская пенсия *(Weisenrente)* также считается сокращенной пожизненной пенсией *(abgekürzte Leibrente)*. Начисление налога производится по таблице для „особой доли дохода". Выплата сиротской пенсии ограничена по сроку. До восемнадцати лет пенсия выплачивается в любом случае. После восемнадцати - только тогда, если ребенок учится в учебном заведении, проходит профессиональное обучение или является инвалидом. Крайний срок выплаты - до 27-летнего возраста.

В налоговой декларации отсутствует отдельная графа для сирот. Поэтому вы можете использовать „запасную" строку - **Renten aus (bitte angeben),** где вам необходимо самому вписать „сиротская пенсия", то есть - **Waisenrente**.

Пенсия из фонда частного пенсионного страхования

Если вы когда-то заключили договор на частное пенсионное страхование *(private Rentenversicherung)*, и теперь получаете „частную пенсию", вам также предстоит платить налог. Размер налога зависит от различных обстоятельств. Но так как среди вас найдется не так уже много „частных пенсионеров", то подробности мы опускаем.

В налоговой декларации частная пенсия указывается в графе - **Renten aus Versicherungsverträgen**.

Пенсии, не подлежащие налогообложению

Некоторые пенсии ни при каких обстоятельствах не подлежат налогообложению. Перечисляем несколько основных вариантов, представляющих интерес для читателей:

- Пенсии инвалидам войны *(Kriegsbeschädigtenrenten)*.

- Компенсационные пенсии *(Wiedergutmachungsrenten)*.

- Пенсии, выплачиваемые из фонда социального страхования от последствий несчастного случая по месту работы. По поводу этой пенсии следует сказать несколько слов. Возможно не всем известно, что каждый работодатель обязан застраховать своих подчиненных от последствий несчастного случая, происшедшего по месту работы *(gesetzliche Unfallversicherung)*. Этот вид страхования считается таким же обязательным и социальным, как и все прочие страховки по месту работы - медицинская, пенсионная и т.д. Однако здесь имеется существенное отличие. Взносы за страховку от несчастного случая выплачиваются целиком и полностью работодателем. Вы же будете застрахованы, не внося ни одного пфеннига.

Пенсии в налоговой декларации

Все пенсии, относящиеся к разряду „**Rente**", вносятся в приложение к основному формуляру - **Anlage KSO, Leibrenten**. При этом вы должны отметить, кто именно получает ту или иную пенсию: налогоплательщик/супруг *(steuerpflichtige Person/Ehemann)* и/или супруга *(Ehefrau)*. Помимо этого, необходимо указать дату, когда пенсия начала выплачиваться *(Die Rente läuft seit ...).*

Если выплата пенсии прекратилась в связи со смертью пенсионера, следует назвать его имя и фамилию *(Die Rente erlischt mit dem Tod von ...)*. И указать дату, когда пенсия либо окончательно прекратилась выплачиваться, либо перешла к другому лицу, либо выплачивается в другой форме *(Die Rente erlischt/wird umgewandelt spätestens am ...)*.

И наконец, следует указать сумму выплаченной пенсии *(Rentenbetrag)*, а также, если известно, назвать размер доходной части *(Ertragsanteil der Rente (falls bekannt)*. Помимо этого, каждый супруг-пенсионер может указать сумму расходов, связанных с получением дохода, в данном случае - пенсии *(Werbungskosten (Summe je Person)*.

Если вы получили доплату пенсии за несколько лет, это необходимо также указать *(Nachzahlungen für mehrere Jahre)*.

Pension - пенсия, которая считается зарплатой

Теперь речь пойдет о втором варианте пенсии - **Pension**. В отличие от **Rente**, право на **Pension** завоевывается не путем многолетних взносов работающего на пенсионное страхование, а совершенно иным способом.

Как правило, **Pension** - это производственная пенсия *(Betriebsrente)*. То есть - пенсия, которую выплачивает бывший работодатель. Здесь есть несколько возможностей. Например, следующая: работодатель выплачивает регулярные взносы в „пенсионную кассу" *(Pensionskasse)*, а по истечении срока последняя выплачивает рабочему **Pension**. По тому же принципу функционируют и все остальные варианты: пенсия из фонда прямого страхования *(Direktversicherung)*, пенсия из фонда „поддерживающей кассы" *(Unterstützungskasse)*, пенсия из производственного страхового фонда *(betriebliche Rückdeckungsversicherung)* и пр.

Военнослужащие, чиновники и прочие сотрудники государственного аппарата также получают **Pension**.

Pension считается как бы продолжением зарплаты. Поэтому „пенсионеру" приходится платить самый обычный налог. Это означает, что он должен в обязательном порядке сдавать бывшему работодателю налоговую карту, а в финансовое ведомство - налоговую декларацию.

Если вы получаете Pension, то вы должны заполнить то же самое приложение, что и работающие по найму - **Anlage N, Angaben zum Arbeitslohn**

В налоговой карте и в самой декларации этот вид пенсии вносится в графу - **Versorgungsbezüge**. То есть - выплаты по обеспечению.

Что еще нужно знать

Как уже упоминалось, пенсия **(Rente)** подвергается налогообложению. В большинстве случаев рамки пенсии удается снизить за счет налоговых льгот. Каких именно - перечисляется ниже:

- **Werbungskosten**. Расходы, связанные с получением дохода, то есть - пенсии. Финведомство признает у пенсионеров *(Rentner)* паушальную льготу 200 ДМ в год.

(Не путать с **Arbeitnehmerpauschbetrag,** - 2 000 ДМ в год - который предоставляется всем работающим по найму, а также **Pensionär**'ам!). Какие расходы могут быть связаны с получением пенсии? Ну, например, расходы на судебный процесс, связанный с вашей пенсией или расходы на консультацию по пенсионным вопросам. Если сумма расходов превысила паушальную льготу 200 ДМ, вы можете перечислить их в декларации.

- **Sonderausgaben.** „Особые расходы". Здесь признается паушальная сумма в размере 108 ДМ в год (для одиноких), либо - 216 ДМ (для супругов). Если у вас были более крупные затраты, например, алименты разведенной супруге и другие „особые расходы", вы можете списать фактические расходы, внеся их в формуляр декларации. Особое внимание следует обратить на расходы по оплате страховых взносов *(Vorsorgeaufwendungen)*. В отличие от работающих по найму, **пенсионеры могут** полностью **списать взносы, уплаченные на частное страхование** (см. главу „Особые расходы").

- **Außergewöhnliche Belastungen.** „Чрезвычайные расходы" также снижают налог. Возможные варианты: паушальная налоговая льгота для инвалидов *(Pauschbetrag für Behinderte)*, паушальная налоговая льгота по уходу за близкими *(Pauschbetrag für die Pflege von Angehörigen)*, расходы на „помощника по ведению домашнего хозяйства" *(Kosten für Hilfe im Haushalt)*. При проживании в доме инвалидов или престарелых можно списать с дохода соответствующую сумму, свободную от налога *(Freibetrag für die Unterbringung im Heim)*.

- **Altersentlastungsbetrag.** В том случае, если пенсионер продолжает работать, и ему уже исполнилось 64 года, он имеет право на дополнительную налоговую льготу в размере максимально 3 270 ДМ в год. Эта льгота предоставляется автоматически. Если работают оба супруга-пенсионера, то льгота предоставляется каждому из них в отдельности.

Пенсионеры, получающие **Pension**, могут также снизить рамки дохода за счет дополнительных льгот.

НЕРЕГУЛЯРНЫЙ ДОХОД

САМАЯ ПОПУЛЯРНАЯ РАБОТА...

За исключением очень обеспеченных лиц, в Германии почти не найдется граждан, которые никогда и нигде не подрабатывали. Даже некоторые полицейские разносят почту в свободное от государственной службы время или занимаются по совместительству охраной частных объектов. Ведь зарплата у блюстителей порядка не всегда соответствует стоимости жизни. Особенно в таком городе как Мюнхен.

Как относится финведомство к „побочникам“? Нормально. Где нужно - облагает налогами, где можно - пропускает, не обложив. Например, в тех случаях, если вы работаете на „базисе“ и зарабатываете не более 630 ДМ в месяц. Помимо „базиса“, существует несколько других вариантов „побочной“ работы, которые мы также опишем в этой главе.

Подрабатывать никому не запрещено. Вы можете постоянно работать по найму полный день, а в свободное время подрабатывать как самостоятельный. Или работать опять же по найму и подрабатывать как лицо свободной профессии. Или же - и работать по найму, и подрабатывать по найму. Побочная работа может также выполняться лицами без постоянного места работы и, конечно же, пенсионерами, студентами и домохозяйками. Возможности здесь действительно самые широкие, и ограничений почти не существует, разве что, в тех случаях, если речь идет о детях, беременных женщинах и иностранцах без разрешения на работу.

Весь вопрос в том, как отразится побочная работа на вашем налогообложении. Ведь дополнительный заработок может привести к дополнительным налогам, взносам и в некоторых случаях даже к ...доплате налога (вместо компенсации)!

Побочная работа разделяется на три категории:

- „Незначительная деятельность" *(geringfügige Tätigkeit)*, более известная как работа по „базису". Доход не должен превышать 630 ДМ в месяц.

- Постоянная работа неполный день *(Teilzeitarbeit)*. Рабочее время - по договоренности.

- Временная работа *(Aushilfstätigkeit)*. Срок работы - также по договоренности.

РАБОТА НА „БАЗИСЕ"

Почему на Шредера наложили Hausverbot

В феврале 1999 года федеральный канцлер Герхард Шредер стал жертвой собственной налоговой политики. Отныне и на все времена ему уже никогда не доведется отведать пиццы, выпеченной в одном из 69 филиалов фирмы Н. И произойдет это не потому, что Шредеру необходимо соблюдать диету или он решил переключиться на жареные сосиски, а совсем по другой причине: владелец фирмы Н. запретил канцлеру появляться в своих заведениях. То есть, как принято говорить в Германии, на Шредера был наложен **Hausverbot**.

Это суровое решение было обосновано тем, что новая налоговая политика, по всей вероятности, приведет к скорому банкротству фирмы Н., в которой большинство сотрудников работает на „базисе". Мы не знаем, насколько этот **Hausverbot** повлиял на обеденное меню Шредера, и не пришлось ли супруге Дорис обзванивать другие пиццерии, но факт остается фактом: новые положения о „базисе" действительно в корне повлияли на оборот многих мелких и средних фирм.

Почему „базис" пришлось реформировать

До введения новых налоговых порядков, работа на „базисе" пользовалась популярностью не только среди трудящихся и домохозяек, но и у самих фирм. Ведь „базис" означал меньше хлопот и, конечно же, меньше расходов. Владельцам фирм не приходилось платить за „базисного" рабочего страховые взносы и возиться с налоговыми картами. В те времена им было достаточно уплатить в финведомство паушальный налог, и на этом все кончалось. Большинство фирм по достоинству оценило это преимущество, и количество „базисных" рабочих достигло невиданных высот.

В последние годы „базисный" вирус перекинулся и на крупные концерны, многие из которых начали потихоньку упразднять постоянные рабочие места и вместо „твердых" рабочих брать на работу „побочников". Такое развитие не могло остаться без последствий. Ведь наплыв „базисных рабочих", не плативших ни одной марки страховых взносов, означал для социальных страховых фондов прямые убытки. Приходится ли удивляться, что сразу же после выборов новое правительство объявило „базисный" вопрос гвоздем новой налоговой программы.

Вначале было решено последовать планам прежнего правительства и отменить „базис" полностью. Потом его решили оставить, но обложить налогом. Затем налог был заменен социальными страховками. В марте 1999 г. был представлен очередной „окончательный" вариант. Впрочем, он оказался настолько сложным, что, по всей вероятности доработки не миновать.

В следующих разделах будут представлены только основные условия „базиса". Более исчерпывающую информацию вы можете получить в своем финведомстве, у налогового консультанта или в „Обществе помощи налогоплательщикам, работающим по найму".

Новые положения с 1 апреля 1999 г.

В прошлые годы можно было зарабатывать на „базисе" до 620 ДМ в западных землях и до 520 ДМ - в восточных. Работодатель выплачивал паушальный подоходный налог, самим работающим не приходилось платить ни налога, ни взносов на социальное страхование. Помимо этого, работающие по найму полный день могли подрабатывать дополнительно на одном „базисе", опять же не платя на него ни налога, ни страховых взносов.

С 1 апреля 1999 года условия в корне изменились. Теперь можно зарабатывать до 630 ДМ в месяц (как в западных, так и в восточных землях). Этот лимит останется в ближайшие годы без изменений. Работа будет считаться „незначительной" только в том случае, если рабочее время составит менее 15 часов в неделю.

Паушальный налог работодателя отменен. Вместо этого, ему необходимо платить паушальные взносы в социальные страховые кассы.

В последующих разделах приводятся конкретные данные, касающиеся обязанностей работодателя, а также обязанностей и возможностей самих работающих по „базису", в том числе - домохозяек, студентов, пенсионеров и некоторых других.

Налог

Как уже упоминалось, паушальный налог работодателя отменен. Вам также не придется платить налог, если у вас **нет никаких других доходов**.

Здесь приходится проявлять осторожность. Ведь под „другими доходами" понимается не только зарплата, но и алименты, пенсия, доход от сдачи квартиры по найму и т.д. В том случае, если у вас действительно имеются другие источники дохода, придется уплатить налог.

Если вы работаете в нескольких местах на „базисе", то **общая сумма дохода** не должна превышать 630 ДМ в месяц. Иначе придется и тут уплатить налог.

Налоговая карта

С 1 апреля 1999 года работа на „базисе" должна быть отмечена в налоговой карте. Где и как ее получить, уже было описано в главе „Налоговая карта".

Если вы собираетесь работать только на „базисе", и других доходов у вас нет, вы можете идти в финведомство, где вам по заявлению выдадут справку, подтверждающую освобождение от налога *„Freistellungsbescheinigung"*. Сдав эту справку своему „базисному" работодателю, вы будете уверены, что налог взиматься не будет.

Что произойдет в том случае, если справки у вас нет, и вы сдали работодателю только налоговую карту? Тогда работодатель будет руководствоваться записью о классе налогообложения. Если же вы не сдали ни карты, ни справки, то работодатель должен обложить вас налогом по VI-му классу. То есть - самым крупным!

Если на „базис" был взыскан налог, то вы можете получить его обратно с помощью декларации. Но, конечно, только в тех случаях, если компенсация вам положена!

Взносы работодателя в социальное страхование

С 1 апреля 1999 г. работодатель должен платить паушальные взносы в социальное медицинское страхование *(gesetzliche Krankenversicherung)*. Размер взноса составляет 10% от вашей ставки.

Исключение: если вы вообще не застрахованы в социальной медицинской кассе, то **взнос работодателя отпадает**.

Работодатель должен платить также паушальные взносы в социальную пенсионную кассу *(gesetzliche Rentenversicherung)*. Размер взноса составляет 12% от вашей ставки.

Исключение: взнос работодателя **отпадает** в том случае, если вы - **студент**, работающий на „базисе" в рамках студенческой практики, предписанной условиями учебы.

И, наконец, работодатель должен платить взносы в социальное страхование от несчастного случая *(gesetzliche Unfallversicherung)*. Размер взноса зависит от условий страховой кассы.

ЭТО НУЖНО ЗНАТЬ

Если вы занимаетесь уходом (*Pflegetätigkeit*) или работаете инструктором (*Ausbilder*) и получаете необлагаемую налогом компенсацию расходов (*steuerfreie Aufwandsentschädigung*) в размере до 2 400 ДМ в год, то она (компенсация) не будет считаться вашим доходом и облагаться налогом и страховыми взносами.

Как выглядит пенсионное страхование

Так как работодатель должен платить взносы в пенсионную кассу (12%), у вас появляются шансы на пенсию. Если вы трудились на „базисе" ровно один год, то вы сможете получать пенсию по старости в размере 4,17 ДМ в месяц. Вполне серьезно...

Вам этого недостаточно? Тогда вы можете заявить работодателю, что согласны доплатить 7,5%. То есть - ровно 42,75 ДМ в месяц. Тогда ваша будущая пенсия несколько повысится и достигнет 6,79 ДМ в месяц.

Правда, „пенсия“ - это еще не все. Ваш добровольный взнос в размере 42,75 ДМ в месяц даст вам возможность использовать все блага пенсионной страховки. Например, вы сможете съездить на курорт *(Kur)*. Однако, не совсем бесплатно. Как и всем прочим застрахованным, вам придется уплатить некоторую сумму из своего кармана. Например, за курортную таксу, проездные билеты и прочее.

Уплатив дополнительный пенсионный взнос, вы будете также застрахованы на тот случай, если вас постигнет полная нетрудоспособность *(Erwerbsunfähigkeit)* или профессиональная непригодность *(Berufsunfähigkeit)*. Впрочем пенсия и тут будет более, чем минимальной. Кроме того, страховые кассы очень неохотно признают нетрудоспособность, ссылаясь на возможность перехода на „более легкую работу“.

В тех случаях, если вы работали на „базисе“ не на полную мощность и зарабатывали менее 630 ДМ в месяц, будущая „пенсия“ соответственно снизится...

Супруги

Для супругов действует следующее положение: если один супруг работает, то другой супруг, например, **неработающиая домохозяйка без собственного дохода**, может подрабатывать на „базисе“ до 630 ДМ, не платя подоходного налога и не внося взносов за социальные страховки. Ее доход не будет принят в расчет.

Можно ли супруге-домохозяйке подрабатывать больше, чем 630 ДМ? Можно, но не советуется. Ведь тогда в ее налоговую карту будет внесен V-ый класс налогообложения. И если, допустим, она работает неполный день *(Teilzeit)* и зарабатывает брутто 1 120 ДМ в месяц, то к концу месяца ее ожидает интересная неожиданность: она получит на руки 630 ДМ (нетто) с небольшим гаком. Почти как на „базисе“. И при этом ей пришлось отработать в два раза больше времени и приложить вдвое больше усилий!

Может ли по „базису" подрабатывать сам супруг, у которого уже имеется основное место работы? Тоже может. Но тогда ему понадобится еще одна налоговая карта, в которую будет внесен VI-й класс налогообложения (самый невыгодный!). И если он получает по „базису" именно 630 ДМ, то ему придется уплатить почти 150 ДМ на подоходный налог и 110 ДМ на страховые взносы. В итоге от „базиса" останется 370 ДМ.

Поможет ли декларация вернуть налог, зависит от дохода и семейного положения. В некоторых случаях придется даже доплачивать!

Пенсионеры

Если вы получаете пенсию *(Rente)*, то доход по „базису" будет считаться дополнительным доходом. Будет ли он облагаться подоходным налогом, зависит от размера пенсии. В большинстве случаев все не так страшно, как кажется. Ведь у пенсионеров подоходным налогом облагается только часть пенсии (см. „Пенсия и налог"). В подавляющем большинстве случаев эта часть намного ниже лимита, за которым начинается налогообложение. Это значит, что пенсионерам приходится платить налог только в очень редких случаях.

Далее: если пенсионер подрабатывает на „базисе", то совместная сумма дохода (пенсия + „базис") тоже может оказаться ниже лимита налогообложения.

Итак, как же все-таки быть пенсионеру, работающему на „базисе"? Если с него был взыскан подоходный налог, то к началу следующего года ему нужно сдать налоговую декларацию и получить налог обратно. Вот и все.

Что еще нужно знать о „базисе"

Если вы работаете на „базисе", вам нужно обратить внимание на следующие детали:

- **Алименты.** Алименты *(Unterhalt)* считаются доходом. Если у разведенной матери имеется один ребенок, она сможет безнаказанно получать „базисные" 630 ДМ в том случае, если размер алиментов не превысит 1 240 ДМ в месяц.

- **Отпуск, праздничные дни.** Работающие на „базисе" имеют право на оплачиваемый отпуск *(bezahlter Urlaub)* и праздники *(Entgeltzahlung an Feiertagen)*.

- **Больничные.** Работающие на „базисе" имеют право на сохранение зарплаты во время болезни *(Lohnfortzahlung im Krankheitsfall)*.

В последнюю минуту: все „базисные" правила будут пересмотрены летом 1999 г. Следите за сообщениями прессы!!!

ДРУГИЕ ВАРИАНТЫ „ПОБОЧНОЙ" РАБОТЫ

Общие сведения

„Побочная работа" *(Nebentätigkeit)* - это только общий термин для различных вариантов работы неполный день. Побочная работа может быть постоянной или временной. В первом случае вы работаете в качестве постоянного сотрудника несколько часов в день *(Teilzeitarbeit)*. Во втором - у вас только временная работа, продолжительность которой зависит от потребностей фирмы *(Aushilfstätigkeit)*. Ведь и термин **Aushilfe** означает - временный помощник.

Побочная работа может выполняться действительно в побочном порядке, то есть - по совместительству *(Nebenjob mit Hauptberuf)*. В других случаях она может быть единственной трудовой деятельностью, например, у домохозяек, которые, как правило, другого дохода не имеют *(Nebenjob ohne Hauptberuf)*.

Работа по совместительству

Если у вас есть основное рабочее место, и вы подрабатываете по совместительству, то дополнительный доход подвергается полному налогообложению. Помимо этого, вы должны уплатить взносы на социальное страхование.

Здесь вам понадобится в обязательном порядке вторая налоговая карта, в которую будет внесен VI-й класс налогообложения. Так как по ней будет взиматься самый крупный налог, то сдавайте ее только тому работодателю, у которого вы получаете самую низкую зарплату. При заполнении налоговой декларации не забудьте перенести данные из второй карты в соответствующую графу - **Anlage N, Angaben zum Arbeitslohn**. При этом необходимо использовать отдельную колонку - **Weitere Lohnsteuerkarte(n).**

Если вы работаете одновременно на нескольких местах, то вы должны каждому „побочному" работодателю сдать отдельную налоговую карту с VI-м классом налогообложения. В налоговую декларацию вносится всегда **сумма** данных из всех налоговых карт (с VI-м кл. нал.).

Если вы только подрабатываете

Если у вас нет постоянного места работы (например, вы - домашняя хозяйка), и вы подрабатываете не по „базису", а на других условиях, например, работая ежедневно по нескольку часов, то финведомство будет считать вас обычным налогоплательщиком. Это значит, что вы не только будете облагаться налогом, но и сможете пользоваться теми же налоговыми льготами, что и лица, работающие по найму полный день. И даже класс налогообложения присваивается на тех же условиях.

Важно знать: несмотря на неполный рабочий день, вам будут предоставлены паушальные налоговые льготы в полном размере. Например, **Werbungskostenpauschale** (2 000 ДМ), **Sonderausgabenpauschbetrag** (108/216), **Altersentlastungsbetrag** (до 3 720 ДМ) и некоторые другие.

Более подробную информацию о налоговых льготах вы найдете в соответствующих главах.

Сезонная работа и работа на ограниченный срок

„Ferienjob", „Aushilfe gesucht", „Saisonarbeiter für Spargelernte" - очевидно и вы не раз сталкивались с такими объявлениями, заполняющими газеты в период летних отпусков и зимних каникул. Во всех трех случаях речь идет о работе, ограниченной по сроку *(Aushilfstätigkeit)*, условия которой выгодно отличаются от работы по „базису". Именно этими вариантами часто пользуются сезонные рабочие, а также школьники и студенты.

Условия:

- **Налог.** Работодатель платит 25% паушального налога. Вам самим платить налог не придется. Вы можете работать не более 18 дней на одном и том же месте и зарабатывать до 120 ДМ в день. Общей сложностью вы можете заработать до 2 160 ДМ в течение всего периода работы.

- **Социальное страхование.** Вам не придется платить взносы на обязательное страхование, если вы работали не более двух месяцев (50 рабочих дней) в году. Размер дохода не ограничен.

ЭРЗАЦ ЗАРПЛАТЫ И НАЛОГ

Нужно ли безработным сдавать декларацию

Пособие по безработице *(Arbeitslosengeld)* не облагается налогом. Вам не придется также вносить взносы на социальное страхование. Биржа труда *(Arbeitsamt)* будет выплачивать вам пособие в „чистом виде", не отягощая его какими-либо вычетами. Значит ли это, что вам не нужно сдавать налоговую декларацию?

Если общая сумма пособия по безработице за весь год превысит 800 ДМ, то вы должны сдать налоговую декларацию в принудительном порядке *(Pflichtveranlagung)*! Так как в подавляющем большинстве случаев безработные получают намного больше, то принуждение касается почти всех. Как будет выглядеть конечный результат, зависит от вашего дохода. В некоторых случаях вы сможете получить компенсацию. Но может быть и совсем наоборот: получив вашу декларацию, финотдел потребует от вас ...доплату налога.

Если вы получили меньше, чем 800 ДМ или пособие вам вообще не выплачивалось, например, потому, что вы не успели внести в страховую кассу достаточно взносов, то к сдаче декларации вы не принуждаетесь. Тем не менее, советуется ее сдать. Именно здесь вам может предстоять компенсация налога. Особенно в тех случаях, если вы - холостяк.

Зато если вы женаты, и ваша супруга работает, то все может выглядеть совершенно иначе. Например, если у вашей супруги - третий класс налогообложения. Тогда декларацию нужно сдать опять в принудительном порядке *(Pflichtveranlagung)*. Причем, здесь вам, скорее всего, предстоит доплатить налог!

Это связано с тем, что пособие по безработице всегда принимается в расчет. В одном случае это повлияет на налог положительно, в другом - отрицательно. Почему это так - мы объясним в следующем разделе.

Доплата или компенсация

Как уже было сказано выше, в тех случаях, если вы получали пособие по безработице (более 800 ДМ в год), вы должны сдать декларацию в принудительном порядке. Объясняется это тем, что здесь должен быть произведен контрольный расчет. Ведь налоговому ведомству не было известно о грядущей безработице. А значит, с вас взимался самый обычный налог, без учета „безработных" месяцев. И насчитывался этот налог по обычной налоговой ставке, без скидки на безработицу.

Если вы проработали, скажем, полгода, а следующие полгода были безработным, то логично, что ваш общий доход окажется значительно меньше, чем в том случае, если бы вы проработали полный год. Ведь вы получали зарплату только в течение шести месяцев. Остальные полгода вам шло пособие по безработице, которое, естественно, было ниже зарплаты. Но вот налог за первые шесть месяцев начислялся по стандартной ставке, то есть - так, как если бы вы работали целый год. Поэтому во многих случаях возможна компенсация налога. Но не всегда.

Довольно часто налог приходится все же доплачивать. Виновата в этом, так называемая, „оговорка о прогрессии".

Оговорка о прогрессии

Итак, допустим, что вы действительно проработали только часть года, а вторую часть „отдыхали" и получали пособие по безработице. Так как это пособие не облагается подоходным налогом, то, казалось бы, ситуация ясная: облагаемый налогом доход состоит только из зарплаты. Но ведь дополнительно к ней вы получали пособие по безработице. И за этот „подарок" вам не пришлось платить налог.

Такое положение было бы несправедливым по отношению к тем, кто проработал полный год и заплатил налоги в полном размере на всю сумму дохода. Чтобы сгладить эту несправедливость, государством было введено довольно хитроумное положение, называемое „оговоркой о прогрессии“ *(Progressionsvorbehalt)*. При этом происходит следующее: финведомство складывает налогооблагаемый доход и пособие по безработице (просим не путать налогооблагаемый доход с доходом-брутто!). Полученная сумма будет служить основой для вычисления новой налоговой ставки, на которую и будет ориентироваться финведомство при начислении налога.

Ниже приводится пример. Для более доступного понимания все цифры **округлены**.

ПРИМЕР

Продавщица Анна Б. проработала большую часть года, после чего она оказалась безработной. Налогооблагаемый доход Анны за проработанные месяцы составляет 25 000 ДМ, за которые она уплатила налог в размере 3 400 ДМ. Помимо этого, Анна получила пособие по безработице, общий размер которого составил 7 000 ДМ.

Получив налоговую декларацию, финведомство приступает к расчетам: складывает налогооблагаемый доход и пособие. Результат сложения - 32 000 ДМ. На доход в этом размере должен быть начислен налог 5 400 ДМ. Налоговая ставка составит в этом случае около 17%.

Теперь финведомство применит именно эту ставку при начислении налога на 25 000 ДМ. В результате перерасчета налог составит уже не 3 400 ДМ, а 4 300 ДМ.

Итак, Анне придется доплатить 900 ДМ налога!

Как видно из примера, налог хоть и поднялся, но все же не настолько, как в том случае, если бы Анна проработала весь год. Вывод: если в течение отчетного года вы и работали, и получали пособие, то при начислении налога финведомство выберет золотую середину...

Эрзац зарплаты

Пособие по безработице считается эрзацем зарплаты. Помимо этого, эрзацем считаются многие другие выплаты, замещающие зарплату *(Lohnersatzleistungen)*. Возможно и вы не раз имели дело с эрзацем зарплаты в течение отчетного года. Например, в тех случаях, если вы заболели, ушли в декретный отпуск, работали сокращенный день и т.д. Тогда, вместо зарплаты, вам будут выплачиваться больничные, пособие, компенсации и прочие „эрзацы".

Как уже не раз упоминалось, во всех тех случаях, если полученная сумма превысит 800 ДМ, вы должны в принудительном порядке сдать налоговую декларацию, в которой укажете размер „эрзаца". К декларации должны быть приложены справки и подтверждения, в которых будет указана выплаченная сумма, а также период безработицы, болезни и т.д. На каждой справке и на каждом подтверждении вы найдете надпись **„Zur Vorlage beim Finanzamt"**, то есть - „для предъявления в финведомство".

Наиболее распространенных варианты „эрзаца зарплаты":

- Больничные *(Krankengeld)*.

- Пособие по материнству *(Mutterschaftsgeld)* и доплаты к этому пособию *(Zuschüsse zum Mutterschaftsgeld)*.

- Пособие по безработице *(Arbeitslosengeld)* и помощь по безработице *(Arbeitslosenhilfe)*.

- Подъемные *(Übergangsgeld, Eingliederungsgeld)*.

- Компенсация, выплаченная из-за простоя в зимнее время *(Winterausfallgeld)* или плохой погоды *(Schlechtwettergeld)*.

- Компенсация, выплаченная из-за сокращенного рабочего дня *(Kurzarbeitergeld)* или банкротства фирмы *(Konkursausfallgeld)*.

- Предпенсионные выплаты в случае преждевременного ухода на пенсию *(Vorruhestandsgeld)*.

Помимо перечисленных, существует ряд других выплат, считающихся „эрзацем", которые встречаются не так часто и поэтому здесь не приводятся.

„Эрзац зарплаты" может быть выплачен биржей труда, например, пособие по безработице и подъемные, или больничной кассой, например, больничные *(Krankengeld)* и пособие по материнству *(Mutterschaftsgeld)*.

Некоторые виды „эрзаца" выплачиваются самим работодателем. Например, доплата к пособию по материнству *(Zuschüsse zum Mutterschaftsgeld)* и доплата по старости *(Aufstockungsbeträge nach dem Altersteilzeitgesetz)*. Эти доплаты работодатель внесет в вашу налоговую карту *(Lohnsteuerkarte)*. Вам остается только перенести их в соответствующие графы налоговой декларации - **Anlage N, Angaben zum Arbeitslohn.**

Что еще нужно знать

Утаивать „эрзац зарплаты" ни в коем случае не советуется! Вы должны обязательно указать его в декларации. В противном случае могут произойти довольно крупные неприятности. Ведь если чиновник заметит по декларации, что у вас были некоторые пробелы в периоде работы, то он неизбежно начнет задавать вопросы. Если они его не удовлетворят, он может сделать запрос в соответствующие ведомства и учреждения. Например, в биржу труда, откуда вы (тайком!) получали пособие в течение пары месяцев. В этом случае вам может угрожать судебный процесс.

Возможна и обратная ситуация. Вы нормально проработали весь год и у вас не было пробелов. Тем не менее вы указали пособие по безработице, которое получали потому, что „забыли" сообщить в биржу труда о поступлении на работу. В этом случае чиновник финведомства будет рад проинформировать коллег из биржи труда о незаконно выплаченных вам деньгах. Нетрудно представить, что вас и здесь по головке не погладят!

Эрзац зарплаты в налоговой декларации

В налоговой декларации все виды „эрзаца зарплаты" вносятся в приложение к основному формуляру - **Anlage N, Einkünfte aus nichtselbständiger Arbeit. Angaben zum Arbeitslohn.**

При этом следует различать, что куда вносить. Сумма выплат работодателя, таких как компенсация зарплаты из-за сокращенного рабочего дня, компенсация зарплаты из-за плохих погодных условий, доплата к пособию по материнству и некоторые другие вносится в графу - **Kurzarbeitergeld, Winterausfallgeld, Zuschuß zum Mutterschaftsgeld, Verdienstausfallentschädigung... Aufstockungsbeträge..., Zuschläge...** (lt. Lohnsteuerkarte).

Сумму всех выплат вы найдете в налоговой карте. Вам остается только перенести ее в декларацию.

Предпенсионные выплаты *(Vorruhestandsgeld, Vorruhestandsleistungen)* считаются выплатами по обеспечению будущего и вносятся в соответствующую графу - **Versorgungsbezüge.**

Сумму предпенсионных выплат вы также найдете в налоговой карте. Вы и тут можете перенести ее в налоговую декларацию.

Выплаты биржи труда и больничной кассы следует также сложить и сумму внести в графу - **Andere Lohnersatzleistungen** (z.B. Arbeitslosengeld, Arbeitslosenhilfe, Altersübergangsgeld, Überbrückungsgeld lt. Bescheinigung d. Arbeitsamts u. Krankengeld, Mutterschaftsgeld lt. Leistungsnachweis).

ОТСТУПНЫЕ ПО УВОЛЬНЕНИЮ

Увольнение по собственному желанию

Увольняться по собстенному желанию не стоит ни при каких обстоятельствах! Эта истина известна каждому работающему по найму. Если вы все же совершили этот шаг, то по всей вероятности вам предстоит проглотить две горькие пилюли. Во-первых, вам может грозить замораживание пособия по безработице на срок до трех месяцев *(Sperrfrist für die Zahlung von Arbeitslosengeld)*. Ну, а во-вторых, вы потеряете возможность получить от работодателя отступные по увольнению *(Abfindung)*.

Если работодатель все же выплатит отступные (редко, но бывает!), то вам придется уплатить подоходный налог на всю сумму! Без учета налоговых льгот. Правда, и здесь есть кое-какие исключения. Например, если вы уволились потому, что работодатель собирается объявить банкротство фирмы *(Konkurs)*. Или он намерен закрыть предприятие по каким-либо другим причинам. Или фирме предстоит переселение в другой город или даже - в другую страну. Или ваша зарплата идет нерегулярно. Или вас ни с того, ни с сего перевели на другое рабочее место (хуже оплачиваемое и полностью отличающееся от прежнего). Или вас терроризируют коллеги *(Mobbing!)*...

Во всех этих и некоторых других экстремальных случаях будет считаться, что вы вынуждены были уволиться, и другого выхода у вас нет и не было. И если вам удалось получить отступные, то налог будет взыскан не полностью. Возможно даже и пособие по безработице будет идти с первого дня. В остальном же, советуется ждать увольнения со стороны самой фирмы. Тем более, если вы проработали много лет на одном и том же месте.

Увольнение со стороны фирмы

В тех же случаях, если увольнение произошло со стороны фирмы, вполне возможно, что вы получите неплохие отступные. Размер отступных зависит от того, сколько времени вы непрерывно проработали на предприятии, а также - от вашего возраста.

Отступные считаются доходом, поэтому они подвергаются налогообложению (взносы за социальные страховки платить не нужно). Небольшое утешение: часть отступных остается свободной от начисления налога, так как финведомство предоставит вам налоговую льготу *(Freibetrag)*. Сколько именно можно уберечь от налога - зависит также от различных факторов. В 1999 году вошло в силу новое положение, согласно которому свободными от налогообложения останутся следующие суммы:

Стандартная сумма	18 000 ДМ
Вы проработали на одном месте более 15-ти лет, и вам уже исполнилось 50 лет	20 000 ДМ
Вы проработали на одном месте более 20-ти лет, и вам уже исполнилось 55 лет	24 000 ДМ

Если отступные превысят эти суммы, то за „перевес" вам придется уплатить налог.

Согласно новому положению, отступные принимаются в расчет при начислении пособия по безработице *(Arbeitslosengeld)*. Если после увольнения вы встанете на учет в бирже труда, вам придется считаться с тем, что некоторое время вы будете получать сокращенное пособие.

236

НАЛОГ И СОБСТВЕННОСТЬ

ПООЩРЕНИЕ СОБСТВЕННОГО ЖИЛЬЯ

Дотация на строительство

Если вы собираетесь купить или построить собственный дом (или квартиру), то вы имеете право на получение строительной дотации *(Bauzulage)*. Дотация выплачивается налоговым ведомством в течение восьми лет. Право на дотацию имеют все граждане, доход которых не превышает определенного лимита. Доход холостых за два года не должен превышать 240 000 ДМ. При этом учитывается только доход в год покупки (или постройки) и предыдущий ему год. Если, допустим, вы купили дом в 1999 году, то в расчет будет принят доход за 1998 и 1999 годы. Общий доход супругов за тот же двухлетний период не должен превышать 480 000 ДМ. Как видите, лимит, действительно, великодушен...

За новые дома вы получите жилищную дотацию в полном размере (5 000 ДМ в год), за „старые“ - в половинном (2 500 ДМ в год). Общий размер дотации за новые дома за восемь лет составляет ровно 40 000 ДМ (за старые дома - 20 000 ДМ). Если у вас есть дети, то вы получите на каждого ребенка отдельную „детскую“ дотацию *(Kinderzulage)* в размере 1 500 ДМ в год. Причем, размер „детской“ дотации остается неизменным и не зависит от возраста дома. Общий размер „детской“ дотации за восемь лет составляет 12 000 ДМ на каждого ребенка.

Выплата дотаций на строительство начинается в год вселения. Чтобы получить дотации, вам достаточно заполнить формуляр *(Antrag auf Eigenheimzulage)* и отослать его в финведомство. Некоторое время спустя ведомство пришлет вам решение о выплате *(Bescheid)*. Первая дотация будет перечислена на ваш текущий счет примерно через месяц после получения „решения". Остальные будут перечисляться в течение оставшихся семи лет - всегда к 15 марта.

Вам необходимо вселиться в дом (или квартиру) сразу же после покупки (или постройки). Иначе вы рискуете потерять дотацию за первый год! Если, допустим, договор на покупку датирован ноябрем 1999 года, то не следует откладывать вселение на январь будущего года. Если же дом был построен, то решающей датой будет считаться указанный в договоре день сдачи дома в эксплуатацию *(Immobilie ist bezugsfertig)*.

Заявление на дотацию не обязательно подавать совместно с налоговой декларацией. Въехав в новую квартиру или дом, вы можете тут же сообщить об этом в финведомство и попросить выслать вам необходимые формуляры.

ЭТО НУЖНО ЗНАТЬ

Дотация полагается каждому супругу. Если один из них от своего имени подал заявление на дотацию, то второй супруг может использовать свою дотацию при покупке еще одного дома/квартиры

Итак, каждый супруг имеет право на 40 000 ДМ. Однако объединить эти дотации для покупки одного и того же дома они не смогут!

Новое положение: если супруги купили две квартиры (или два дома) и использовали две дотации (по одной на каждого), то и детская дотация *(Kinderzulage)* полагается **каждому из них**. То есть, супруги могут получить все дотации в двойном размере!

Дотации для тех, кто экономит энергию

Для тех, кто выполнил условия по экономному расходу энергии, предусмотрены еще две дотации:

- Экологическая дотация *(Öko-Zulage)*. Предоставляется тем, кто до 2000 года встроил в свой дом или квартиру установку для экономного расхода отопительной энергии *(Einbau der Energiesparanlage)*. Размер дотации составляет максимально 500 ДМ в год.

- Дотация „на теплоизоляцию" *(Wärmeschutzzulage)*. Предоставляется тем, кто до конца 2000 года приобрел или построил дом, отвечающий всем требованиям по экономному расходу энергии *(Niedrigenergiehaus)*. Размер дотации составляет 400 ДМ в год.

Предварительные расходы

Помимо этого, в декларации за 1998 год вы можете списать предварительные расходы, возникшие при покупке или постройке дома или квартиры *(Vorkosten)*. Этими расходами считаются, например, следующие: поземельный налог *(Grundsteuer)*, проценты за кредит *(Schuldzinsen)*, взносы на страховки, необходимые в процессе строительства *(Bauversicherungsbeiträge)*, дизажио *(Disagio)* и т.д. Несмотря на то, что расходы могут быть очень крупными, финансовое ведомство признает только паушальную сумму предварительных расходов *(Vorkostenpauschale)*. Ее размер составляет 3 500 ДМ.

Если вы купили или построили дом/квартиру в 1998 году, то вы еще сможете использовать паушальную льготу, заполнив декларацию за 1998 год - **Anlage FW, Vorkostenabzug bei einer nach dem Eigenheimzulagengesetz begünstigten Wohnung.**

В 1999 г. паушальная льгота отменяется полностью.

Расходы на ремонт (до вселения)

Если же вы вселяетесь не в новый, а в старый дом или квартиру, то вам предоставляется возможность списать с дохода предварительные расходы на ремонт *(Instandhaltungs- und Renovierungskosten vor dem Einzug).* Ремонт должен быть закончен **до вселения** в дом/квартиру. Предварительные расходы по ремонту могут составлять до 15% от стоимости дома. Общая сумма расходов не должна превышать 22 500 ДМ.

Вы можете списать расходы в последний раз в декларации за 1998 год. **С 1999 года эта возможность также отпадает.**

Таблица дотаций, связанных с покупкой жилплощади (1999 г.).

	Новостройки	Старые здания
Основная строительная дотация		
Одинокие/семьи без детей	40 000	20 000
Одинокие/семьи с одним ребенком	52 000	32 000
Одинокие/семьи с двумя детьми	64 000	44 000
Одинокие/семьи с тремя детьми	76 000	56 000
Дополнительные дотации		
Дом с пониженным расходом энергии	3 200	-
Встройка приборов, снижающих расход энергии.	4 000	4 000

„СОЗДАНИЕ СОСТОЯНИЯ"

Подарок работодателя

Многие работающие по найму могут использовать хорошо известную форму накопления, носящую несколько напыщенное наименование - „создание состояния". В процессе „создания" принимают участие и работодатель, и государство, и сам налогоплательщик. А сам процесс, то есть - ежемесячные взносы на вклад, начисление процентов, а также доплаты и премии называются **Vermögenswirksame Leistungen** или сокращенно - **VWL**. Что означает следующее: „выплаты, с помощью которых создается состояние".

Тем, кто еще не сталкивался с этим вариантом накопления, попытаемся его кратко разъяснить. Итак, **дополнительно к заработной плате**, работодатель ежемесячно выплачивает рабочему (или служащему) взносы на „создание состояния". В зависимости от условий фирмы и тарифного договора, размер „подарка" составляет 13 ДМ, 26 ДМ, 52 ДМ или 78 ДМ в месяц. В течение года набирается максимально 936 ДМ. Ежемесячный взнос работодателя так и называется: „дотация работодателя на вклад" *(Arbeitgebersparzulage)*.

Государство вознаграждает вкладчика 10% на вклад. Эта награда называется „надбавка на вклад работающего по найму" *(Arbeitnehmersparzulage)*. Чтобы получить эту надбавку, доход налогоплательщика не должен превышать определенного лимита. С 1 января 1999 года лимит дохода холостых составляет 35 000 ДМ, доход женатых - 70 000 ДМ. Имеется в виду всегда только налогооблагаемый доход *(zu versteuerndes Einkommen)*. Доход-брутто может быть значительно выше.

На следующей странице приводится таблица, содержащая данные о максимально возможном доходе-брутто у холостых и женатых (с детьми и без детей). Она поможет вам сориентироваться в своих собственных возможностях.

Кол-во детей	Одинокие	Женатые (работает один супруг)	Женатые (работают оба супруга)
-	40 996 ДМ	80 046 ДМ	82 046 ДМ
Один ребенок	50 548 ДМ	86 958 ДМ	88 958 ДМ
Двое детей	54 484 ДМ	93 870 ДМ	98 870 ДМ

Возможно, вы поразитесь, насколько приведенный в таблице доход отличается от лимита. Однако, объяснить эти чудеса довольно просто. Допустим, вы женаты, ваша супруга работает наряду с вами, и у вас имеется двое детей. Согласно таблице, ваш совместный доход может составлять 98 870 ДМ брутто. Этот доход сокращается (конечно, только на бумаге!) за счет паушальных налоговых льгот. В результате остается только налогооблагаемый доход, размер которого не превысит лимита (70 000 ДМ).

Но и это еще не все! Ведь в таблице были учтены только основные налоговые льготы, которые предоставляются автоматически. Если же у вас были какие-либо дополнительные расходы, которые вы имеете право списать с дохода, то ваш доход-брутто может быть выше, чем указанный в таблице.

Что нужно знать о „создании состояния"

„Создание состояния" связано с некоторыми особенностями. Ниже дается краткое перечисление:

- На VWL имеет право каждый работающий по найму. Это означает, что „доплата работодателя" *(Arbeitgeber-Sparzulage)* выплачивается в любом случае, независимо от размера вашего дохода.

- Для того, чтобы получить доплату от государства *(Arbeitnehmer-Sparzulage)*, вы должны уложиться в рамки дохода (35 000 ДМ для холостых, 70 000 ДМ для женатых).

- VWL выплачиваются не в каждой фирме. Справьтесь у своего работодателя о возможности получения.

- В зависимости от условий фирмы, размер взносов может составлять 13 ДМ, 26 ДМ, 52 ДМ или 78 ДМ в месяц. В том случае, если ваш работодатель выплачивает только „укороченный" взнос, вы можете доплачивать остаток сами.

- Взносы работодателя могут переводиться только на сберегательный счет по отдельному договору, который вы предварительно заключили в банке, сберкассе или стройкассе.

- Вы можете договориться с работодателем, чтобы взносы начислялись на сберегательный договор, заключенный на имя вашей супруги или ваших несовершеннолетних детей.

- Если вы желаете применить „VWL" непосредственно для оплаты строительства дома или квартиры, то вы можете договориться с вашим работодателем, чтобы он и тут выплачивал взносы не на сберегательный договор, а на указанный вами счет. Для этого вам необходимо письменное подтверждение вашего кредитора *(Gläubiger)*, например, банка, что деньги будут применяться исключительно для строительства.

Более исчерпывающую информацию о строительно-накопительном договоре *(Bausparvertrag)* строительно-сберегательных кассах *(Bausparkassen)*, а также - о „создании состояния" вы найдете в книгах „Кредиты и вклады", „Крыша над головой", „Я и мой банк".

Новые условия с 1 января 1999 года

До 1998 года можно было вкладывать максимально 936 ДМ в год и получать надбавку в размере 10% (максимально 94 ДМ в год).

С 1 января 1999 года государство ввело еще несколько вариантов вклада, поощряемых надбавкой, размер которой зависит от формы вклада:

---

1) Строительный вклад (Bausparen)

- Деньги переводятся на строительно-накопительный договор одной из стройкасс.

- Деньги применяются непосредственно на финансирование строительства или покупки дома или квартиры, расширения уже имеющейся жилплощади (дома или квартиры), покупки участка, погашения строительного кредита, в том числе и стройкредита, взятого в стройкассе.

2) Вклад в фонды (Beteiligungssparen).

- Вклад в немецкие или зарубежные инвестиционные фонды. Информацию предоставит банк, сберкасса или стройкасса.

- Вклад в фирму работодателя.

- Вклад в другие фирмы, например, в кооперативные банки.

3) Вклад на сберегательный счет или на капитальное страхование жизни (Konten- und Lebensversicherungssparen).

- Деньги поступают на сберегательный счет в банке.

- Деньги поступают на договор капитального страхования жизни.

Где вы получите информацию о вкладах

Если ваш работодатель согласен на „создание состояния", то вы можете идти в банк, сберкассу или стройкассу и заключать договор на вклады. В большинстве случаев вам предложат полный пакет „из одних рук", и вы сможете приобрести в одном и том же банке (или сберкассе, стройкассе) весь набор, необходимый для максимального поощрения (см. таблицу ниже).

Vermögenswirksame Leistungen			
Вид вклада	Максимальн. сумма вклада в год (ДМ)	Доплата на вклады в %	в ДМ
- Bausparen	936,-	10%	94,-
- Beteiligungssparen (West)	800,-	20%	160,-
(Ost)		25%	200,-
- Kontensparen			
Lebensversicherungssparen	936,-	0%	0,-
Максимально возможная сумма поощряемого вклада и доплаты (в год)	1736,-		254,- (West) 294,- (Ost)

Вероятно вы уже обратили внимание на то обстоятельство, что государство поощряет только первые два варианта *(Bausparen und Beteiligungssparen)*, где вы получите за вклады хорошие проценты.

Зато третий вариант - вклад на сберегательный счет или на капитальное страхование жизни - вообще не поощряется государственной надбавкой. „Зачем тогда здесь откладывать?" - спросите вы. Отвечаем: откладывать не нужно. Этот вариант упомянут только как одна из возможностей „создания состояния“. А использовать ее есть смысл только тем вкладчикам, у которых доход настолько велик, что государственная надбавка *(Arbeitnehmer-Sparzulage)* все равно отпадает. Тогда им уже безралично, на что откладывать, хоть на страховку жизни! Тем более, если работодатель согласен платить взносы из своего кармана. Правда, 78 ДМ в месяц за капитальную страховку означает довольно ничтожную страховую сумму. Поэтому здесь следует хорошенько подумать, стоит ли терять взносы именно на этот вариант вклада. Более подробная информация о страховке жизни содержится в книге „Осторожно, страховка!“.

Итак, согласно таблице, вы можете ежегодно откладывать 1736 ДМ и получать по процентам либо 254 ДМ (в западных землях), либо 294 ДМ (в восточных). Если работают оба супруга, то эту возможность сможет использовать каждый из них. Для того, чтобы вам ежегодно начисляли доплату (проценты), следует ежегодно подавать в налоговое ведомство налоговую декларацию. При этом следует учесть, что, согласно условиям поощрения, вы сможете получить всю сумму вклада, включая доплаты, только через шесть или семь лет.

Где вам придется доплатить из своего кармана

Работодатель может вносить не все взносы. Его подарок ограничивается 936 ДМ в год (максимально возможная сумма). Чтобы полностью исчерпать возможности, вам придется некоторую сумму доплатить из своего кармана, вернее, из своей зарплаты. Иногда даже придется полностью уплатить все взносы. Например, в том случае, если работодатель не собирается участвовать в „создании состояния“. Почему вам тогда вообще нужно откладывать на „состояние“? Отвечаем: для того, чтобы использовать государственное поощрение. Ведь где еще вы получите возможность откладывать под 10% и под 20% годовых!

Ниже перечисляются случаи, когда вам придется платить самому:

- Если работодатель вообще не выплачивает взносы на VWL.

- Если взносы работодателя слишком низки (менее 78 ДМ в месяц).

- Если параллельно ко вкладу работодателя (936 ДМ в год), вы дополнительно желаете использовать новую возможность: инвестиционный вклад (800 ДМ в год). Именно этот вариант вклада вы должны, так или иначе, финансировать из своего кармана.

Во всех этих случаях вам необходимо потребовать от работодателя регулярного перевода части зарплаты на указанный счет - как вклад на „создание состояния" *(einen Teil des Gehaltes vermögenswirksam anlegen lassen)*.

Для того, чтобы вам начислилил надбавку на вклад *(Arbeitnehmer-Sparzulage)*, следует отметить (крестиком!) соответствующую графу в основном формуляре *(Mantelbogen)*. Крестик ставится на самом видном месте - в левом верхнем углу первой страницы, рядом с жирной строчкой - **Antrag auf Festsetzung der Arbeitnehmer-Sparzulage.**

Помимо этого, вы должны заполнить приложение к декларации - **Anlage N, Angaben zum Antrag auf Festzetzung der Arbeitnehmer-Sparzulage.** Сюда вносится только количество договоров на „создание состояния" - **Beigefügte Bescheinigungen vermögenswirksamer Leistungen (Anlage VL) .... Anzahl.**

Некоторые фирмы „создают состояние" даже своим „побочным" сотрудникам. Если ваш работодатель платил за вас паушальный налог, и поэтому вам не нужно было указывать доход в декларации, то вы можете поставить крестик в следующей строке - **Ich habe für Teilzeitbeschäftigung/als Aushilfskraft pauschal besteuerten Arbeitslohn erhalten.**

Налог на наследство

Наследство также облагается налогом. В том числе, например, унаследованный частный дом, фирма, ценные бумаги, драгоценности и прочее. При этом законодательством предусмотрен щедрый лимит, в пределах которого наследство остается свободным от налогообложения. Например, основной „супружеский" не облагаемый налогом лимит наследства составляет 600 000 ДМ. К этому приплюсовываются еще и свободные от налогообложения 80 000 ДМ на „домашнее имущество". А также - не облагаемые налогом 20 000 ДМ на „предметы личного потребления".

Если наследство передается детям, то и тут границы великодушны: основной „детский" лимит не облагаемого налогом наследства составляет 400 000 ДМ. Плюс лимит на „домашнее имущество" и на „предметы личного потребления". Как видите, во многих случаях налог на наследство может отпасть. Если вы все же унаследовали 700 000 ДМ и более, то вам следует указать об этом в налоговой декларации, предварительно посоветовавшись с налоговым консультантом.

ПОСЛЕДНИЙ РАУНД

Вы получили Steuerbescheid

Рано или поздно процесс подготовки закончится, и вы сдадите заполненную декларацию чиновнику. Через неделю-две после визита в „финансамт", вы уже начинаете с нетерпением заглядывать в почтовый ящик. А получив долгожданное „решение", вы убеждаетесь, что вам и в самом деле начислили компенсацию, которую финведомство пообещало перевести на ваш текущий счет.

Вполне возможно, что ваша реакция будет точно такой же, как и многих других налогоплательщиков: полагая, что теперь все позади, вы „подшиваете" **Bescheid** к другим бумагам и с этого дня ежедневно наведываетесь к автомату сберкассы, ожидая того часа, когда мерцающий экран покажет пополнение текущего счета.

Здесь советуется проявить здоровое любопытство и заглянуть в письмо финведомства еще раз. Может быть, вы найдете в нем такие строки как „**... konnten nicht berücksichtigt werden...**", то есть - „такие-то расходы не могли быть приняты во внимание". Или обнаружите, что не была учтена налоговая льгота на инвалидов, хотя вы вписали в декларацию инвалидность супруги. Или же, вместо чрезвычайных расходов в размере 7 500 ДМ, **Bescheid** содержит почему-то 1 500 ДМ, и вы ловите себя на крамольной мысли: а что если чиновник ошибся?..

В подавляющем большинстве случаев вам попадется обычный вариант: ваши расходы не были признаны, так как финведомство не сочло нужным „принять их во внимание".

Сверьте „решение" с декларацией

Обнаружить ошибки или непризнанные расходы вы сможете только в том случае, если вы сверите „решение" финведомства со своей собственной декларацией. Логично, что проводить сравнения вы сможете только тогда, если у вас есть копия декларации.

Что именно можно сверить? Например, „особые расходы", „чрезвычайные расходы", а также „расходы, связанные с доходом" (признаны ли те же самые суммы, что и указанные в вашей декларации?). И, конечно, все другие данные, например, о доходах, в том числе, зарплаты, больничных или пособия по безработице (совпадают ли суммы дохода с указанными в декларации?). Помимо этого, вы можете проверить, учел ли **Bescheid** полагающиеся вам налоговые льготы, например, льготу по инвалидности, льготу на оплату образования детей и некоторые другие.

Ошибку чиновника разглядеть нетрудно. Это может быть, например, неточный перенос данных или смещенная запятая. Если же вы обнаружите, что ваши расходы были признаны не полностью, то загляните в конец письма. Как правило, там всегда находится объяснение, что именно и почему не было признано (с указанием параграфов!). Если вы объяснения не нашли, то это может означать, что чиновник и тут не усмотрел...

Если чиновник допустил обычную оплошность

Даже если такое трудно представить, чиновники и в самом деле могут ошибаться. Причем, довольно часто. Достаточно обычной невнимательности или рассеяности. Например, при переносе данных в компьютер, чиновник может „промахнуться" и попасть не в ту клавишу. Тогда, вместо цифры 9, может быть внесена, допустим, цифра 4. Или же ваша семерка покажется ему единицей. Тогда „чрезвычайные расходы" в размере 7 500 превратятся в 1 500 ДМ.

В том случае, если чиновником была допущена оплошность, вам достаточно указать ему на наличие „явной ошибки" *(offensichtliche Fehler)*. Или, как это называется на ведомственном языке, на „ошибку по рассеянности" *(Flüchtigkeitsfehler)*. К этим ошибкам относятся следующие: расчетная ошибка *(Rechenfehler)*, письменная ошибка *(Schreibfehler)*, ошибка при внесении данных в компьютер *(Eingabefehler)* или - ошибка при обычном переносе текста и цифр с какого-либо документа *(Übertragungsfehler)*.

„Указать" можно понимать буквально: вы являетесь к чиновнику на прием и показываете ему **Bescheid**. Тогда вопрос будет решен на месте. В этом случае достаточно обычного заявления на „изменение" *(Antrag auf Änderung)*. Если вы не сумеете его сами написать, чиновник может составить заявление с ваших слов. После чего вы можете идти домой и ждать нового „решения".

Интересно, что на корректуру таких ошибок вам дается, не один месяц, а до четырех лет, в течение которого вы можете написать в финведомство письмо с просьбой об изменении и корректуре! **Основанием служит параграф § 129 АО**. Это положение не относится к тем случаям, если ошибка по рассеянности была допущена **вами самими**. Тогда вам придется уложиться в один месяц.

Четырехлетний срок на подачу протеста не относится и к тем случаям, если чиновник допустил „только" юридическую ошибку *(Rechtsfehler)*. То есть, например, не признал налоговую льготу, которая вам совершенно очевидно полагается. Здесь вы также должны уложиться с протестом в один месяц.

Предварительный протест

На подачу протеста *(Einspruch)* вам дается один месяц и три дня, начиная с даты на почтовом штампе. Вы должны обязательно указать основание для протеста *(Begründung)*. На тот экстренный случай, если вам не совсем ясно, как и что нужно обосновать, вы можете провести профилактические меры. То есть - написать **предварительный протест (без основания)** и послать его в финведомство. Тем самым вы приостановите отсчет срока. Обычно финведомство реагирует ответным письмом с указанием нового срока, в течение которого вы должны прислать основание. Как правило, это - снова один месяц.

Текст **предварительного протеста** может выглядеть примерно так:

Hans Mustermann
Musterstr. 1

12345 Musterstadt

Steuernummer ....
Einkommenssteuerbescheid 1998 vom ....

Einspruch

Sehr geehrte Damen und Herren,

ich erhebe Einspruch gegen den oben genannten Steuerbescheid. Die Begründung wird in den nächsten Tagen nachgereicht.

Кто поможет составить протест с основанием

Сформулировать основание - довольно сложно. Для этого необходимо не только разобраться в самом **Bescheid**'е, но и достаточно хорошо знать немецкий язык. Хотя бы для того, чтобы вразумительно объяснить финведомству, с чем именно вы не согласны. Если вам это не по силам, то вы можете обратиться за помощью к налоговому консультанту или в **Lohnsteuerhilfeverein**.

Существует еще один вариант, о котором большинство из вас даже не догадывается: написать протест в самом финведомстве. Ведь чиновник финведомства может и даже должен оказать помощь! Причем, совершенно бесплатно. Для этого достаточно сообщить ему о вашем несогласии с тем или иным пунктом „решения" и обговорить с ним возможность протеста. Тогда он составит с ваших слов, так называемый, протокол протеста *(Einspruchsprotokoll)*, который вы должны только подписать. Эта процедура называется так: **den Einspruch zur Niederschrift erklären**. Вам достаточно произнести эту фразу, и чиновник будет знать, о чем речь.

Если вы живете в сельской местности, и у вас под рукой нет ни консультанта, ни самого „финансамта", то вы можете обратиться за помощью в одно из ведомств по вашему месту жительства. Например, в управление городской или сельской общины *(Gemeindeverwaltung)*.

Что произойдет с вашим протестом

Если протест хорошо обоснован, и чиновник согласится с вашими доводами, то вы получите новое „решение", в котором будет указана новая сумма компенсации. Если же он не согласен с вашим основанием, то протест будет передан в особый отдел *(Rechtsbehelfsstelle)* - к одному из чиновников, занимающихся исключительно разбирательством протестов *(Einspruchsbearbeiter)*.

Теперь ваше дело будет рассмотрено еще раз. Справки будут проверены, квитанции пересчитаны, льготы приняты во внимание (или нет!). Если вы окажетесь правы, то чиновник пошлет вам положительное решение с измененным (новым) результатом *(Änderungsbescheid)*, и на этом дело кончится. Если же он с вами не согласен, то вы и тут получите решение, на этот раз - отрицательное *(Ablehnungsbescheid)*.

Вы можете и тут протестовать. Но на этот раз не просто так и не бесплатно, а только через суд по налогово-финансовым вопросам *(Finanzgericht)*. То есть вы должны возбудить иск *(Klage)*. Для вас это может быть связано не только с крупными финансовыми расходами, но и с потерей расположения финведомства... Поэтому: если в ответ на протест вы получили

253

отказ, сделайте глубокий вздох (не забыв при этом выдохнуть), и займитесь более плодотворным делом. Например, ремонтом своего автомобиля...

Когда протест может выйти боком ...

Прежде чем подавать протест, взвесьте все „за" и „против". С одной стороны, протест не связан ни со сложными юридическими казусами, ни с оплатой пошлин. Но, с другой, здесь существует теоретическая возможность добиться обратного результата.

Речь идет о следующем. Как вы помните, в том случае, если вы написали протест, и чиновник с ним не согласен, ваша декларация попадет в „отдел протестов". На этот раз процесс проверки будет проводиться более тщательно. И если первый чиновник возможно довольно бегло „прошелся по графам" и не потребовал от вас дополнительных справок или квитанций, то „чиновник по протестам" будет намного бдительней. В результате прочесывания декларации он может обнаружить новые и для вас менее благоприятные детали или потребовать справки, которых у вас (уже) нет. Именно в этом случае может возникнуть ситуация, носящая официальное наименование *„Verböserungsmöglichkeit"*. То есть, положение может ухудшиться, принять негативный оборот, короче, склониться в сторону „зла" (от слова *„böse"*).

Конкретно это означает, что вместо того, чтобы получить дополнительно пару сотен марок, вам придется их доплачивать... Естественно, такой поворот событий окажется для вас настоящим сюрпризом. Есть ли у вас выход или придется платить? Спешим сообщить: выход есть! Ведь чиновник обязан сначала известить вас письмом о „находке". Оправившись от первого шока, вы можете написать ответное письмо, в котором заявите, что передумали и протест отзываете *(den Einspruch zurücknehmen)*. Еще лучше пойти к чиновнику на прием и вручить ему письмо с отзывом лично. Тем самым вы отведете от себя нависшую опасность.

Если вам (возможно) придется доплачивать налог

Теоретически доплата возможна почти во всех случаях, когда вы должны сдать декларацию **в обязательном порядке** *(Pflichtveranlagung)*. Ведь логично, что финведомство обязует вас к сдаче именно в тех ситуациях, когда вы можете невзначай недоплатить налог.

Избежать доплаты вы можете только в тех случаях, если **вы не обязаны сдавать декларацию и сделали это в добровольном порядке** *(freiwillige Veranlagung)*. Получив извещение о доплате налога *(Steuernachzahlung)*, вы можете немедленно отозвать декларацию *(die Steuererklärung zurücknehmen)*. То есть поступить точно так же, как и в случае, описанном в предыдущем разделе.

ЭТО НУЖНО ЗНАТЬ

Вы можете отозвать свой протест или налоговую декларацию в течение одного месяца после того, как вам стало известно о предстоящей доплате налога.

Если вы пропустили все сроки

Срок подачи протеста необходимо соблюдать. В этом отношении финведомство проявляет редкое упорство. Как быть в тех случаях, если вы срок упустили? Например, потому, что долго колебались и размышляли или просто-напросто забыли о том, что собирались протестовать. Тогда у вас нет никаких шансов нагнать упущенное.

В тех же случаях, если у вас имелись уважительные причины, вы можете подать в финведомство прошение о „возвращении в первоначальное состояние“ *(Wiedereinsetzung in den vorigen Stand)*. Если финведомство сочтет ваши причины действительно уважительными *(triftige Gründe)*, то вы вернетесь в исходное положение. Другими словами, пропущенный вами срок на подачу протеста будет как бы аннулирован, и отсчет начнется опять с начала.

Уважительными могут считаться следующие причины:

- **Отпуск сроком не более шести недель.** Если вы собираетесь уехать на более длительный срок, то вы должны позаботиться о доверенном (совершеннолетнем) лице *(Vertrauensperson)0* или же обратиться к налоговому консультанту (если таковой имеется), который может на вашем месте заявить протест или продлить срок сдачи. Это положение касается также тех случаев, если вы уезжаете в длительную командировку.

- **Длительная болезнь или длительное пребывание на курорте.** Правда в этих случаях финведомство будет ожидать, что о своевременной подаче протеста позаботится, например, ваша супруга.

Вернувшись из отпуска или больницы, вы можете в течение месяца подать заявление о возвращении в первоначальное положение. Если вы отсутствовали год и более, то заявление можно подать только в том случае, если отсутствие было вызвано чрезвычайными обстоятельствами, например, войной или какими-либо стихийными бедствиями.

Если вы обнаружили, что использовали не все возможности

Из года в год финведомство заботится о том, чтобы основные налоговые положения были известны всем, без исключения, гражданам. В каждом филиале „финансамта" можно бесплатно получить инструкции по заполнению декларации *(Anleitung zur Einkommensteuererklärung)*, а община высылает на дом не только налоговую карту, но и краткий путеводитель для работающих по найму *(Kleiner Ratgeber für Lohnsteuerzahler)*.

Этим самым считается, что финведомство в достаточной мере выполнило свой информационный долг, и теперь очередь за налогоплательщиком. И если вы, невзирая на информацию, все же кое-что упустили и не усмотрели, и не использовали предоставленные вам возможности по снижению налогов, то у вас есть два шанса поправить дело:

- В том случае, если, сдав декларацию, вы обнаружили, что забыли внести в нее какие-либо расходы, вы можете дождаться „решения" и затем подать заявление на „простое изменение" *(Antrag uaf schlichte Änderung)*. При этом можно сослаться на соответствующий параграф *(§ 172 AO)*. Здесь также следует уложиться в один месяц. К заявлению нужно приложить необходимые справки и квитанции, подтверждающие расходы.

- Если вы обнаружили пропущенные возможности намного позже, например, только через несколько месяцев после получения „решения", то исправить свою оплошность допускается только в том случае, если эти возможности не были указаны в информационных изданиях финведомства *(Anleitung/Kleiner Ratgeber)*. И если они действительно в них не содержались, то у вас есть до четырех лет на внесение корректур! При этом речь идет только о положениях, действительных в отчетном году. Но ни в коем случае не о новых судебных решениях, реформах и прочих изменениях.

ПОВТОРЕНИЕ - МАТЬ УЧЕНИЯ ...

„Как вы уже знаете...“, „как вы помните...“, „как уже неоднократно говорилось...“. По всей вероятности, вы заметили, что эти строки повторяются в книге очень часто. Как и последующие, напоминающие читателю, о чем именно он должен вспомнить, знать и не забывать.

Произошло это не потому, что мы подозреваем каждого читателя в забывчивости или в отсутствии должной концентрации при чтении. Нет, конечно! Постоянные ссылки на уже известный факт или положение служат связующим звеном и переходным мостом к следующей теме. А частые повторения освежают память... Ведь книга будет прочитана не только налогоплательщиками с многолетним стажем по заполнению декларации, но и новичками. Именно последним, впервые столкнувшимися с налоговой темой читателям, пришлось бы неоднократно листать во всех направлениях в поисках спасительного разъяснения. Если бы не повторения и ссылки...

И потом, школьный и студенческий опыт не раз показал, что повторение пройденного материала укрепляет только что приобретенные знания и навыки и освежает полузабытые или давно забытые.

В остальном, мы надеемся, что книга принесет всем, без исключения, читателям некоторую пользу. Хотя уложить в нее удалось лишь самое необходимое, и многие существенные детали остались за бортом.

Зато теперь вы, наконец, разобрались в том, что входит в „особые расходы“ и какая разница между **Rentner** и **Pensinär**!..

Ваш **KERN VERLAG**

ГЛОССАРИЙ

1

1 200-Mark-Grenze 198

A

Abfindung 29; 235
Abgabetermin 35
abgekürzte Leibrente 212; 213
Ablehnungsbescheid 253
Abschlepp- und Taxikosten 132
Adoptivkind/er 63; 97
Alleinstehende. 63; 65; 69; 97; 105
alleinstehende Eltern 105
Allgemeine Angaben 49
Altenheim 169
Altenpflegeheim 187
Altenwohnheim 169
Alter 167; 168
Altersentlastungsbetrag 13;
.... 217; 228
Altersrente 209; 210; 211
Altersruhegeld 212
Altersteilzeitgesetz 60
amtsärztliche Bescheinigung 132
andere Einkünfte 100

Ä

Änderung der Lohnsteuerkarte ...57
Änderungsbescheid 253

A

Angaben zu Kindern 95
Angaben zum Arbeitslohn. 61; 227
Angehörigen 217
angemeldet 111
Angestellte/n 8; 209
Anlage K 65; 114
Anlage Kinder . 64; 87; 95; 96; 104

Anlage KSO 148; 215
Anlage N 61
Anlage U 148; 149
Anlagen 45; 46
Anleitung 257
Anonyme Alkoholiker 193
anrechnungsfreier Betrag 178
anteilige Kosten 129
Antrag auf Änderung 251
Antrag auf Änderung der
    Lohnsteuerklasse 68
Antrag auf Berücksichtigung des
    Kindes 66
Antrag auf Eigenheimzulage ... 237
Antrag auf Festsetzung der
    Arbeitnehmer-Sparzulage 48
Antrag auf
    Lohnsteuer-Ermäßigung 59;
    .... 194; 195; 196
Anwaltskosten 132; 192
Anzahl der Kinderfreibeträge .. 197
Arbeiter 8; 209
Arbeitgeber 10; 11; 125
Arbeitgeber-Sparzulage ... 241; 242
Arbeitnehmer 8; 10
Arbeitnehmeranteil 142
Arbeitnehmer-
    Pauschbetrag 12; 217
Arbeitnehmersjubiläum 29
Arbeitnehmer-Sparzulage 89;
    .... 243; 241246; 247
Arbeitsamt 78; 85; 90; 229
Arbeitslohn 11; 15; 87; 216
arbeitslos 99
arbeitslose Kinder 90

Arbeitslosengeld 15; 45; 78;
    .... 88; 176; 194; 229;
    .... 232; 235; 236

Arbeitslosenhilfe 88; 176; 232
Arbeitslosenversicherung........142
Arbeitsmittel....................138; 152
Arbeitsstätte 127
Arbeitstage 127
Arbeitsverhältnis 107
Arbeitszimmer.........119; 128; 152
Arbeitszimmerkosten 119
Art der Aus/Weiterbildung.......153
Art der Belastung 183
Art und Höhe der
  Aufwendungen....................153
Artikelbezeichnungen 117
Arzt 185
Atheist....................................61
auf Dauer getrennt leben...........80
Aufstockungsbetrag...........60; 233
Aufwendungen........................153
Aufwendungen für
  Arbeitsmittel...............118; 139
Aufwendungen für die
  Berufsausbildung 104
Aufwendungen für die eigene
  Berufsausbildung 140
Aufwendungen für
  Fahrten mit öffentlichen
  Verkehrsmitteln............124; 127
Aufwendungen für
  hauswirtschaftliche
  Beschäftigungsverhältnis 140
Aufwendungen im
  Kalenderjahr.......................168
Ausbildung.............................130
Ausbildungsfreibetrag...24; 32; 39;
  ..... 62; 84; 86; 89; 101; 104; 271
Ausbildungshilfen 182
Ausbildungsplatz fehlt 99
Ausbildungsunterbrechung 98
Ausbildungsvergütung........86; 87
Aushilfstätigkeit.52; 219; 226; 228

außergewöhnlich
  Gehbehinderter....................208

aussergewöhnliche
  Belastungen 18; 24; 47;
  ....51; 92; 105; 117; 122; 149;
  ..... 162; 183; 197; 199; 204; 217
auswärtige Unterbringung . 86; 104
Auto-
  Haftpflichtversicherung145; 146
Auto-Kaskoversicherung.........145

B

Bafög............ 15; 86; 89; 102; 176
Bahncard................................124
Bausparen...............................245
Bausparkassen 243
Bausparvertrag.........................243
Bauversicherungsbeiträge.........239
Bauzulage 237
Beamtenbund...........................138
befristet.....................................8
befristete Beschäftigung............52
Begleitung 206
Begräbnis................................190
Begründung.............................251
Beherbergung 156
behindert........................ 109; 166
Behinderte 166; 198; 201; 203
behinderte Kinder 92; 99
Behinderte und Hinterbliebene...92
Behinderten-Pauschale 17; 90;
  .... 92; 160; 196; 203; 204
Behinderten-
  Pauschbetrag................. 39; 84;
  .... 171; 172; 188
Behinderung 168; 207
behinderungsbedingte Fahrten .207
Behinderungsgrad....................122
beigetragen 182
Beiträge 147
Beiträge für private
  Versicherungen.....................13
Beiträge zu Berufsverbänden ...118
Beitragsbemessungsgrenze 26; 270
Beitragsbescheid......................138

Belege.................................. 45; 106
Beratungsgebühr........................42
Bergmannsrente........................210
Berücksichtigungszeitraum 100
berufliche Fortbildung..............151
berufliche Risiken.....................144
Berufsausbildung.............. 98; 151
Berufsausbildungsbeihilfe..........89
Berufsausbildungskosten..........160
Berufserkrankung.....................132
Berufshaftpflichtversicherung 42
Berufskammern........................138
Berufsunfähigkeit.....................224
Berufsunfähigkeitsrente............211
Berufsunfähigkeitsversicherung144
Beschäftigung einer Hilfe im
    Haushalt...................... 161; 168
Beschäftigung von Hilfe...........107
Bescheid................. 237; 249; 250
Bescheinigung/en 53; 138; 152
Bescheinigung des
    Krankenhausarztes................186
Bescheinigung des Kurarztes ...187
Beseitigung
    gesundheitsgefährdender
    Schadstoffe.........................193
besondere Veranlagung..............49
besonderer Ertragsanteil..........211
Besuchsfahrten 207
Beteiligungssparen 245
Betreutes Wohnen 189
Betreuung...............................156
betriebliche
    Rückdeckungsversicherung..216
betriebliche Unfallversicherung144
Betriebsrente...........................215
Bewegungsfähigkeit 208
Bewerbungskosten.......... 119; 129
Bewilligungsbescheid...............186
Bewirtungskosten 137
bezahlter Urlaub 226
Bezüge... 15; 87; 89; 100; 102; 182
blind........................ 166; 206; 208

Blinde.....................................171
Brand 191
Brille......................................185
Bruttoarbeitslohn 60; 182
Bund der Steuerzahler...............35

C

Computer 119

D

dauernd getrennt lebende Eheleute57
dauernd getrennt lebender
    Ehegatte 148
Dauernde Lasten 157
dauernde Pflege 170
Deutscher Steuerberaterverband 42
Diebstahl von Hausrat.............191
Dienstleistungen 170
Dienstmädchenprivileg............153
Dienstreisen 119; 131
Dienstreisenkosten..................119
Dienstverhältnis 79
Diesel.......................................27
Direktversicherung 216
Disagio....................................239
doppelte Haushaltsführung 118
doppelte Mietzahlungen...........136
dreimonatige Kündigungsfrist ...44
Durchschnittsteuersatz 18

E

Ehe ohne Trauschein...............108
Ehefrau...............................49; 142
Ehegatte scheidet aus dem
    Dienstverhältnis 79
Ehegatte verstirbt 79
Ehegatten 49
Ehegattensplitting 32; 271
Ehemann 215
eigener Hausstand....................126
Eigenheimzulage......................31
Einbau der Energiesparanlage . 239
einfache Entfernung................127

Eingabefehler 251
Eingangssteuersatz 18; 22; 270
Eingliederungsgeld 232
einheitlich zugeordnet 72
einheitliche Zuordnung 113
Einkommen 15; 241
Einkommensfreigrenze für
　Kindergeld 24
Einkommensgrenze 86
Einkommensgrenze bei
　Kindern 24; 270
Einkommensteuerbescheid
　nachträglich ändern 149
Einkommensteuererklärung48; 256
Einkommensteuererstattung 49
Einkünfte 15; 87; 102; 182
Einkünfte aus Gewerbebetrieb ... 15
Einkünfte aus Kapitalvermögen. 15
Einkünfte aus nichtselbständiger
　Arbeit 8; 15
Einkünfte aus Vermietung 47
Einnahmen 15
Einnahmen aus Gewerbebetrieb. 15
Einnahmen des Kindes 100
Einsatzwechseltätigkeit 118;
　..................................... 124; 127
Einspruch 254
Einspruchsbearbeiter 253
Einspruchsprotokoll 253
Eintragung der vollen
　Kinderfreibetragszahl 66
Einverständniserklärung 70
Einwohnermeldeamt 111
Einzelfahrschein 123
Eltern 39
Eltern nichtehelicher Kinder 103
empfangene
　Unterhaltsleistungen 97
Enkelkind 97
Entfernungskilometer 120
Entfernungspauschale 32
Entgeltzahlung an Feiertagen ... 226
Entwicklungshelfer 91

Erbschaft 190
Erbschaftssteuer 28
Erdgassteuer 28
Ergänzungsschule 155
erheblich beeinträchtigt 208
erhöhter Kilometersatz 121; 125
Erhöhung des Grundfreibetrags.. 21
Erholungsfahrten 207
Erklärung zur Feststellung des
　verbleibenden Verlustabzugs.. 49
Ersatzlohnsteuerkarte 56
Erstbepflanzung 190
Ertragsanteil 87; 215
Ertragsanteil der Rente 209
erwerbstätig 105; 109
Erwerbsunfähigkeit 224
Erwerbsunfähigkeitsrente 210; 211
Erzieherinnen 107
Essen auf Rädern 190
Existenzminimum 16
F
Fachbücher 152
Fachhochschule 94; 151
Fachliteratur 119
Fachoberschule 151
Fahrgemeinschaft 123
Fahrleistung 207
Fahrtätigkeit 125; 127
Fahrten mit dem
　eigenen Fahrzeug 118
Fahrten mit öffentlichen
　Verkehrsmitteln 118; 123
Fahrten zwischen Wohnung und
　Arbeitsstätte 120; 127
Fahrtkosten 32; 152; 186; 271
familienähnliche Beziehung 93
Familienheimfahrten 126
Familienkasse 85
Familienstand 68
Familienversicherung 143
Ferienjob 228
fester Arbeitsplatz 52

Festsetzung der Arbeitnehmer-
Sparzulage 247
Finanzamt 9; 43; 49
Finanzberater 41
Finanzgericht 253
Finanzierung der Unfallkosten .131
Firmenjubiläum 30
Flüchtigkeitsfehler 251
Förderung des Wohneigentums ..51
Fortbildung 119; 130
freiberuflich Tätige 8
Freibetrag 12; 16; 17;
.... 160; 167; 197; 236
Freibetrag auf Lohnsteuerkarte .194
Freibetrag bei Selbstnutzung des
eigenen Wohneigentums 39
Freibetrag bei
Versorgungsbezügen 13
Freibetrag für Abfindungen 29
Freibetrag für die
Unterbringung 217
Freibetrag wegen erhöhter
außergewöhnlichen Belastungen39
Freibetrag wegen erhöhter
Sonderausgaben 39
Freibetrag wegen erhöhter
Werbungskosten 39
Freistellungsbescheinigung 222
freiwillige Mitgliedschaft 143
freiwillige
Pflegeversicherung 142
freiwillige Veranlagung 38; 255
freiwillige
Versicherung 26; 141; 143
freiwilliges soziales Jahr 88; 91; 99
Freizeitfahrten 207

G

Gebührenordnung 42
Gehalt 8; 11; 15
Gehaltsabrechnung 11
Gehbehinderung 122
gehörlose Personen 208

geistige Behinderung 92
Geldzuwendungen 174
Gemeinde................................. 54
Gemeindeverwaltung 253
gemeinsame Besteuerung 74
gemeinsame Hauptwohnung 55
gemeinsame Steuerveranlagung. 74
gemeinsame Veranlagung .. 39; 152
gemeinsames Haushalt 170
gemeldet................................. 54
Gerichtskosten 192
Gerichtsurteil 192
geringfügige Tätigkeit............. 219
Gesamtaufwand 183
Gesamtkosten......................... 187
geschiedene 57; 69; 103
geschiedener Ehegatte...... 148; 175
gesetzliche
Krankenversicherung.......... 222
gesetzliche
Rentenversicherung 25;
.... 154; 209; 223
gesetzliche
Sozialversicherung............... 142
gesetzliche
Unfallversicherung 214; 223
gesetzliche Krankenkasse 186
gesundheitliche Gründe 193
getrennt 103
getrennte Veranlagung............. 49
Gewerbetreibende..................... 8
Gewerkschaften 138
gewöhnlicher Aufenthalt........... 54
glaubhaft 207
Gläubiger 243
Grabpflege 190
Grabstätte............................... 190
Grabstein............................... 190
Grad der
Behinderung... 92; 166; 203; 205
Grenzsteuersatz....................... 18
große Witwenrente................. 213
Großeltern 65; 169

Grunderwerbsteuer 28; 31
Grundfreibetrag 12; 16;
.... 21; 23; 270
Grundsteuer 239
Grundtabelle 12; 32
Grundwehr 99
Grundwehrdienst 91
Gütergemeinschaft 50
Gymnasium 152

H

Haftpflichtversicherung 147
halbtags 8
Halbtagstelle 52
Hauptberuf 227
Hauptschule 152
Hauptwohnsitz 112
Hauptwohnung 55; 71; 112
Hausaufgabenbetreuung 107
Haushalt 111
Haushaltsauflösung 188
Haushaltsersparnis 187; 188
Haushaltsfreibetrag 13; 16;
.... 40; 48; 62; 69; 71; 84;
.... 90; 111; 112; 113
Haushaltshilfe 84; 92; 167
Hausratversicherung 137; 145
Heilgymnastik 185
Heim 111
Heimarbeit 128
Heimunterbringung .. 161; 170; 187
Heizölsteuer 27
Hilfe im Haushalt 154; 167;
.... 187; 188; 207; 217
hilflos 92; 171; 188; 206; 208
Hilflosigkeit 167
Hilfsmittel 185
Hinterbliebene .. 166; 198; 201; 210
Hinterbliebenenbezüge 87
Hinterbliebenenpauschbetrag ... 200
Höchstbetrag 16; 106; 140;
.... 154; 159; 161;
.... 169; 173; 183; 198

Hochwasser 191
Höhe der Aufwendungen 155
Hörgeräte 185

I

Immobilie 238
Inserate 136
Internat 111

J

Jahresfreibetrag 112
Jahresmeldung 154
Jahresprinzip 209
Jahressteuer 75; 78
Journalisten 200
Jubiläumszuwendungen 29; 271
Jugendamt 93

K

Kapitalerträge 100
Kapitalertragsteuer 45
Kapitallebensversicherung 146
Kapitalvermögen 51
KFZ-Steuer 27; 208
Kilometerpauschale ... 32; 120; 125
Kinder in Berufsausbildung 90
Kinder in Schulausbildung 90
Kinderbetreuungskosten 25; 40;
.... 47; 62; 84; 105;
.... 109; 196; 207; 270
Kinderfreibetrag 13; 23;
.... 39; 59; 62; 84; 85; 86;
.... 91; 92; 112; 155; 169;
.... 174; 197; 198
Kinderfreibetragszahl .. 57; 69; 101
Kindergarten 107
Kindergeld 23; 62; 65; 69;
... 84; 85; 86; 112; 155; 174; 270
Kinderheim 107
Kinderhort 107
Kinderkrippe 107
Kinderpflegerinnen 107
Kinderschwester 107

Kindertagesstätte 107
Kinderzulage . 24; 84; 89; 237; 238
Kindschaftsverhältnis 97; 113
Kindschaftsverhältnis zu
weiteren Personen......................98
Kirchensteuer............... 11; 13; 60;
.... 62; 84; 140; 150
Kirchensteuer für den Ehegatten 60
Kirchensteuerabzug....................61
Klage 253
kleine Witwenrente..................212
Kleiner Ratgeber......................257
Knappschaftsrente 210
Konkurs....................................235
Konkursausfallgeld..................232
Kontoführungskosten 119; 131
körperliche Behinderung............92
Kostkinder.................................63
Kraftfahrzeug-Aufwendungen..207
Krankengeld 45; 78; 88;
.... 194; 232; 233
Krankenhausbesuchsfahrten 186
Krankenkasse..............................78
Krankenversicherung................142
Krankheit........................ 167; 168
Krankheitsfall 226
Krankheitskosten 132; 183;
.... 185; 207; 276
Kriegsbeschädigtenrenten.........214
Kündigungsfrist.......................136
Künstler....................................200
Kur..224
Kurbedürftigkeit 186
Kurkosten 186
Kurzarbeitergeld 60; 232

L

Lebensbescheinigung 66
Lebensgefährtin 176
lebenslange Leibrente...............210
Lebenspartner 155
Lebensversicherung......... 144; 147
ledige 69

Lehre 32
Lehrling..................................... 203
leibliche Kinder 63
leibliches Kind........................... 97
Leibrente/n................. 47; 210; 215
Lernmaterial............................. 152
letztes amtl. Kennzeichen 127
Lohn.. 8
Lohnbuchhaltung....................... 11
Lohnersatzleistungen 40;
.... 78; 88; 232
Lohnfortzahlung 226
Lohnsteuer 11; 60; 68
Lohnsteuerabzug................. 11; 75
Lohnsteuerermäßigung 194
Lohnsteuerhilfeverein 43;
.... 122; 150; 252
Lohnsteuerkarte 52; 227; 233
Lohnsteuerklasse...................... 68
lohnsteuerliche
Arbeitgeberpflichten 107
Lohnsteuertabelle/n............. 11; 12
Lohnsteuerzahler..................... 256

M

Maklerhonorar 136
Mantelbogen 45; 46; 48; 59;
................92; 95; 141; 162; 247
Massage 185
Mehraufwendungen für doppelte
Haushaltsführung 126; 127
Mehraufwendungen für
Verpflegung 118; 124
Merkzeichen 205; 207
Merkzeichen im
Behindertenausweis 92
Mietprozesse 192
Mietwagen 136
Mietwagenkosten 132
Mindeststeuersatz...................... 18
Mineralölsteuer 27
Mitgliedsbeitrag 150
Mitgliedsbeiträge 138; 140; 156

Monatsprinzip 93; 102; 106; 161
Mutterschaftsgeld.......45; 232; 233
MwSt...27

N

Nachhilfe...............................107
Nachlass..........................183; 190
Nachweis.................154; 166; 207
Nachweis der Hilflosigkeit.......172
Nachweis der
  Kurbedürftigkeit...................186
Nachweis der
  Pflegebedürftigkeit...............188
Nebenjob.....................31; 226; 271
Nebenkosten............................129
Nebentätigkeit....................15; 226
Nebenwohnsitz.........................112
Nebenwohnung.........................112
nicht berücksichtigt werden 249
nicht rückzahlbar........................88
nichteheliche
  Lebensgemeinschaft.............112
Nichtselbständige......................10
nichtselbständige Arbeit.............51
Niederschrift............................253
Niedrigenergiehaus 239
normaler Ertragsanteil......211; 213
Notargebühr 31

O

Obhut...93
offensichtliche Fehler...............251

Ö

öffentliche 143
Öffentliche Ausbildungshilfen.100
ökologisches Jahr..........88; 91; 99
Öko-Zulage 239

P

Park-and-ride-Fahrten 124
pauschalbesteuerte
  Arbeitgeberleistungen ..122; 127

Pauschbetrag............. 12; 106; 109;
  .... 160; 199; 201
Pauschbetrag für
  Behinderte 74; 217
Pauschbetrag für die Pflege......217
Pauschbetrag für
  Sonderausgaben.....................12
Pauschbeträge für Behinderte
  und Hinterbliebene 198
Pauschbeträge für
  Mehraufwendungen..............127
Pension 169; 215; 217
Pensionär/e 189; 209; 217
Pensionskasse 144; 216
Personalrabatt 30; 271
Personenversicherung..............144
pflegebedürftig 187
Pflegebedürftigkeit .. 170; 187; 276
Pflegegeld........................... 92; 93
Pflegeheim.................... 169; 187
Pflegekind...............................97
Pflegekinder.................. 63; 65; 93
Pflegekraft..............................188
Pflegepauschale........................17
Pflegepauschbetrag............ 84; 92;
  .... 171; 172; 199
Pflegepersonen 172
Pflegestation 187
Pflegeverhältnis.........................93
Pflegeversicherung 142; 171
Pflichtbeiträge 154
Pflichtveranlagung............. 38; 76;
  .... 77; 229; 255
Pflichtversicherung......... 141; 142
Polizeidienst 91
private Haftpflichtversicherung 145
private Krankenkassen 143
private Rentenversicherung......214
private Risiken.........................144
private Versicherung 26; 141
Progressionsvorbehalt 231
Prozesskosten 183; 192
Prüfungsgebühren....................152

Psychotherapie..........................193

Q

Quittungen..................... 117; 152

R

Ratgeber................................256
Realschule 152
Realsplitting............................148
Rechnungen.................... 184; 185
Rechtsbehelfsstelle 253
Rechtschutzversicherung. 145; 192
Rechtsfehler............................251
Reinigungsunternehmen...........168
Reisekosten............................152
Religionsgemeinschaft 61
Renovierungskosten 240
Renovierungskosten vor dem
    Einzug...............................31
Rente/n 157; 169; 182;
    .... 215; 216; 225
Rente aus einer betrieblichen
    Zusatzversicherung...............210
Renten aus
    Versicherungsverträgen........214
Rentenbeiträge.........................211
Rentenbetrag...........................215
Rentenversicherung........ 142; 144;
    .... 154; 211
Rentenversicherungsbeiträge
    .... 25; 270
Rentenversicherungspflichtig...155
Rentner 147; 189; 209; 216
Reparaturkosten.......................131
Rezeptgebühr...........................185
Risikolebensversicherung.........144
Rollstuhl 185

S

Sachversicherung.....................145
Saisonarbeiter 228
Schadensmeldung....................191
Scheidungskosten 192

Schlechtwettergeld.................. 232
Schönheitsreparaturen............. 133
Schreibfehler........................... 251
Schriftsteller........................... 200
Schulausbildung.......................98
Schuldzinsen.......................... 239
Schulgeld 30; 140; 155; 271
Schwerbehindertenausweis...........
    .... 171; 203
schwere Behinderung............. 167
Schwerstpflegebedürftiger 206
seelische Behinderung 92
Selbständig/e............8; 9; 48; 147
Selbstanzeige 10
Selbstbeteiligung................... 160
selbstgenutzte Wohnungen 47
selbstgenutzter Wohneigentum.. 47
Solidaritätszuschlag 11; 13;
    ....60; 62; 84
Sonderausgaben 30; 47; 51;
    ....107; 117; 130; 140; 141; 159;
    ....175; 197; 199; 200; 217
Sonderausgabenpauschbetrag........
    .... 141; 200; 228
sonstige Ausgaben 119
sonstige Einkünfte 51; 148
Sozialhilfe......................88; 176
Sozialversicherungsbeiträge 11; 13
sozialversicherungsfrei 147
Sparerfreibetrag 28; 271
Spargelernte 228
Spediteur................................ 136
Spenden 140; 156
Spitzensteuersatz..........18; 22; 270
Splittingtabelle 12; 33; 74
Splittingtarif........................... 80
Splittingvorteil 33
ständig hilflos........................ 166
stehbehindert.......................... 166
Sterbekasse 144
Sterbeversicherung 190
Steuerberater 9; 41; 42; 107; 150

Steuerberaterkammer 42
Steuerberaterverband 42
Steuerberatungskosten140; 150; 151
Steuerbescheid 9; 18; 20
Steuererklärung 196; 255
Steuererstattung 35; 194
steuerfrei 14
steuerfrei gezahlter
   Fahrtkostenersatz.. 122; 124; 127
Steuerfreibetrag 12
steuerfreie Einnahmen 155
steuerfreie Geburtsbeihilfe 84
steuerfreie Zuschläge 89
Steuerkarte 45
Steuerklasse 11
Steuerklassenkombination 76
steuerliche Lebensbescheinigung66
Steuerloch 27
Steuernachzahlung 255
Steuernummer 49
steuerpflichtig 14
Steuerpflichtige
   Person 49; 170; 215
Steuerprogramm 9
Steuerprozesse 192
Steuerprüfung 10
Steuerratgeber 150
Steuersatz 23
Steuersoftware 150
Steuertabelle 11
Stiefeltern 65; 169
Stiefkind 97
Stiefmutter 64
Stiefvater 64
Stipendium 102
Stopfen von Steuerlöchern 27
Strafprozeß 192
Strafverfahren 192
Straßenverkehr 208
Stromsteuer 28
Studiengebühren 152
studierende Kinder 90
stundenweise 8

stundenweise Beschäftigung 52

T

Tagesmutter 107
tatsächliche Kosten 106; 123;
   .... 160; 171
Teilzeit 224
Teilzeitarbeit 219; 226
Telefon 119
Tierhaftpflichtversicherung 145
Transportkosten 136
Trauerfeier 190
Trauerkleidung 190
triftige Gründe 255
Trinkgelder 30; 271

Ü

Übergangsgeld 232
Übergangszeit zwischen zwei
   Ausbildungsabschnitten 90
Übernachtung 186
Übernachtungskosten 135
Überstunden 11
Übertragung der
   Kinderfreibeträge 48
Übertragung der
   Kinderfreibetragszahl 66
Übertragungsfehler 251

U

Umsatzsteuer 35
Umschulungskurs 151
Umwegstrecken 123
Umzug 134
Umzugshilfen 136
Umzugskosten 119; 137
Unfallversicherung 144; 147
Universität 151
Unterbringung im Heim .. 187; 207
Unterbringung zur dauernden
   Pflege 170
Unterhalt 15; 148; 174; 226

Unterhalt für
bedürftige Personen..............161
Unterhalt vom Ehegatten...........88
Unterhalt vom geschiedenen
Ehegatten............................88
unterhaltsberechtigte Personen.173
Unterhaltsleistungen...............148
Unterhaltszahlungen.. 47; 140; 198
Unterhaltszeitraum...............182
Unterkunftskosten...................126
unterstützte Person...................175
Unterstützungen......................183
Unterstützungskasse................216
Urlaubs- und Krankheitstage....127
Urlaubsgeld...............................11

V

Verböserungsmöglichkeit.........254
vereinfachter Antrag.......... 72; 196
verheiratete Arbeitnehmer..........69
Verlängerungsantrag..................40
Verluste...................................156
Verlustrücktrag........................157
Verlustvortrag..........................157
Vermögenssteuer.......................28
vermögenswirksam...................247
Vermögenswirksame
Leistungen.................... 89; 241
Verpflegung.................... 156; 186
Verpflegungskosten......... 135; 152
Verpflegungsmehr-
aufwendungen.....................126
Verpflegungspauschale............135
Versicherungsbeiträge.............140
Versicherungsleistungen..........183
Versicherungsverträge.............210
Versorgungsamt.......................208
Versorgungsbezüge..................216
Versorgungsfreibetrag................87
versteuerndes Einkommen..........14
Vertragsbedingungen..................44
Vertrauensperson.....................256
Verwandschaftsverhältnis.........172

verwitwete Arbeitnehmer......... 73
Vollzeitbeschäftigung.............. 52
vom Steuer absetzen................ 14
Vorkosten............................... 239
Vorkostenabzug........................ 31
Vorkostenpauschale................ 239
Vorruhestandsgeld.......... 232; 234
Vorruhestandsleistungen.......... 234
Vorsorgeaufwendungen......... 141;
.... 197; 217
Vorsorgehöchstbetrag.............. 145
Vorsorgepauschale..... 12; 145; 146
VWL................................ 89; 144

W

Wahlrecht........................ 70; 72
Waisenrente........................... 210
Wärmeschutzzulage................ 239
Weihnachtsgeld....................... 11
Weisenrente........................... 213
Weiterbildung.. 119; 130; 151; 153
weitere Werbungskosten.. 118; 119
Werbungskosten.....33; 47; 87; 88;
.............89; 102; 115; 118; 119;
............120; 130; 140; 151; 156;
............159; 163; 196; 197; 199;
............................215; 216; 271
Werbungskostenpauschale........ 87;
...................88; 115; 199; 228
Wiederbeschaffung................. 191
Wiedereinsetzung................... 255
Wiedergutmachungsrenten...... 214
Winterausfallgeld............... 60; 232
Witwenrente/n................. 212; 213
Wochenmutter........................ 107
Wohngeld.............................. 88
Wohngemeinschaft................. 108
Wohnsitz............................... 54
Wohnsitzwechsel.................... 49

Z

Zahl der Kinderfreibeträge... 63; 65
Zähler.................................. 63

Zahlungsbelege 184; 185
Zahnarzt 185
Zinsabschlagsteuer 28
Zinseinnahmen 100
Zinsen für einen Kredit 131
Zinsen für Nachforderung 158
Zivildienst 91; 99
zu versteuerndes
   Einkommen 22; 33; 241
zugelassener Heilpraktiker 185
zumutbare Belastung 106; 162;
   .... 188; 193; 197
Zuordnung 70

Zuordnungsfall 71
zurücknehmen 254
Zusammenveranlagung 49
Zuschüsse zum
   Mutterschaftsgeld 60; 233
zuständige Gemeinde 73
Zustimmung 71; 148
Zustimmung widerrufen 149
Zustimmungserklärung 72
zutreffendes Jahressteuer 75
Zwangsläufigkeit 159; 192
Zweitwohnung 126
zwingend 76

СОДЕРЖАНИЕ

СЛОВО К ЧИТАТЕЛЮ.. **3**

НАЛОГИ, КОТОРЫЕ МЫ ПЛАТИМ **5**

- Куда уходят налоги... 5
- Куда еще уходят налоги 7
- „Самостоятельные" и „несамостоятельные" 8
- Налогообложение „самостоятельных" - в двух словах..8
- Налогообложение работающих по найму.........................10
- Налоговые таблицы...12
- Азбука налогоплательщика.....................................14

РЕФОРМЫ 1999-2002 .... **19**

- Смена власти и новые министры 19
- Бедные богатые налогоплательщики... 20

ПОЛОЖИТЕЛЬНЫЕ ИЗМЕНЕНИЯ...21

- Свободная от налогообложения сумма дохода.............21
- Начальная налоговая ставка.................................22
- Максимально возможная налоговая ставка.....................22
- Пособие на детей...23
- Лимит дохода детей 24
- Содержание детей и других родных и близких...............24
- Расходы по присмотру за детьми 25
- Взносы на пенсионное страхование.........................25
- Лимит дохода при социальном страховании.....................26

НЕГАТИВНЫЕ ИЗМЕНЕНИЯ 27

- О латании дыр и других чрезвычайных мерах 27
- Налоговая льгота для вкладчиков 28
- Компенсации по увольнению 29
- Юбилейные премии 29
- Льготные покупки по месту работы 30
- Чаевые 30
- Расходы по оплате школы 30
- Предварительные расходы при покупке или
  постройке жилья 31
- Побочные заработки 31

ЗАПЛАНИРОВАННЫЕ ИЗМЕНЕНИЯ 32

- Расходы на проезд 32
- Налоговая льгота на образование 32
- Супружеский налоговый тариф 32
- Расходы, связанные с доходом 33

НАЛОГОВАЯ ДЕКЛАРАЦИЯ **34**

- Апрельская шутка 34
- Нужно ли сдавать декларацию 35
- В каких случаях вы (вероятно) переплатили налог 36
- Срок сдачи декларации 37
- Кто обязан сдавать декларацию 39
- Если вы не успели уложиться в срок 40
- Если у вас есть компьютер 41
- Налоговый консультант 41
- Для начала консультант может быть необходим 43
- Общество помощи налогоплательщикам 43
- Чтобы не задерживать компенсацию 44
- Как сдавать декларацию 45
- Какие формуляры вам могут понадобиться 46
- Основной формуляр декларации (первая страница) 48
- Основной формуляр декларации (вторая страница) 51

НАЛОГОВАЯ КАРТА 52

ОБЩИЕ СВЕДЕНИЯ 52

- Когда вам понадобится налоговая карта 52
- Если вы работали на нескольких местах 53
- Где вы получите налоговую карту 54
- Кому принадлежит налоговая карта 55

ЗАПИСИ В НАЛОГОВОЙ КАРТЕ 57

- Неточные записи 57
- Что вносит в налоговую карту община 58
- Что вносит в налоговую карту финансовое ведомство 59
- Что вносит в налоговую карту работодатель 60
- Церковный налог 61

ДЕТИ НА НАЛОГОВОЙ КАРТЕ 62

- Какую роль играет пометка о детях 62
- Как выглядит пометка о налоговой „детской" льготе 63
- Кто может использовать налоговую „детскую" льготу ..63
- Когда один родитель может использовать
  полную льготу 64
- Перенос налоговой льготы 65
- Дети младше восемнадцати лет 65
- Дети старше 18-ти лет 67

КЛАСС НАЛОГООБЛОЖЕНИЯ 68

- Если у вас не тот класс... 68
- I-ый класс налогообложения 69
- II-ой класс налогообложения 69
- III класс налогообложения 72
- IV класс налогообложения 73
- V класс налогообложения 73
- VI класс налогообложения 74
- Совместное налогообложение супругов 74

- Выбор класса налогообложения у супругов 76
- Оба супруга - в IV-ом классе налогообложения 77
- Один супруг - в III-ем классе налогообложения,
  другой - в V-ом 77
- Что лучше: IV/IV или III/V? 77
- Изменение комбинации класса налогообложения
  у супругов 79
- Развод с последствиями 80
- Если вы не развелись, а только разошлись... 81
- Если супруга работает (или работала) 82

ДЕТИ 83

ДОРОГИЕ ДЕТИ... 83
КАКИЕ НАЛОГОВЫЕ ЛЬГОТЫ СВЯЗАНЫ С ДЕТЬМИ 84
ПОСОБИЕ НА ДЕТЕЙ 85

- „Пособие на детей" или „налоговая льгота на детей" ...85
- Вы должны подать заявление 85
- Если у детей есть доход 86
- Что считается доходом ребенка 87
- Если доход ребенка перешагнул лимит 89
- Дети старше восемнадцати лет 90
- Продление срока выплаты пособия 91
- Дети-инвалиды 92
- Принятые на попечение дети 93
- Ваши обязанности 93

ДЕТИ В НАЛОГОВОЙ ДЕКЛАРАЦИИ 95

- Порядок внесения 95
- Дети до 18-ти лет 96
- Дети старше 18-ти лет 98

НАЛОГОВАЯ ЛЬГОТА НА ОБРАЗОВАНИЕ ДЕТЕЙ 101

- Если ваш ребенок еще учится 101
- Доход ребенка принимается в расчет 102

- Когда льгота учитывается не полностью 102
- Разделение льготы 103
- Льгота в декларации 104

РАСХОДЫ ПО ПРИСМОТРУ ЗА ДЕТЬМИ 105

- Что такое родитель-одиночка 105
- Два варианта налоговой льготы 106
- Что именно можно списать 107
- Если „одиночка" не является одиноким 108
- Если родители состоят в браке 108
- Налоговая льгота в декларации 109
- В последнюю минуту 110

НАЛОГОВАЯ ЛЬГОТА ДЛЯ РОДИТЕЛЕЙ-ОДИНОЧЕК 111

- Компенсация за „холостяцкий" тариф 111
- Ребенок должен быть прописан в вашей квартире 111
- Условия получения льготы 112
- Льгота в налоговой декларации 113

РАСХОДЫ, СВЯЗАННЫЕ С ДОХОДОМ 115

ОБЩАЯ ИНФОРМАЦИЯ 115

- **Werbungskosten -** не только по месту работы 115
- Паушальная льгота - для каждого,
  работающего по найму 116
- Если расходы превышают паушальную сумму 116
- Что именно считается **„Werbungskosten"** 118
- Что еще считается **„Werbungskosten"** 119

ПОЕЗДКИ НА РАБОТУ 120

- Поездки на частном автомобиле (мотоцикле и т.д.) 120
- Паушальная ставка 120
- Повышенная паушальная ставка 121

- Если вам приходится ездить чаще или,
  наоборот, реже 123
- Поездки на работу общественным транспортом 123
- Повышенные расходы на питание
  (работа на различных объектах или
  работа водителем) 124
- Расходы, связанные с ведением „двойного хозяйства" 126
- Налоговая декларация 127

ПРОЧИЕ РАСХОДЫ 128

- Расходы на рабочую комнату 128
- Расходы, связанные с поисками работы 129
- Расходы на повышение квалификации 130
- Расходы на ведение текущего счета 131
- Расходы, связанные со служебными командировками 131
- Если в пути произошла авария 131
- Еще пара расходов... 132

ПЕРЕЕЗД 133

- Дорогое удовольствие 133
- Переезды по „личным причинам" 133
- Переезд, связанный с работой 134
- Расходы, связанные с поисками квартиры 135
- Транспортные расходы 136
- Прочие расходы на переезд 137

И НАКОНЕЦ... 138

- Взносы в профобъединения 138
- Средства труда 138

ОСОБЫЕ РАСХОДЫ **140**

- Что такое „особые расходы" 140
- Страховые взносы 141
- Обязательное страхование 142

- Добровольное страхование...................................143
- Частное страхование...144
- Чем выше доход, тем меньше возможности... 145
- Алименты 148
- Церковный налог...150
- Расходы на налоговую консультацию 150
- Расходы на профессиональное образование.............151
- Расходы на домашнюю прислугу 153
- Расходы по оплате школы 155
- Пожертвования 156
- Если у вас были убытки 156
- Эту часть декларации можно опустить... 157

ЧРЕЗВЫЧАЙНЫЕ РАСХОДЫ.. 159

РАСХОДЫ, КОТОРЫХ НЕЛЬЗЯ ИЗБЕЖАТЬ..........................159

- Что такое „чрезвычайные расходы" 159
- Если вам никто не возместил расходы 160
- Паушальная льгота предоставляется целиком
  или частично 160
- Финведомство признает только максимальный лимит ..161
- Что вы должны знать о „посильном участии" 162
- Таблица „чрезвычайных расходов".......................164

ЧРЕЗВЫЧАЙНЫЕ РАСХОДЫ БЕЗ „ПОСИЛЬНОГО УЧАСТИЯ"..............166

- Инвалиды и вдовы/сироты...................................166
- Помощь по ведению домашнего хозяйства..................167
- Помощь по хозяйству в доме инвалидов
  или престарелых..169
- Если вы безвозмездно ухаживали за инвалидом..........171

СОДЕРЖАНИЕ НУЖДАЮЩИХСЯ РОДСТВЕННИКОВ 173

- Общие сведения 173
- Содержание детей...174
- Содержание экс-супруги.....................................175

- Содержание подруги или друга жизни.....................176
- Содержание родственников за рубежом...................177
- Если у нуждающихся близких есть свой доход............178
- Условия поддержки родственников за рубежом............178
- Условия перевода и получения 180

ЧРЕЗВЫЧАЙНЫЕ РАСХОДЫ С „ПОСИЛЬНЫМ УЧАСТИЕМ".............183

- Общие сведения 183
- Расходы по болезни..185
- Расходы в связи с лечением на курорте....................186
- Необходимость в уходе.....................................187
- О „хаймах" и прочих заведениях для престарелых........189
- Расходы, связанные с похоронами 190
- Расходы по восстановлению хозяйства.....................191
- Расходы на ведение судебного процесса...................192
- Другие чрезвычайные расходы
  с „посильной нагрузкой".......................................193

ПРЕДВАРИТЕЛЬНОЕ СОКРАЩЕНИЕ НАЛОГА..........194

- Две возможности по сокращению налога....................194
- Беспроцентная ссуда государственной казне 195
- Стандартное или упрощенное заявление?..................196
- Что именно можно внести в налоговую карту...............197
- Что такое **„1 200-Mark-Grenze"**...........................198
- Иногда необходимо перешагнуть
  более высокий барьер 199
- Где вам не придется соблюдать границу „1 200 ДМ"..200
- Что еще нужно знать 201

ИНВАЛИДЫ И ПЕНСИОНЕРЫ 203

ИНВАЛИДЫ И НАЛОГ...203

- Два варианта..203
- Чем выше степень инвалидности, тем крупнее льгота.204

- Максимальная льгота для инвалидов 205
- Паушальная налоговая льгота - это еще не все... 206
- Если инвалидность изменилась или отпала вовсе 208

ПЕНСИЯ И НАЛОГ...209

- **Rente** - пенсия из социального страхования...................209
- Пенсия по старости 210
- Пенсия по нетрудоспособности.................................211
- Пенсия для вдов..212
- Пенсия для сирот 213
- Пенсия из фонда частного пенсионного страхования....214
- Пенсии, не подлежащие налогообложению 214
- Пенсии в налоговой декларации 215
- **Pension** - пенсия, которая считается зарплатой..............215
- Что еще нужно знать..216

НЕРЕГУЛЯРНЫЙ ДОХОД **218**

САМАЯ ПОПУЛЯРНАЯ РАБОТА... 218
РАБОТА НА „БАЗИСЕ" 219

- Почему на Шредера наложили **Hausverbot**.....................219
- Почему „базис" пришлось реформировать.......................220
- Новые положения с 1 апреля 1999 г...........................221
- Налог...221
- Налоговая карта...222
- Взносы работодателя в социальное страхование...........222
- Как выглядит пенсионное страхование.......................223
- Супруги..224
- Пенсионеры 225
- Что еще нужно знать о „базисе" 226

ДРУГИЕ ВАРИАНТЫ „ПОБОЧНОЙ" РАБОТЫ.............................226

- Общие сведения 226
- Работа по совместительству.................................227

- Если вы только подрабатываете 227
- Сезонная работа и работа на ограниченный срок 228

ЭРЗАЦ ЗАРПЛАТЫ И НАЛОГ 229

- Нужно ли безработным сдавать декларацию 229
- Доплата или компенсация 230
- Оговорка о прогрессии 230
- Эрзац зарплаты 232
- Что еще нужно знать 233
- Эрзац зарплаты в налоговой декларации 234

ОТСТУПНЫЕ ПО УВОЛЬНЕНИЮ 235

- Увольнение по собственному желанию 235
- Увольнение со стороны фирмы 236

НАЛОГ И СОБСТВЕННОСТЬ **237**

ПООЩРЕНИЕ СОБСТВЕННОГО ЖИЛЬЯ 237

- Дотация на строительство 237
- Дотации для тех, кто экономит энергию 239
- Предварительные расходы 239
- Расходы на ремонт (до вселения) 240

„СОЗДАНИЕ СОСТОЯНИЯ" 241

- Подарок работодателя 241
- Что нужно знать о „создании состояния" 242
- Новые условия с 1 января 1999 года 244
- Где вы получите информацию о вкладах 245
- Где вам придется доплатить из своего кармана 246
- Налог на наследство 248

ПОСЛЕДНИЙ РАУНД **249**

- Вы получили **Steuerbescheid**.................................249
- Сверьте „решение" с декларацией.........................250
- Если чиновник допустил обычную оплошность.............250
- Предварительный протест 251
- Кто поможет составить протест с основанием.............252
- Что произойдет с вашим протестом 253
- Когда протест может выйти боком ... .254
- Если вам (возможно) придется доплачивать налог........255
- Если вы пропустили все сроки.............................255
- Если вы обнаружили, что использовали
  не все возможности 256

ПОВТОРЕНИЕ - МАТЬ УЧЕНИЯ 258

ГЛОССАРИЙ.. **259**

СОДЕРЖАНИЕ **271**

Из содержания:

- Общие сведения о банках
- Почему важно не ошибиться при выборе банка
- Как разобраться в пошлинах за ведение счета
- Какие существуют карточки, чеки, бланки, автоматы
- Как производится оплата по счету
- О строительной кассе и стройдоговоре **(Bausparvertrag)**
- К чему Вы должны относиться критически
- Какие опасности поджидают Ваших детей
- Вы уже звонили по коду 0190? Тогда готовьтесь к трехзначному телефонному счету...
- ... и множество другой информации

Я И МОЙ БАНК

Формат DIN A5
142 стр.
ISBN 3-932402-13-8

Цена ДМ **18,-**

Из содержания:

- Диспокредит и овердрафт
- Потребительские кредиты
- „Жизнь взаймы" и последствия
- Финансовые акулы и консультации для должников
- Стандартные варианты вклада под проценты
- Государственные ценные бумаги
- Строительно-сберегательные кассы **(Bausparkassen)**
- О создании „состояния" **(936 DM Gesetz -VWL)**
- Размышления по поводу тайны вклада, евровалюты и прочих сюрпризов

КРЕДИТЫ И ВКЛАДЫ

Формат DIN A5
144 стр.
ISBN 3-932402-04-9

Цена ДМ **18,50**

Из содержания:

- Пособие на детей **(Kindergeld)**
- Деньги по материнству **(Mutterschaftsgeld)**
- Отпуск на воспитание **(Erziehungsurlaub)**
- Федеральное пособие по воспитанию **(Bundeserziehungsgeld)**
- Земельное пособие по воспитанию **(Landeserziehungsgeld)**
- Содержание для матерей-одиночек **(Unterhaltsvorschuß)**
- Практические советы для молодой семьи

ДЕНЬГИ ДЛЯ СЕМЬИ

Формат DIN A5
152 стр.
ISBN 3-932402-12-X

Цена ДМ **20,-**

Из содержания:

- Можете ли вы позволить себе собственный дом?
- Какие варианты предлагает рынок недвижимости
- Как финансировать покупку
- Помощь государства и финансового ведомства
- Дотации из земельного фонда
- К чему может привести недооценка риска
- Что такое „ипотека", „залоговая стоимость" и множество других „иммобильных" терминов
- Смысл и бессмыслица стройкассы **(Bausparkasse)**
- Калькуляции, таблицы, практические примеры для вычисления финансовой нагрузки, глоссарий

КРЫША НАД ГОЛОВОЙ

Формат DIN A5
152 стр.
ISBN 3-932402-06-5

Цена ДМ **21,-**